Sei treu! Offb 2,11

Kraft, Trost, Hoffnung … für heute! Eine mutmachende Auslegung der Offenbarung des Johannes

Sei treu! Offb 2,11

Kraft, Trost, Hoffnung … für heute! Eine mutmachende Auslegung der Offenbarung des Johannes

WeG Verlag

Impressum:

Autor: Leo Tanner, Priester

WeG Verlag

Kontakt: sekretariat@weg-verlag.ch

Covergestaltung: D&D Medien GmbH, 88287 Grünkraut
Druck: Fuck, Druckerei und Verlag, D-56072 Koblenz
Gedruckt auf Recyclingpapier aus 100 % Altpapier. (Labels: Blauer Engel, EU-Ecolabel).

1. Auflage 2024

ISBN 978-3-906855-20-2

Inhaltsverzeichnis

Zur Schrift

Liebe Leserin, lieber Leser!

Die Wurzeln dieser Schrift gehen auf die Zeit vor der Jahrtausendwende zurück, wo ich mich intensiv mit der Auslegung der Offenbarung des Johannes beschäftigte und in der Gemeinschaft der Bibelgruppen Immanuel mehrere Vorträge dazu hielt. Hauptquellen waren für mich die Predigten und Vorträge von Pfarrer Karl Sendker und das vergriffene Buch von P. Klemens Stock SJ, Professor für das Neue Testament: *„Das letzte Wort hat Gott. Apokalypse als Frohbotschaft.“*

Im Dezember 2023 wurde ich von den Bibelgruppen Immanuel angefragt Glaubensvertiefungstage zur Offenbarung zu halten. Dazu habe ich vieles überarbeitet und ergänzt. Dabei habe ich den Impuls erhalten, diese Inhalte schriftlich einer breiteren Leserschaft zugänglich zu machen. Dies im Bewusstsein, dass wir als Christen in der heutigen Zeit zusehends in Bedrängnis kommen. Da kann und will die Offenbarung uns Mut und Kraft vermitteln.

Am 23. Februar, am Gedenktag von Polykarp von Smyrna, der Bischof von Smyrna in Kleinasien war, hörte ich im Gottesdienst das Sendschreiben an die Gemeinde von Smyrna. Da berührte mich der Satz: *„Sei treu bis in den Tod …“ (Offb 2,11)*. Sofort war mir klar, dass *Sei treu!* der Titel des Buches werden soll.

Aufbau und Schwerpunkt der Schrift

Die Offenbarung wird verschieden gedeutet und interpretiert. Das Anliegen dieser Schrift besteht nicht darin, mögliche Zukunftsereignisse aus der Offenbarung herauszulesen, sondern in den inneren Blick dieses Buch einzuführen. Dieser besteht vor allem im Durch-Blick auf die Vollendung, was auch das Cover zeigt. Johannes hat Visionen erhalten, um die bedrängten Christen im Blick auf das grosse Ziel, auf die ewige grandiose Vollendung in ihrer Treue zu stärken und ihnen Trost und Kraft zu vermitteln.

Was wir sehen, prägt uns. Worauf wir den inneren Blick richten, stärkt oder schwächt uns. Die Offenbarung will den Blick auf Gott festigen und uns dadurch stärken. Dazu trägt bei, wenn wir uns die damalige Situation der Christen vor Augen halten.

Nicht die detaillierte Interpretation aller Texte ist mir wichtig, sondern die Hauptthemen der Offenbarung für uns zu aktualisieren. So haben Themen wie das starke, kraft- und trostvolle Christusbild als Menschensohn, Lamm und Richter, der Sinn der Plagen, der Kampf der bösen Mächte (mit der Aktualisierung unseres heutigen geistlichen Kampfes), das Gericht und die Vollendung viel Raum erhalten.

Diese Themen haben auch unabhängig von der Offenbarung ihre Gültigkeit. Ihrer persönlichen Aneignung wollen die Besinnungsimpulse helfen, die jeweils farblich hinterlegt und mit folgendem Zeichen versehen sind: Ins Leben gebracht

Alle Textstellen werden in dieser Schrift, zumindest in einer Kurzerklärung interpretiert. Wer sich zuerst mit den grossen Themen der Offenbarung vertraut machen will, kann die Kurzbeschreibungen (vorerst) übergehen.

Formale Hinweise

Da der WeG-Verlag in der Schweiz beheimatet ist, verwenden wir – ausser in Zitaten und persönlichen Erfahrungen – das ß nicht. Schriftzitate aus der Einheitsübersetzung 2016 sind *kursiv* geschrieben. Bei der Zitation von Schriftzitaten, wird dort, wo Kapitel und Versangaben bereits erwähnt wurden, auf eine Wiederholung verzichtet.

Ebenso sind *kursiv* einzelne Worte, die wir hervorheben möchten. Im Text dieser Schrift sind die Pronomina für den Dreifaltigen Gott jeweils mit einem grossen Anfangsbuchstaben geschrieben. Damit leuchtet auch optisch schnell auf, dass es in den Ausführungen um Gott geht, um das Grosse DU, um die grosse LIEBE unseres Lebens.

Wenn in dieser Schrift der Begriff Christen und ähnliche Begriffe vorkommen, dann verstehen wir sie phänomenologisch und nicht geschlechterspezifisch. Deshalb verzichten wir auf die weibliche Form (z.B. Christinnen). Wir danken für das Verständnis.

Dank und Wunsch

Ein grosser Dank geht ans redaktionelle Team mit Trudi Schnetzer, Anna Ruchti und Walter Greußing für ihre inhaltlichen und formalen Impulse. Herzlich danke ich allen, die mich in dieser Schrift inspiriert, ergänzt und korrigiert haben.

Für alle biblischen Texte gilt, dass sie nur im Licht der gesamten Bibel richtig interpretiert werden können. Ebenso, dass die vom Heiligen Geist inspirierten Texte nur im Geist richtig verstanden werden können. Das gilt in besondere Weise für die Offenbarung. Deshalb lade ich Sie ein, beim Lesen um das Licht des Heiligen Geistes zu bitten. Wenn Sie Textstellen nicht verstehen oder keinen Zugang zu ihnen finden, dürfen sie diese loslassen. Bewegen Sie das, was Sie verstehen.

Möge der Heilige Geist Sie durch alle Bilder und Impulse dieses Buches leiten, damit Sie Sein Wort hören, das Sie in der Entschiedenheit für Gott stärkt und in allem Leid tröstet.

Leo Tanner & Team

Einführung zur Offenbarung des Johannes

Ich beginne mit einer Karikatur von Ivan Steiger. Er hat in seiner Karikaturenbibel dieses Bild an den Anfang der Offenbarung des Johannes gestellt:

Ein Mann reicht einem anderen auf einem Tablett einen Feldstecher. „Komm und schau genau hin,“ will er sagen. Doch der Mann will nicht sehen. Angstvoll reisst er die Hände in die Höhe und läuft weg. Genau das habe ich von vielen gehört: Die Offenbarung macht mir Angst.

Was tun? Wir können vor der Offenbarung fliehen wie der Mann oder den Feldstecher in die Hand nehmen und das Buch genauer anschauen. Ich lade ein, dies zu tun, weil dieses Buch Antwort auf viele Fragen gibt, die uns in der heutigen Zeit sehr bedrängen. Mit Absicht hat der Heilige Geist dieses Buch inspiriert. Es ist zu unserem Heil geschrieben. So geht von diesem Buch viel Energie und Mut zum Christsein in der heutigen Zeit aus.

Nehmen wir also den Feldstecher in die Hand und schauen wir das Buch an. Lassen wir uns von der Kraft dieses Buches anstecken um mutig vorwärts zu gehen. Dabei ist wie bei allen biblischen Büchern entscheidend: Wir müssen das Buch so verstehen, wie der Verfasser es gemeint hat. Nun, wie hat er es gemeint? Was ist die Grundbotschaft dieses Buches? Der erste Vers sagt es bereits:

Offenbarung Jesu Christi

Das Buch beginnt mit den Worten *Offenbarung Jesu Christi.* Das erste Wort heisst: *Offenbarung.* Im Griechischen steht das Wort Apokalypsis, daher kommt das Wort Apokalypse. Apokalypsis heisst wörtlich Enthüllung. Es werden also in diesem Buch Enthüllungen gemacht.

Es wird gleichsam ein Vorhang, ein Schleier weggezogen, und wir dürfen einen Blick hinter die Kulissen werfen. Wir bekommen eine Enthüllung über den Ist-Zustand der Kirche in den 7 Sendschreiben. Wir bekommen Informationen über die Frage: Wo geht es mit dieser Welt hin? Was ist das Ziel der Schöpfung? Was spielt sich da im Hintergrund ab?

Da, wo wir sonst nur die Kulisse, d.h. die Vorderseite sehen, wird uns gezeigt, was hinter den Kulissen in der unsichtbaren Welt abläuft. Weiter bekommen wir Antwort auf die Frage, um die es im Neuen Testament immer wieder geht: Wer hat die Macht in dieser Welt?

Wie der erste Vers sagt ist der Hauptinhalt der Offenbarung eine Person, nämlich Jesus Christus, und nicht Endzeitereignisse, von denen auch die Rede ist. Es geht wesentlich darum, dass uns durch dieses Buch ein neues Bild von Jesus Christus enthüllt wird. Das erste Bild, das damals die Christen hatten, war das Bild vom guten Hirten. Und dann das Bild vom Gekreuzigten. So hat Paulus missioniert: Ich will nichts anderes wissen *außer Jesus Christus, und zwar als den Gekreuzigten (1 Kor 2,2).*

Die Offenbarung zeigt, welche Bedeutung das Leben Jesu und besonders Sein Tod und Seine Auferstehung für die ganze Weltgeschichte haben. Das heisst: Die Hauptereignisse des Lebens Jesu ereignen sich in vielfältigen Formen im Leben der Christen, ja in der ganzen Schöpfung. Nämlich: So wie Jesus im Tod nicht untergegangen, sondern in die Herrlichkeit eingegangen ist, so wie Gott im Sterben das Leben Jesu in der Hand hielt, so sind wir in allen Krisen, Leiden und auch im Sterben gehalten in der Hand Gottes.

Die Offenbarung ist vor allem das Buch der Vollendung. Sie zeigt uns das Ziel unseres Weges. Dieses Ziel ist reine Freude. Wenn zwei heiraten, sind sie nicht traurig, weil der Hochzeitstag immer näherkommt. Sie freuen sich auf das Fest, auf das Miteinander. Diese Vorfreude prägt den Glaubenshintergrund der Offenbarung. Denn das Ziel unseres Lebens und der ganzen Schöpfung ist auch eine Hochzeit. Es geht um die Hochzeit des Lammes, auf die Vollendung der Gemeinschaft mit Jesus zu. Darüber und noch mehr darauf dürfen wir uns freuen.

Es geht also nicht um den Weltuntergang, sondern um die Vollendung, um unsere Heimkehr, um das ewige Fest der Liebe mit dem Dreifaltigen Gott. Die Offenbarung will uns den Blick für das grandiose Glück, für das Hereinströmen eines gewaltigen Lichtes, für das Offenbarwerden der unfassbar grossen Liebe Gottes öffnen. Im Blick darauf will die Offenbarung mitten in allen noch so schwierigen und leidvollen Situationen Hoffnung und Kraft vermitteln.

Die richtige Frage

Wenn auf einem Bahnhof die Weichen falsch gestellt werden, dann fährt der Zug unweigerlich in die falsche Richtung. Wenn wir mit falschen Fragen an ein biblisches Buch herangehen, können wir nie eine richtige Antwort erhalten. Mit der falschen Fragestellung kommen wir auch zu interessanten Ergebnissen. Nur gehen sie am Eigentlichen vorbei.

So geht es in der Offenbarung nicht primär um die Frage, was noch alles auf uns zukommt, sondern **wer** in allen Ereignissen auf uns zu kommt. Erst wenn wir die Blickrichtung haben, dass es um Jesus Christus geht, dann können wir die anderen Dinge richtig einordnen und sie bekommen ihren richtigen Stellenwert. Dazu gehören auch die Endzeitereignisse, wozu die

Offenbarung einiges sagt. Sie redet von Drangsalen, Leiden, Nöten und Plagen, die kommen werden. Wer sich darauf konzentriert und fixiert, muss und wird Angst bekommen. Aber das ist der falsche Blick. Es geht nicht um Neugier und noch weniger um Entmutigung, sondern um Kraft zum Durchstehen im Blick auf die Vollendung.

Auch die drei synoptischen Evangelien nach Matthäus, Markus und Lukas sprechen vor der Leidensgeschichte von der Endzeit. Bei Lukas sagt Jesus: Die Menschen dieser Welt *werden vor Angst vergehen in der Erwartung der Dinge, die über den Erdkreis kommen (Lk 21,26).* Aber es geht noch weiter. Da sagt Jesus: Ihr aber, (da wird unterschieden zwischen den Jüngern Jesu und Menschen, die nicht an Jesus glauben) wenn ihr das alles seht, *dann richtet euch auf und erhebt eure Häupter; denn eure Erlösung ist nahe (Lk 21,28).* Wenn wir also zu denen gehören, die Jesus vor Augen haben, dann entmutigen uns all diese Dinge nicht. Sie tun weh, können aber in der Vorfreude auf das Kommende getragen werden.

Über den Zeitpunkt sagt Jesus: *Himmel und Erde werden vergehen, aber meine Worte werden nicht vergehen. Doch jenen Tag und jene Stunde kennt niemand, auch nicht die Engel im Himmel, nicht einmal der Sohn, sondern nur der Vater (Mk 13,31-32).* Und zu den Aposteln nach Ostern: *Euch steht es nicht zu, Zeiten und Fristen zu erfahren, die der Vater in seiner Macht festgesetzt hat (Apg 1,7).*

Spekulationen über das Weltende, neugierige Gedanken über den weiteren Verlauf der Welt sollen nicht unser Thema sein, denn: *Über Zeiten und Stunden, Brüder und Schwestern, brauche ich euch nicht zu schreiben. Ihr selbst wisst genau, dass der Tag des Herrn kommt wie ein Dieb in der Nacht. Während die Menschen sagen: Friede und Sicherheit!, kommt plötzlich Verderben über sie wie die Wehen über eine schwangere Frau und es gibt kein Entrinnen. Ihr aber, Brüder und Schwestern, lebt nicht im Finstern, sodass euch der Tag nicht wie ein Dieb überraschen kann (1 Thess 5,1-4).* Nicht spekulieren, sondern jederzeit bereit sein.

Die Offenbarung will nicht menschliche Neugier befriedigen, sondern nüchtern und klar die verborgenen Realitäten aufzeigen mit dem Ziel, jetzt richtig zu entscheiden und mutig vorwärts zu gehen. Die Endzeit, die Zeit der Vollendung, der Erfüllung und des Offenbarwerdens der Liebe Gottes hat schon längst begonnen. Sie begann nach der Bibel mit Jesu Tod und Auferstehung. Nun dauert sie bald bereits 2000 Jahre. Niemand weiss, wie lange noch.

Wer hat das Buch wo geschrieben?

Der Verfasser stellt sich einfach als Johannes vor. Offensichtlich ist dieser Johannes in der damaligen Kirche in Kleinasien in der heutigen Türkei eine so bekannte Persönlichkeit gewesen, dass er es nicht nötig hatte, sich noch näher vorzustellen.

Nach dem Zeugnis von Justinus (gest. um 165) und Irenäus, der aus Kleinasien stammte und Bischof von Lyon (etwa 177-202) war, handelt es sich um den Apostel Johannes. Irenäus berichtet, dass Johannes gegen Ende der Regierungszeit des Kaisers Domitian (81-96) nach Patmos verbannt wurde. Die 41 qkm grosse Felseninsel galt als Verbannungsort, quasi als das "Sibirien" der Antike. Unliebsame Personen wurden von den Römern dorthin verbannt. Zu diesen gehört Johannes, der dort die Offenbarung geschrieben hat.

Gegen den Apostel Johannes als Verfasser des Buches sprach sich der Bischof Dionysius von Alexandrien aus (gest. um 265). Er bekämpfte in seinem Gebiet die Lehre von einer tausendjährigen irdischen Herrschaft Christi, deren Vertreter sich auf Offenbarung 20,4-6 stützten. Dionysius stützt sich auf die Unterschiede in Sprache, Ausdrucksweise und Gedankenwelt, die zwischen dem Johannesevangelium und der Apokalypse zu beobachten sind. Daraus schliesst er, dass die beiden Werke nicht vom gleichen Verfasser sein können.[1] Doch wer der Verfasser ist, ist nicht wesentlich, denn die Bibel ist und bleibt immer Wort des lebenspendenden Gottes.

Johannes richtet seine Schrift *an die sieben Gemeinden in der Provinz Asien (1,4).* Mit Asien ist die römische Provinz Asien gemeint, die den zentralen Teil der Westküste der heutigen Türkei und dessen Hinterland umfasste. Dieses Gebiet war ein Zentrum der hellenistischen Kultur, die zur Zeit des Johannes in höchster Blüte stand und in prächtigen Tempeln und öffentlichen Bauten ihren ganzen Glanz entfaltete. Es war auch ein Zentrum des römischen Kaiserkultes. Der Bereich der sieben Städte war ebenso ein Zentrum der frühen Christenheit.

Die Offenbarung setzt Christenverfolgung voraus. Diese hat es aber zum ersten Mal in grösserem Stil unter Kaiser Domitian gegeben. Zwar gab es schon Christenverfolgungen unter Kaiser Nero, aber dies waren lokale,

---

[1] Das wird heute auch von vielen Bibel-Theologen angenommen. Warum? Das Neue Testament ist in Griechisch geschrieben. Der Verfasser des Johannes-Evangeliums schreibt ein stilistisch perfektes Griechisch. Der Verfasser der Offenbarung hingegen schreibt ein sehr holpriges Griechisch, oftmals gar ein fehlerhaftes Griechisch. Aus diesen Stilerwägungen heraus vermuten sie, dass es zwei verschiedene Verfasser sind.
Dazu gibt es noch weitere Anzeichen. Im Johannes-Evangelium und in der Offenbarung wird Jesus oft als das Lamm Gottes bezeichnet. Es gibt im Griechischen zwei Ausdrücke für das Wort Lamm. Der Verfasser des Johannes-Evangeliums gebraucht, wenn er von Jesus als dem Lamm Gottes spricht, immer das Wort *Amnos*, der Verfasser der Offenbarung, das Wort *Arnion.* Da sich der Sprachschatz eines Menschen normalerweise im Laufe seines Lebens nicht so total verändert, vermutet man, dass es nicht der gleiche Verfasser ist.

örtlich begrenzte Christenverfolgungen. Vermutlich ist die Offenbarung deshalb um 95 n. Chr. geschrieben worden.

Der Adressat, der Empfänger dieses Briefes der Offenbarung sind die sieben Gemeinden in Kleinasien: Ephesus, Smyrna, Pergamon, Thyatira, Sardes, Philadelphia, Laodizea.

Die Zeichen- und Bildersprache verstehen

Mehrere Gründe machen uns den Zugang zur Offenbarung schwer. Von der literarischen Gattung her gehört die Offenbarung zu den "Apokalypsen". Sie ist das einzige Buch des Neuen Testamentes, das zu dieser Gattung gehört, auch wenn wenige Abschnitte aus den synoptischen Evangelien (die Endzeitreden) und den Paulusbriefen auch dazu gehören.[2]

Die Sprache der Apokalypsen ist nicht vertraut. Dazu kommt, dass es uns schwerfällt die Bilder- und Zeichensprache der Offenbarung zu verstehen. Denn in der Offenbarung wird vieles nicht direkt gesagt, sondern in Symbolen, Zeichen und Bildern.

Wenn ein Zuhörer nach einer Rede sagt: „Der Redner hat den Kern getroffen", ist diese Bemerkung nicht wörtlich zu verstehen. Jeder weiss, dass der Redner keinen Apfelkern getroffen hat. Diese Bemerkung ist sinnbildlich zu verstehen: Der Redner hat das Wichtigste gesagt. Er hat den springenden Punkt getroffen.

Diese Bilder- und Zeichensprache macht uns den Zugang zur Offenbarung aus zwei Gründen schwer:

---

[2] Ausserhalb des Neuen Testamentes gibt es eine Anzahl von jüdischen und frühchristlichen Apokalypsen, die in der Zeit 200 v. Chr. bis 200 n. Chr. entstanden sind. Die Apokalypsen handeln von den Ereignissen der Endzeit. Die gegenwärtige Zeit ist vom Kampf zwischen guten und bösen Mächten bestimmt, bis jetzt haben hier die Bösen noch die Oberhand. Doch Gott wird bald machtvoll eingreifen. Dann werden die bösen Mächte gerichtet und vernichtet. Für die treugebliebenen Menschen wird eine neue, wunderbare Zeit anbrechen, denn Gott erschafft einen neuen Himmel und eine neue Erde. Diese neue Schöpfung ist allein Gottes Werk. Die Gläubigen können nur geduldig ausharren und darauf warten.
Die Apokalypsen gehen von einem ausgeprägten Gegensatz zwischen der gegenwärtigen bösen und verdorbenen und der zukünftigen guten Zeit aus. Sie kennen nur eine Schwarz-Weiss-Malerei. So kennt auch die Offenbarung nur Gute und Böse. Doch die Realität ist nicht so einfach. Gut und Böse sind nicht in Reinkultur vorhanden. Ebenso kennen sie den Auftrag die Welt und die Zukunft verantwortlich mitzugestalten nicht, was uns Katholiken spätestens seit dem 2. Vatikanischen Konzil bewusst ist.
Ein Vergleich mit den frühjüdischen Apokalypsen zeigt jedoch, dass die Offenbarung keine eigentliche Apokalypse ist, sondern eine prophetische Schrift, die mit Hilfe apokalyptischer Bilder die Gegenwart der Christen deuten will.

1. Wir sind mit der Bilder-, Symbol- und Zahlensprache der Bibel nicht vertraut. Wir kennen das Alte Testament wenig. Die Offenbarung nimmt auf viele Stellen des Alten Testamentes, auf ihre Bilder und Aussagen, Bezug. Die Offenbarung ist das neutestamentliche Buch, das am meisten die Kenntnis des Alten Testamentes voraussetzt. Zu dieser Symbol- und Bildersprache einige Beispiele:

Woran denken wir beim Wort *Ehebruch?* Wir denken an ein sexuelles Vergehen. Die Bibel meint damit oft (nicht immer) etwas anderes, nämlich Untreue in der Beziehung zu Gott.

Wenn ein zehnhörniges und siebenköpfiges Ungeheuer (vgl. Offb 13,1) mit dem wildesten *Tier* (vgl. Offb 13,2) kombiniert die Christen in grosse Bedrängnis bringt (vgl. Offb 13,7.14), dann ist damit ein mächtiger Staat gemeint. So sieht Daniel vier Tiere, die auf vier Reiche gedeutet werden (vgl. Dan 7,1-8.15-27).

Wenn Christus als *Lamm* gesehen wird, dann heisst das nicht, dass Er nach seiner Auferstehung aus einem Menschen in ein Lamm verwandelt wurde und nun als Lamm vor dem Thron Gottes steht. Durch die Gestalt des Lammes wird die Verbindung zum Osterlamm des Volkes Israel hergestellt und auf die alles entscheidende Erlösungstat Jesu hingewiesen. Wie Israel durch das Blut des Paschalammes vor dem Todesengel bewahrt wurde (Ex 12,21-27), so hat Christus uns durch Sein Blut *von unseren Sünden erlöst (1,5)* und *Menschen für Gott erworben (5,9)*. Wenn eine *Frau* auf einem scharlachroten Tier daher reitet, ist damit nicht explizit eine bestimmte Frau gemeint (vgl. Offb 17,3). In der Antike wurden Städte häufig durch Frauengestalten symbolisiert, so wie auch Jerusalem als Tochter Zion bezeichnet wurde (vgl. Mt 21,5). Die Frau versinnbildlicht hier das kaiserliche, heidnische Rom, die grosse Stadt, welche die Herrschaft innehat. *Die Frau aber, die du gesehen hast, ist die große Stadt, der die Herrschaft gehört über die Könige der Erde (17,18).*

Doch warum sagt man dies nicht direkt? In Verfolgungs- und Kriegszeiten werden zum Schutz Informationen verschlüsselt. Diesen Schutz brauchten damals die Christen. So brauchte es einen Code, um die Informationen zu entschlüsseln und zu verstehen. Darum hatten die Kaiser und Herrscher Decknamen. Manches wurde auch nur indirekt angesprochen. Für Insider war vieles sofort klar, so auch, wer mit der Frau auf dem scharlachroten Tier gemeint ist.[3]

---

[3] Ein Beispiel dieser Verschlüsselung: Am Ende des ersten Briefes übermittelt Petrus Grüsse: *Es grüßt euch die mitauserwählte Gemeinde in Babylon und Markus, mein Sohn (1 Petr 5, 13)*. Wer ist *die mitauserwählte Gemeinde in Babylon?* Richtig, die Gemeinde in Rom. Für die Christen war dies sofort klar. Doch für die Gemeinde selber war diese Verschlüsselung ein hilfreicher Schutz.

2. Die zweite Schwierigkeit kommt daher, dass wir mehr logisch und kritisch als bildhaft denken. Wer an ein Bild mit seinem kritischen Verstand herangeht, der wird immer Schwierigkeiten haben. Wenn ein junger Mann einem Mädchen eine rote Rose schenkt, dann ist für uns klar, dass er damit etwas ganz Bestimmtes sagen will. Wenn jemand die Rose jedoch als botanisches Gewächs untersucht, wird er nie dahinterkommen, was dieser junge Mann ihr sagen wollte.

Sinnbilder sind nicht unrealistisch, im Gegenteil. Sinnbilder haben eine besondere Ausdruckskraft und sagen oft mehr aus als nüchterne Begriffe. Sie haben mehr Dichte und Tiefe als abstrakte Worte und Begriffe. Die Bilder drücken das, was sie mitteilen wollen, in Lebewesen, Naturvorgängen, Dingen in der Schöpfung, … aus. Diese haben mehr Dichte, Realität, Faszination als alle Begriffe. Je mehr jemand diesen Dingen (Regenbogen, Edelsteine, Auge, Fülle von Augen, Löwe usw.) begegnet ist und sie in der ihnen eigenen Faszination oder in ihrem erschreckenden Charakter erfahren hat, desto mehr kann er die Kraft dieser Ausdrucksweise spüren und aufnehmen. Damit diese Tiefe uns erreicht, müssen wir uns neben einer Erklärung mit dem Bild beschäftigen. Es braucht Zeit und ein sich Hineingeben.

Die Gestalten der Offenbarung sind nicht die Wirklichkeit selber, sondern verweisen auf die Wirklichkeit, für die sie stehen.[4] Sehr vieles in der Offenbarung sind Zeichen- und Symbolsprache. Das liegt uns heute nicht mehr. Dazu kommt, dass sich diese Zeichen und Symbole im Laufe der Jahrhunderte ändern. Deshalb können wir sie nicht ohne weiteres sofort verstehen. Für Insider, welche den Code der Verschlüsselung kannten, waren die Zeichen und Symbole in der Offenbarung sofort verständlich, für uns aber ist es manchmal sehr schwierig dahinterzukommen.

Es geht also nie um eine realistische Beschreibung, sondern um Bilder. Auch der Seher konnte Gott nicht unmittelbar sehen. Erst in der Vollendung gilt: *Sie werden sein Angesicht schauen (22,4).*

Bedeutung der Zahlen

Die meisten Zahlen haben in der Offenbarung eine tiefere Bedeutung. Sie bringen zum Ausdruck, dass keine Zeitdauer dem Zufall überlassen ist, sondern dass alles in der Hand Gottes steht und von Ihm bestimmt wird. Darüber hinaus haben die einzelnen Zahlen ihre je eigene Bedeutung.

---

[4] Darauf weist auch die Offenbarung selber hin. So heisst es im ersten Vers: Gott … *hat es durch seinen Engel, den er sandte, seinem Knecht Johannes gezeigt (1,1).* Wörtlich aus dem Griechischen übersetzt heisst es – *durch Zeichensprache gedeutet.*

Eine zentrale Rolle spielt die Siebenzahl: *Sieben* ist die Zahl der Fülle, der Ganzheit. Wenn Johannes an die 7 Gemeinden schreibt, meint dies nicht nur die 7 Gemeinden, sondern alle Gemeinden zu allen Zeiten an allen Orten. So folgen auf 7 Briefe drei weitere Siebener-Gruppen, nämlich die sieben Siegel, die sieben Posaunen und die sieben Schalen. Mit der Sieben wird die ganze Schöpfung abgeschlossen.

Acht ist bereits das Hereinbrechen des Ewigen. Das sehen wir z.B. in der Liturgie zwischen Ostern und Pfingsten. Sieben mal sieben sind neunundvierzig Tage, und an Pfingsten, dem achten Tag der letzten Sieben bricht mit dem Kommen des Heiligen Geistes das Ewige in die Welt herein.

Dreieinhalb ist die Hälfte von sieben. Wenn sieben Fülle ausdrückt, dann dreieinhalb halbierte Fülle, Einschränkung, Begrenzung (vgl. Offb 11,9.11). Dreieinhalb, und damit die eingeschränkte und stark begrenzte Dauer, ist auch mit den 42 Monaten von Offb 11,2; 13,5 und den 1260 Tagen von Offb 11,3; 12,6 ausgedrückt; beides macht dreieinhalb Jahre aus und bezeichnet etwas Vorübergehendes und Endliches.

Vier ist nach den vier Himmelsrichtungen die Zahl der Welt und der Schöpfung (vgl. Offb 7,1; 20,8).

Zwölf ist nach den zwölf Stämmen Israels (Offb 7,5-8; 21,12) und den zwölf Aposteln (Offb 21,14) die Zahl des Gottesvolkes, die Zahl der Vollständigkeit.

Tausend steht für die grosse Fülle. Aus der Verbindung dieser Zahlen ergibt sich die Verbindung ihrer Bedeutungen, so dass z.B. 144000 (zwölf mal zwölf mal tausend) zur Zahl der überströmenden Fülle des Gottesvolkes wird.

7	=	Fülle
3½	=	Einschränkung, Begrenzung
42 Monate, 1260 Tage	=	Vorübergehend
4	=	Zahl der Welt, Schöpfung (vier Himmelsrichtungen)
12	=	Volk Gottes
1000	=	Grosse Fülle
144'000	=	Überströmende Fülle

Deutungen der Offenbarung

Die Offenbarung wird verschieden gedeutet. Alle Deutungen sehen einen Zusammenhang mit der menschlichen Geschichte. Eine grundsätzliche Frage dabei ist: Zeigt die Offenbarung die Geschichte chronologisch fortlaufend oder wiederholend?

Augustinus schreibt „Sie wiederholt dieselben Dinge derart auf vielfältige Weise, daß sie immer wieder anderes zu sagen scheint, während sie in Wirklichkeit dasselbe anders sagt."[5].

So fällt auf, dass die Ereignisse in der Offenbarung nicht linear dargestellt sind. So wird z.B. der Untergang Babylons zwischen 14,8 und 19,1-4 in mehrfacher Weise genannt, nämlich in Offb 14,8; 17,16 und 18,2 und dass erst danach das Volk Gottes aufgerufen wird, die Stadt zu verlassen (Offb 18,4). Das weist darauf hin, dass damit nicht eine Abfolge von verschiedenen Ereignissen gemeint sind, sondern dass derselbe Vorgang, nämlich das Gericht Gottes, aus verschiedenen Blickwinkeln dargestellt wird. Wie das Gericht wird auch die Vollendung der Herrschaft Gottes mit ihren Auswirkungen auf die Gläubigen durch das ganze Buch hindurch immer wieder geschaut und gepriesen.

Das weist darauf hin, dass die Offenbarung nicht als chronologisches Geschichtsbuch verstanden werden will. Es schildert nicht einen fortschreitenden Ablauf von historischen Ereignissen, sondern zeigt die beherrschenden Mächte der Geschichte. Diese sind für alle Zeiten der menschlichen Geschichte die gleichen. So hat die Offenbarung typischen Charakter.

Grundbotschaft der Offenbarung

Die Botschaft des Buches lässt sich stichwortartig so zusammenfassen:

1. Gott ist der unumschränkte und überlegene Herr der ganzen Geschichte. Gegen allen äusseren Anschein vieler Erfahrungen, wo von der Macht und dem Wirken Gottes wenig oder nichts zu spüren ist und wo die gottwidrigen Kräfte unbeschränkt zu herrschen scheinen, hat Er alles in der Hand. Er spricht das letzte Wort im Gericht und in der durch Ihn bewirkten Vollendung.

2. Die menschliche Geschichte befindet sich nicht in einer friedlichen Entwicklung, die von selbst zu einem guten Ende kommt. Sie ist vielmehr ein Kampfplatz, auf dem es um Sieg oder Niederlage geht.

---

[5] Zitiert aus „De civitate Dei" „Vom Gottesstaat" nach: Das letzte Wort hat Gott, S. 21/Klemens Stock; Innsbruck; Wien: Tyrolia-Verlag.

3. Jeder Mensch ist in die Entscheidung gerufen. Er muss wählen zwischen Gut und Böse, zwischen dem Weg Christi und dem Weg der Feinde Christi. Zwischen ihnen gibt es keinen Kompromiss, sondern nur die klare Entscheidung, die auch das Martyrium zur Folge haben kann.

4. Die Offenbarung erinnert daran, dass durch Tod und Auferstehung Christi der Sieg bereits errungen ist, auch wenn wir auf der Erde noch mitten im Kampf stehen. Christsein erfordert deshalb zur klaren Entscheidung ein beharrliches Durchalten. Dazu ermutigt und ermahnt die Offenbarung. Sie will Trost und Kraft in den jetzigen Bedrängnissen schenken. Denn gegen allen Anschein ist Gott allein der Herr. Darauf sollen wir uns ganz verlassen!

Form der Offenbarung: Ein Brief

Die Offenbarung wurde wie alle biblischen Bücher für das Volk Gottes, für die Kirche geschrieben. Sie ist eine Botschaft für die Christen um sie in der Glaubenstreue zu stärken und in ihren Anfechtungen zu trösten.

Wenn ich einen Brief an Andreas schreibe, so meine ich ihn und gilt der Inhalt ihm und nicht Peter. Ich mache mit dem, was ich Andreas schreibe, keine Aussagen über Peter, eben weil ich alles, was ich schreibe, auf Andreas und seine Situation beziehe. Das heisst: Wir überfordern die Botschaft der Offenbarung, wenn wir z.B. fragen: Was geschieht mit den Gläubigen anderer Religionen? Die Offenbarung richtet sich nicht an sie. Nehmen wir die Offenbarung als das, was sie ist: Ein Brief an dich, an mich, an uns als Gemeinde Jesu Christi.

Der Brief hat folgenden Aufbau:

Brieferöffnung: Vorwort (1,1-3) und Briefeinleitung (1,4-8)

1.Teil: Die Sendschreiben an die 7 Gemeinden: Ist-Zustand Kapitel 1,9-3,22

Nach der Einführung in die Schrift (1,1-8) tritt uns Christus entgegen als der mächtige, wissende und sorgende Herr Seiner Kirche (1,9-3,22). Dazu werden im ersten Teil (1,9-3,22) in den 7 Briefen sieben individuelle und konkrete Situationen aus der Sicht Christi beurteilt. Die 7 Briefe zeigen in exemplarischer Weise, wie die Botschaft des Buches in der jeweils konkreten Situation wirksam werden soll.

2. Teil des Briefes: Was "kommen" wird Kapitel 4,1 bis 22,5

Der zweite Teil der Offenbarung (4,1-22,5) beginnt mit dem Blick in den Himmel, wo zuerst Gott und das Lamm als die Herren der ganzen Geschichte gezeigt werden (4,1-5,14). Von da aus wird ein Blick auf die Plagen der Geschichte geworfen (6,1-11,19). Dazwischen werden in Kapitel 7 die Getreuen besiegelt.

Gott und dem Lamm stehen gegenüber Satan und seine Helfer, die die Gläubigen bekämpfen und verfolgen (12,1-14,5). Sie sind mit Gott nicht zu vergleichen, können aber den Dienern Gottes grosse Bedrängnis bereiten.

Die grossen Ereignisse, auf die alles zugeht, sind das Gericht und die Vollendung (14,6-20,15). Darin zeigt Gott unverhüllt Seine Macht und Liebe (21,1-22,5).

Briefschluss: Nachwort und Briefschluss Kapitel 22,6-21

Vorwort und Briefeinleitung 1,1-8

Nun zum Text des Briefes. Johannes beginnt: *Offenbarung Jesu Christi, die Gott ihm gegeben hat, damit er seinen Knechten zeigt, was bald geschehen muss; und er hat es durch seinen Engel, den er sandte, seinem Knecht Johannes gezeigt. Dieser hat das Wort Gottes und das Zeugnis Jesu Christi bezeugt: alles, was er geschaut hat. Selig, wer die Worte der Prophetie vorliest, und jene, die sie hören und das halten, was in ihr geschrieben ist; denn die Zeit ist nahe (1,1-3).*

Das Buch beginnt mit den Worten *Offenbarung Jesu Christi.* Von Jesus ist als Menschensohn, als Lamm und als apokalyptischer Reiter, der das Gericht vollzieht in der Offenbarung die Rede.

Die Offenbarung will den treuen Christen Licht über das Kommende und das Hintergründige der Welt- und Lebensereignisse bringen, über das, *was bald geschehen muss (1,1).*

Mit *bald* ist eine kurze noch ausstehende Zeitspanne gemeint. Es will aber nicht so sehr einen Zeitabschnitt angeben, sondern jedem Hörer sagen: „Das, was hier mitgeteilt wird, kannst du nicht auf eine ferne Zukunft abschieben, mit der du nichts mehr zu tun hast. Es betrifft dich in deinem jetzigen Leben. Orientiere dich darum an diesen Worten *der Prophetie*". Prophetie meint Einsicht, die Gott auf die Zusammenhänge des Lebens und auf die Dinge, die hier geschehen, gibt.

Damit dies geschehen kann, sollen diese Worte vorgelesen und gehört werden. Sie ist nicht für Sondergruppen bestimmt, sondern für den öffentlichen Gottesdienst in den Gemeinden. *Selig* bedeutet: Ich beglückwünsche dich. Denn das Vorlesen, Hören und Beachten der Offenbarung bringt Heil.

Das Wort, *die Zeit ist nahe (1,3),* drückt die Kürze der noch zur Verfügung stehenden Zeit aus. In diesem Ruf ist die Mahnung Jesu zu hören: *Seid wachsam! (Mt 24,42, Mk 13,37, Apg 20,31).* Das war und ist auch die ständige Ermahnung Jesu an die Apostel und uns alle. Denn wir sind immer wieder in Gefahr wie die Jünger am Ölberg einzuschlafen.

Briefeinleitung

Johannes an die sieben Gemeinden in der Provinz Asien: Gnade sei mit euch und Friede von Ihm, der ist und der war und der kommt, und von den sieben Geistern vor seinem Thron und von Jesus Christus; er ist der treue Zeuge, der Erstgeborene der Toten, der Herrscher über die Könige der Erde. Ihm, der uns liebt und uns von unseren Sünden erlöst hat durch sein Blut, der uns zu einem Königreich gemacht hat und zu Priestern vor Gott, seinem Vater: Ihm sei die Herrlichkeit und die Macht in alle Ewigkeit. Amen (1,4-6).

Johannes ist in den Gemeinden bekannt. Darum braucht er sich nicht vorzustellen. Was er mitzuteilen hat, ist *Gnade* und *Friede.* Heilschaffende Nähe und Zuwendung geht von Gott aus. In Anlehnung an Exodus 3,14, wo sich Gott als – *Ich bin, der ich bin* – geoffenbart hat, wird Gott hier als der immer Lebende und immer Handelnde bezeichnet. Zugleich ist Er der Kommende, der die ganze Fülle Seiner Liebe an uns und der ganzen Schöpfung noch offenbaren wird.

Sieben ist die Zahl der Fülle, der Ganzheit, der Vollständigkeit und des Abgeschlossenen. So ist mit *den sieben Geistern vor seinem Thron (1,4)* der Heilige Geist gemeint.

Von Jesus werden drei Phasen Seines Wirkens genannt. *Er ist der treue Zeuge (1,5a),* der in Seinem irdischen Leben treu die Liebe des Vaters bis zum Kreuzestod gelebt und bezeugt hat. Auf Ihn können wir uns deshalb ganz verlassen.

Als *der Erstgeborene der Toten (1,5b),* ist Er der erste, der aus dem Tod in ein unzerstörbares Leben eingegangen ist. So kann Er uns allen Leben, unzerstörbares Leben schenken.

Jetzt ist Er *der Herrscher über die Könige der Erde (1,5c).* Dieser Behauptung widersprach die damalige Realität, wo Rom die Weltmacht war und der Kaiser Domitian verlangte als *Herr und Gott* angeredet zu werden. Doch in der unsichtbaren und ewig bleibenden Welt gehört Jesus Christus die Weltherrschaft. Das ist für alle, die diese Botschaft annehmen, sehr ermutigend. Dies umso mehr, weil Seine Haltung nur Liebe ist. Denn Er *liebt* uns und hat *uns von unseren Sünden erlöst durch sein Blut (1,5d).* Diese Liebe drängte Ihn selbst durch Erleiden von grössten Schmerzen uns zu befreien. Das ist die wichtigste Botschaft: Gott liebt uns! Wer sollte da noch Angst bekommen!

Noch mehr: Er macht uns nicht zu Untertanen, sondern hat uns eingesetzt zu Mitherrschern auf Erden. Er gibt uns durch Taufe und Firmung Anteil an Seinem ewigen Priestertum und Seiner Königsherrschaft und schenkt uns die Würde von Königen und Priestern (vgl. 1 Petr 2,9). Für dieses Geschenk gehört Ihm Ehre und unser Dank.

Siehe, er kommt mit den Wolken und jedes Auge wird ihn sehen, auch alle, die ihn durchbohrt haben; und alle Völker der Erde werden seinetwegen jammern und klagen. Ja, Amen. Ich bin das Alpha und das Omega, spricht Gott, der Herr, der ist und der war und der kommt, der Herrscher über die ganze Schöpfung (1,7-8).

Jesus Christus *kommt.* Er kommt nicht irgendeinmal, Er kommt fortwährend um Heil zu wirken. Einst aber wird Er kommen, um alles zu vollenden. In diesem Kommen wird allen Seine Macht, Herrlichkeit und Liebe offenbar werden.

Er kommt mit den Wolken... Die Wolke ist in der Bibel oft das Zeichen Seiner verborgenen Gegenwart (vgl. Dan 7,13; Lk 9,34; Apg 1,9). Vielleicht deswegen, weil die Wolke etwas Geheimnisvolles ausdrückt. Man kann durch eine Wolke durchgehen, sie aber nicht fassen.

... und jedes Auge wird ihn sehen (1,7a). Die Reaktionen auf Sein Kommen werden unterschiedlich sein. Alle werden Jesus den König der Herrlichkeit sehen! Das wird für die Gläubigen eine grosse Freude sein! Sie atmen auf, denn Er macht alles gut. Er stellt die Gerechtigkeit für alle her.

Es gibt auch eine andere Reaktion: ... *alle, die ihn durchbohrt haben; und alle Völker der Erde werden seinetwegen jammern und klagen (1,7b).* Alle, die Ihn abgelehnt, auf die Seite gestellt, Seine Gebote missachtet und Ihn so *durchbohrt* haben werden *jammern und klagen* über das Schreckliche, dass sie nun erfahren. Damit will Johannes die Gläubigen in ihrer Treue zu Jesus stärken.

Deshalb betont er nochmals, dass Gott alles in den Händen hat, denn Er ist der Allerwichtigste und derjenige, worauf es letztlich allein ankommt.
Ja, Amen.[6] *Ich bin das Alpha und das Omega, spricht Gott, der Herr, der ist und der war und der kommt, der Herrscher über die ganze Schöpfung (1,7c, 8).*

---

[6] In der Bibel sagen Menschen "Amen", um auf Gottes Wort zu antworten oder auf das, was jemand über Gott sagt. Christen haben das Wort aus der jüdischen Tradition übernommen und sprechen es am Ende eines Gebets zur Bekräftigung des Gesagten. In der Liturgie ist das Amen die am häufigsten verwendete Akklamation.
Das Wort "Amen" kommt aus dem Hebräischen von der Verb-Wurzel "amn", welches "fest" und "zuverlässig sein" bedeutet. Meist wird "Amen" mit "Ja, so sei es" oder "ja, so ist es" übersetzt. Mit dem Amen geben wir unsere Zustimmung: Es steht fest und es gilt, ja ich stimme zu!
Für Paulus ist in der Person Jesus Christus das Ja Gottes zu den Menschen verwirklicht. *Er ist das Ja zu allem, was Gott verheißen hat. Darum ergeht auch durch ihn das Amen zu Gottes Lobpreis, vermittelt durch uns (2 Kor 1,20).* Und in der Offenbarung ist Jesus selber das grosse Amen: *So spricht Er, der Amen heißt, der treue und zuverlässige Zeuge (3,14).* Er ist absolut zuverlässig!

Ins Leben gebracht – Ich bin das Alpha und das Omega

Alpha und Omega, der erste und der letzte Buchstabe des griechischen Alphabets, sind ein Symbol für Anfang und Ende. Wir würden sagen von A bis Z.

Wir verwenden das A und O in der Bedeutung von: Das Allerwichtigste, das, worauf es ankommt; das Grundlegende. Die Redewendung von A – Z bedeutet: Der Erste und der Letzte, Anfang und Ende, Ursprung und Ziel sowie von "durch und durch". Zwischen A und Z liegen alle Buchstaben. Damit können wir alle möglichen Worte bilden.

Das bedeutet: Alles Geschehen ist von diesem A – Z umfangen, sei es Frohes oder Trauriges, Heilendes oder Verletzendes, Vergangenes oder Zukünftiges.

Auch meine gegenwärtigen Erfahrungen und Gefühle, mein Glück, meine Freude, meine Zufriedenheit, aber auch meine Zweifel, Leiden, Enttäuschungen, Bitterkeit, meine Angst, Verunsicherung, mein Nicht-mehr-weiter-wissen., ...

Alles was ich bin und was mich ausmacht, meine ganze Lebensgeschichte ist umfangen von Gottes geheimnisvoller, allgegenwärtigen Liebe und Barmherzigkeit.

In Ihm bin ich ganz geborgen, das kann ich jetzt verinnerlichen: Alles was war in meinem Leben, in meiner ganz persönlichen Lebensgeschichte und Weltsituation, alles ist von Seiner Liebe umfangen. Was bewirkt diese Gewissheit tief in mir?

– Stille –

Jetzt kann ich den Vers – *Ich bin das Alpha und das Omega, spricht Gott, der Herr, der ist und der war und der kommt, der Herrscher über die ganze Schöpfung (1,8)* – einige Male laut aussprechen und Seine Gegenwart und Liebe nochmals bewusst in meine ganze Lebensgeschichte, in Vergangenheit, Gegenwart und Zukunft hereinnehmen.

Diese Verinnerlichung vermag mir Kraft, Trost und Frieden zu schenken.

I. Sieh doch – Ich bin lebendig! (1,9-3,22)

Situation der Gemeinden

Jede biblische Schrift ist zuerst Wort Gottes für die konkrete Situation der damaligen Zeit Deshalb kann die Offenbarung nur im Blick auf die Situation der Gemeinden um das Jahr 95 in Kleinasien verstanden werden. Ihre geschichtliche Situation war von mehreren Faktoren geprägt. Drei sollen erwähnt werden:

1. Trennung von Christentum und Judentum

In der Urgemeinde hatten die Apostel ganz selbstverständlich am jüdischen Gottesdienst im Tempel teilgenommen, Paulus ging auf seinen Reisen zuerst immer in die jüdische Synagoge zu seinen Brüdern. Von daher werden die Christen in der Apostelgeschichte *die Anhänger des Weges Jesu (Apg 9,2)* genannt. Das heisst: Die Jesusjünger galten als eine bestimmte Richtung innerhalb der grossen Religion Judentum, bis es zum Bruch kam.

Dieser Bruch hatte schmerzliche Konsequenzen. Dies nicht nur geistlich, weil es die Ur-Trennung innerhalb des Volkes Gottes war, sondern noch aus einem ganz anderen Grund: Das Judentum war im Römischen Reich eine geduldete und erlaubte Religion. Solange das Christentum unter der erlaubten Flagge des Judentums segelte, hat es der Staat in Ruhe gelassen. In dem Augenblick aber, wo der Bruch mit dem Judentum geschieht, da setzt zumindest örtlich der Druck Roms ein, weil die Christen eine unerlaubte Religion praktizieren.

Das hatte zur Folge, dass die Christen aus lebenswichtigen sozialen Netzen ausgeschlossen waren und manchmal von Juden bei den römischen Behörden angezeigt wurden. Das erklärt die Polemik gegen die Juden in den Sendschreiben.

2. Das umfassende römische Herrschaftssystem (Pax Romana)

In der Zeit um die Jahrhundertwende brach im ganzen römischen Reich das Ordnungsgefüge immer mehr auseinander. Das Glaubensgefüge war nicht mehr stabil. Das moralische System zerfiel. Kinderschänderei, eine grosse sexuelle Freiheit mit verschiedensten Perversitäten breiteten sich aus.

Da kam in Rom ein starker Mann an die Macht, Kaiser Domitian. Er war von 81 bis zu seinem Tod 96 römischer Kaiser. Als erster Kaiser nahm er göttliche Verehrung in Anspruch. Er verlangte von allen Untertanen im römischen Reich, dass sie vor ihm auf die Knie gehen und ihm als Zeichen der göttlichen Verehrung Weihrauch streuen. Weil der Kaiser nicht gleichzeitig in Rom und in Kleinasien (der heutigen Türkei) sein konnte, liess er überall Standbilder von sich oder einen leeren Kaiserthron aufstellen. Dort mussten die Menschen ihre Knie beugen um zu zeigen: Wir verehren den römischen Kaiser als Gott.

Wer nichts mehr glaubt, kann seine Knie vor jedem Standbild beugen. Aber die Christen lebten aus der Gewissheit: Nicht irgendwer ist Gott, sondern Jesus Christus ist der Herr. So haben sie sich geweigert, den Kaiserkult mitzumachen.

Der Kaiserkult und die römische Staatsreligion waren eingebaut in ein ausgeklügeltes Netz von politischen, gesellschaftlichen und wirtschaftlichen Abhängigkeiten. Dies garantierte den "römischen Frieden" (Pax Romana). Darin war das Bekenntnis, dass Jesus Christus und nicht der Kaiser "Herr und Gott" sei, mehr als nur ein religiöses Problem. Wer am Kaiserkult und den entsprechenden religiösen Feiern nicht mitmachte, bedrohte die gesamte gesellschaftliche Ordnung!

Für die Christen kam erschwerend hinzu, dass ihr Bekenntnis zu Jesus Christus als dem *"Herrn"* einem Menschen galt, der als politischer Verbrecher von den Römern hingerichtet wurde. Das verstärkte den Verdacht, dass sie die gesellschaftliche und politische Ordnung stören und umstürzen wollen.

Wenn Christen sich geweigert haben, den Kaiser als *"Herrn und Gott"* anzuerkennen, drohte man ihnen mit Folter und Tod. Um die Christen mürbe zu machen, hat man sie manchmal stundenlang in einer Arena in der glühenden Sonnenhitze stehen lassen. Sie bekamen weder etwas zu essen noch zu trinken. Wenn sie sich dann immer noch weigerten, dann wurden sie manchmal als lebendige Fackel verbrannt. Oder sie wurden in einem grossen Spektakel Raubtieren zum Frass vorgeworfen. Nicht wenige sind durch diesen Druck abgefallen oder waren in Gefahr dazu.

3. Spannungen innerhalb der Gemeinden

Zusätzlich zum äusseren Druck kamen die inneren Spannungen. Die Christen fühlten sich berufen zur Königsherrschaft Gottes. Und was sehen sie davon? Was erleben sie davon? Alles andere als königlich und fürstlich geht es ihnen. Die Aussagen Jesu von der Königsherrschaft und die geschichtliche Realität passen nicht zusammen. Diese Spannung gab Probleme.

Dazu kam: Die Zeit wird so lang. Die Christen haben anfangs damit gerechnet, dass Jesus Christus zu ihren Lebzeiten wiederkommt. Doch jetzt erleben sie, wie bereits die ersten Leute aus ihrem Kreis sterben. So waren sie gezwungen, diese lange Zeit, in der Jesus nicht wiedergekommen ist, theologisch zu überbrücken.

Hinzu kamen noch Meinungsverschiedenheiten. Einige traten, um besser zu überleben, für Kompromisse mit der "Pax Romana" ein, andere sahen darin einen Verrat. Diese Meinungsverschiedenheiten verursachten Spannungen und Spaltungen.

Ins Leben gebracht – Frage

Wie weit entspricht unsere heutige Situation der damaligen Situation? Was ist ähnlich? Was ist heute anders? Wie erlebe ich unsere Lebens- und Kirchensituation?

Beauftragung des Johannes (1,9-20)

Der römische Kaiser hatte Johannes gefangen nehmen lassen und ihn auf eine kleine Insel zwischen Griechenland und der Türkei, auf die Insel Patmos verbannt. Möglicherweise hat der Kaiser sich in Rom die Hände gerieben: Jetzt haben wir den führenden Kopf der Christen schachmatt gesetzt, jetzt wird der Widerstand der Christen gegen unsere Anordnungen erlöschen.

Und was geschieht in diese Situation hinein? *Ich, Johannes, euer Bruder und Gefährte in der Bedrängnis, in der Königsherrschaft und im standhaften Ausharren in Jesus, war auf der Insel, die Patmos heißt, um des Wortes Gottes willen und des Zeugnisses für Jesus (1,9).*

Johannes ist ein Betroffener, ein solidarisch Mitleidender. Er hat erstens Anteil an der *Bedrängnis* der Gemeinden und teilt die Anfeindungen und die Verfolgung, welche die Gemeinden erleiden. Zugleich hat er zweitens Anteil an der *Königsherrschaft.* Er ist mit ihnen verbunden in der gleichen Berufung und Hoffnung. Und drittens harrt er standhaft und geduldig mit den Gemeinden aus. Johannes dachte voller Sorge an die vielen Gemeinden: Hoffentlich haben sie die Kraft durchzuhalten in diesem Kampf und fallen nicht ab! Und er stand im Gebet für sie ein.

Und dann geschieht überraschendes. Er schreibt: *Am Tag des Herrn wurde ich vom Geist ergriffen und hörte hinter mir eine Stimme, laut wie eine Posaune (1,10).*

Am Tag des Herrn, am Sonntag, am Tag der Feier des Füreinander mit Jesus und den Schwestern und Brüder in der Eucharistie, wird Johannes in die neue Sendung an die Bedrängten hineingenommen. Er *hörte eine Stimme, laut wie eine Posaune.* Die Posaune war ein Weckruf, ein Signal-Instrument. Die Posaune gehört oft zum Erscheinen Gottes dazu. So werden, wenn Christus wiederkommt, die Engel die Posaunen blasen. Das ist eine Chiffre, die besagt: „Jetzt tritt Gott in Erscheinung“. Das gilt nun für Johannes. Völlig unvorbereitet hört er eine gewaltige Stimme, in der Gott in Erscheinung tritt.

Sie sprach: Schreib das, was du siehst, in ein Buch und schick es an die sieben Gemeinden: nach Ephesus, nach Smyrna, nach Pergamon, nach Thyatira, nach Sardes, nach Philadelphia und nach Laodizea! (1,11)

Johannes bekommt den Auftrag, das, was er sieht *in ein Buch* zu schreiben. Das ist sehr bedeutsam. Denn damals gab es im Judentum verschiedene Apokalypsen, die alles Geheimwissenschaften waren. Nur Eingeweihte durften sie lesen. Johannes aber soll alles aufschreiben und veröffentlichen und *an die sieben Gemeinden* schicken.[7]

Die Schau Jesu

Da wandte ich mich um, weil ich die Stimme erblicken wollte, die zu mir sprach. Als ich mich umwandte, sah ich sieben goldene Leuchter und mitten unter den Leuchtern einen gleich einem Menschensohn; er war bekleidet mit einem Gewand bis auf die Füße und um die Brust trug er einen Gürtel aus Gold (1,12-13).

Das erste, was Johannes sieht, sind sieben Leuchter aus purem Gold. Das erinnert an Mose. Auf Befehl Gottes (vgl. Ex 25,31-32f) liess er einen siebenarmigen goldenen Leuchter für das Offenbarungszelt anfertigen. Im Tempel Salomos standen vor dem Raum der Bundeslade zehn goldene Leuchter (vgl. 1 Kön 7,49). Diese Leuchter zeigten die Gegenwart des Jahwes, des lebendigen Gottes an. Hier weisen die sieben goldenen Leuchter auf die Gegenwart Gottes in Jesus hin.

Nun wird die Machtfülle, Würde und Herrlichkeit Jesu beschrieben. Das *Gewand bis auf die Füße (1,13b)* ist das Gewand des Hohenpriesters. Jesus ist der Hohepriester. Dieses lange Gewand ist auch Zeichen Seiner Würde und Majestät. Der priesterliche Dienst besteht darin, die Menschen mit Gott zu versöhnen und sie für die Liebe Gottes zu öffnen.

Der *Gürtel aus Gold um die Brust zeigt*, dass Jesus jetzt unermüdlich an der Vollendung arbeitet, damit Gold entsteht. *Gold* ist wie bei den goldenen Leuchtern auch hier der Werkstoff des Himmels. Anders gesagt: Wo Jesus, wo Gnade wirkt, entsteht etwas so Strahlendes und Kostbares wie Gold.

... gleich einem Menschensohn (1,13a). Jesus hat sich selbst oft als Menschensohn bezeichnet. Menschensohn erinnert an das Buch Daniel: *Da kam mit den Wolken des Himmels einer wie ein Menschensohn. Er gelangte bis zu dem Hochbetagten und wurde vor ihn geführt. Ihm wurden Herrschaft, Würde und Königtum*

---

[7] Das heisst, wenn Gott Sein Wort aufschreiben lässt, dann bindet Er sich an Sein Wort. Man kann sich auf dieses Wort Gottes berufen. Dies entspricht in etwa unserer Redewendung: „Ich geb's dir schriftlich." Die Männer und Frauen, die in der Bibel beten, berufen sich auf die Zusage Gottes: „Du hast gesagt.". Wir dürfen auch unser Gebet davon prägen lassen: „Du hast es in Deinem Wort gesagt, Du hast mir diese Zusage gegeben, und darauf baue ich, darum wage ich es..."

gegeben. Alle Völker, Nationen und Sprachen dienten ihm. Seine Herrschaft ist eine ewige, unvergängliche Herrschaft. Sein Reich geht niemals unter (Dan 7,13-14). Wenn die Figur des Menschensohnes des Buches Daniel auf Jesus übertragen wird, heisst dies, dass nun in Ihm Gott selber in Seiner Machtfülle, Würde, Herrlichkeit erscheint.

Sein Haupt und seine Haare waren weiß wie weiße Wolle, wie Schnee, und seine Augen wie Feuerflammen. Seine Beine glänzten wie Golderz, das im Schmelzofen glüht, und seine Stimme war wie das Rauschen von Wassermassen (1,14-15). Das Weiss des Hauptes und der Haare weist auf die göttliche Lichtherrlichkeit hin, die von Jesus ausstrahlt. So wird in Dan 7,9 Gott selber geschaut.

Im Folgenden werden Organe genannt, durch die ein Mensch nach aussen aktiv wird. Sie zeigen die gewaltige Macht Jesu. *Augen wie Feuerflammen (1,14)* bezeichnen die Feuerliebe Jesu. Diese verzehrende Kraft der Liebe Jesu durchdringt alles. Sie bejaht den Menschen selbst in seinen widerlichsten und dunkelsten Bereichen des Herzens. Selbst dorthin geht von Jesus Wärme und Liebe aus. Doch wo Feuer hinkommt, geschieht Veränderung. Feuer lässt nichts im alten Zustand zurück. Es verbrennt, vernichtet und reinigt. Wo also der Blick der Feuerliebe Jesu hinkommt, da geschieht Heilung, Klärung und Reinigung.

Beine wie Golderz (1,15). Das Glänzen Seiner Beine bezeugen Jesu unerschütterlichen Stand, Seine strahlende Sicherheit, die von Ihm ausgeht.

Seine Stimme hat die alles übertönende Kraft riesiger *Wassermassen,* die vom Meer an die Felsen der Insel Patmos schlagen. Seine Stimme ist gewaltig, nicht zu überhören, stark und klar, selbst dann, wenn es eine leise innere Stimme ist.

In seiner Rechten hielt er sieben Sterne und aus seinem Mund kam ein scharfes, zweischneidiges Schwert und sein Gesicht leuchtete wie die machtvoll strahlende Sonne (1,16). Etwas in der Hand halten bedeutet, Geborgenheit und Schutz geben. So geht von Seiner rechten Hand Geborgenheit und Kraft auf die Sterne aus.

Zweischneidig wie ein *Schwert* ist das Wort aus Seinem Mund, weil es nach innen und aussen richtet. Es offenbart scharf, klar und deutlich die kleinsten Regungen unseres Herzens. *Sein Wort richtet über die Regungen und Gedanken des Herzens (Hebr 4,12c).* Zugleich ist Sein Wort ein Wort der Liebe und des Erbarmens, auch dann, wenn es schmerzt, um uns frei zu machen von allem Sündhaften, Bitterem und Bösen, das menschliches Leben, Glück und Freude zerstört.

Am Schluss sieht Johannes das ganze Gesicht Jesu, das *wie die machtvoll strahlende Sonne (1,16c) leuchtet.* Wie niemand mit offenen Augen in die voll strahlende Sonne schauen kann, ohne zu erblinden, so kann eine solche Herrlichkeit kein Mensch aushalten.

Wirkung und tiefere Offenbarung

Die Schau Jesu, die machtvoll strahlende Sonne, all der Glanz, die Herrlichkeit, das Licht, die Wärme, die Sicherheit, der Adel die überwältigende Stärke, die Würde, die von dieser Person ausgehen, ist zu viel für Johannes. Er kann diese gewaltige Fülle nicht aushalten:

Als ich ihn sah, fiel ich wie tot vor seinen Füßen nieder. Er aber legte seine rechte Hand auf mich und sagte: Fürchte dich nicht! Ich bin der Erste und der Letzte und der Lebendige. Ich war tot, doch siehe, ich lebe in alle Ewigkeit und ich habe die Schlüssel zum Tod und zur Unterwelt. Schreib auf, was du gesehen hast: was ist und was danach geschehen wird. Das Geheimnis der sieben Sterne, die du auf meiner rechten Hand gesehen hast, und der sieben goldenen Leuchter ist: Die sieben Sterne sind die Engel der sieben Gemeinden und die sieben Leuchter sind die sieben Gemeinden (1,17-20).

Johannes fällt erschüttert und überwältig von der Macht und Majestät Jesu wie tot zu Boden. Doch Jesus richtet ihn zärtlich auf. Er legt liebend Seine Hand auf Johannes und lässt Seine Kräfte in ihn hineinfliessen. Und mit Seiner gewaltigen, alles übertönenden und zugleich gütigen Stimme sagt Er: *Fürchte dich nicht!* Warum soll er sich nicht fürchten?

Jesus offenbart sich ihm noch tiefer und sagt: *Ich bin der Erste und der Letzte und der Lebendige (1,17-18a).* Als Gott und der souveräne Schöpfer von Himmel und Erde ist Gott der Erste und Letzte, derjenige, der allem voraus ist und alles umspannt. Jesus teilt hier mit, dass das auch von Ihm gilt.[8]

Jesus ist der *Lebendige* und ergänzt: *Ich war tot (1,17-18b)* … Damit erinnert Jesus an Seinen Tod am Kreuz. In Seinem irdischen Schicksal hat Er den Tod erfahren und ist durch den Tod hindurchgegangen. Nun hat Er die *Schlüssel zum Tod und zur Unterwelt (1,17-18c).* Schlüssel sind Zeichen für Macht. Wer den Autoschlüssel, Hausschlüssel, Tresorschlüssel hat, der kann darüber verfügen. So hat Jesus die Verfügungsmacht über den Tod. Er ist nicht nur jetzt der Lebendige, sondern Er lebt *in alle Ewigkeit* und hat die Macht, Seinen Getreuen, die mit Ihm durch den Tod hindurchgehen, Sein ewiges Leben mitzuteilen. Das ist so wunderbar! Darum: *Schreib auf, was du gesehen hast: was ist und was danach geschehen wird (1,19).*

---

[8] Jesus bezieht alttestamentliche Gottesaussagen auf sich selbst: *So spricht der HERR, Israels König, sein Erlöser, der HERR der Heerscharen: Ich bin der Erste, ich bin der Letzte, außer mir gibt es keinen Gott. Wer ist mir gleich? (Jes 44,6-7) … Ich bin es, ich, der Erste und auch der Letzte. Meine Hand hat die Fundamente der Erde gelegt, meine Rechte hat den Himmel ausgespannt; ich rief ihnen zu und schon standen sie alle da (Jes 48,12-13).*

Jesus, voll von dieser strahlenden Machtfülle und Liebe, erklärt nun die Bedeutung der goldenen Leuchter und der sieben Sterne: *Das Geheimnis der sieben Sterne, die du auf meiner rechten Hand gesehen hast, und der sieben goldenen Leuchter ist: Die sieben Sterne sind die Engel der sieben Gemeinden und die sieben Leuchter sind die sieben Gemeinden (1,20).*

Engel sind Boten, Gesandte Gottes. So sind die Engel der Gemeinden die von Gott gesandten Boten Gottes. Das sind die Vorsteher und Leiter der Gemeinden. Von ihnen wird gesagt: Jesus hält sie in Seiner Rechten (vgl. Offb 1,16). Sie sind von der mächtigen Hand Jesu umfasst und getragen. Er schenkt ihnen Kraft und Vollmacht.

Die sieben Leuchter sind die sieben Gemeinden, das sind auch unsere Gemeinden. Sieben als Zahl der Fülle zeigt: In dieser strahlenden Macht und Herrlichkeit ist Jesus mitten in all unseren Gemeinden, in der Kirche gegenwärtig.

Ins Leben gebracht – Sieh doch – ich bin lebendig!

Johannes wurde auf die Insel Patmos verbannt, weil ihn die Macht des heidnischen Staates hierhergebracht hat und weil er von der Macht Jesu, zu dem er sich bekannte, nichts erfahren hat. Da hört er völlig überraschend eine gewaltige Stimme und sieht Jesus: Alles an der Gestalt Jesu ist Würde, Majestät, Stärke und überwältigende Macht: Der Blick der Augen, der Klang der Stimme, der Stand der Füsse, der Griff der Hand, das Wort und das strahlende Leuchten des Gesichts. Alles in dieser Schau Christi zeigt Seine Majestät und Macht.

Johannes fällt erschüttert von der Macht dieser Erscheinung wie tot zu Boden. Doch Jesus legt liebend Seine Hand auf Johannes und sagt: *Fürchte dich nicht! (1,17)*

Es ist tröstlich und befreiend, Jesus in solch strahlender Majestät und in solch unüberwindbarer Macht an seiner Seite zu wissen. Johannes, der auf Patmos verbannt ist, der nicht bewahrt wurde von Leiden und Verfolgung, der keine äusserliche Hilfe erfahren hat, weiss, dass Jesus in Seiner ganzen strahlenden Herrlichkeit jetzt mitten in seinen Leiden und Bedrängnissen da ist.

So ist Jesus auch heute in Seiner Kirche gegenwärtig. In der persönlichen Erfahrung kann Jesus als abwesend und machtlos wahrgenommen werden. Dennoch! Gegen allen äusseren Anschein lebt Jesus in der Kirche in Seiner strahlenden Majestät und Macht. Es ist schrecklich, einen solchen Herrn gegen sich zu haben. Es ist ermutigend und tröstlich, diesen Herrn an seiner Seite zu wissen.

Mitten unter den Leuchtern, also mitten in den Gemeinden lebt Jesus, strahlend wie die Sonne, in Seiner ganzen Fülle der Macht, Liebe und

Majestät. Wir, die wir oft unter der Armseligkeit unserer Gemeinden leiden, wir dürfen wissen: Mitten in dieser Armseligkeit ist Er unsichtbar in Seiner ganzen strahlenden Machtfülle gegenwärtig

Fürchtet euch nicht, habt keine Angst! Warum brauchen wir keine Angst zu haben? Der Menschensohn sagt: *Ich bin der Erste und der Letzte und der Lebendige.* Weltanschauungen, Ideologien, kommen und gehen. Römische Machthaber, gewählte Präsidenten kommen und gehen. Heerführer kommen und gehen. Alle Machthaber dieser Welt sind vergangen, auch der römische Kaiser Domitian. Kein Wissenschaftler hat die Grenze des Todes überschreiten können. Keiner hat eine Pille für das ewige Leben erfunden. Es gibt nur Einen, der von sich sagen konnte: *Ich bin der Erste und der Letzte und der Lebendige.*

Wenn alles am Wackeln ist, hier ist eine letzte Instanz, Jesus Christus, der erhöhte Herr, der sagt: *Ich war tot, doch siehe, ich lebe in alle Ewigkeit und ich habe die Schlüssel zum Tod.*

1. Mit meinem inneren Auge stelle ich mir Jesus in dieser Herrlichkeit, Liebe und Macht vor, der zu mir sagt: *Fürchte dich nicht!*

2. Für welche Situation nehme ich diesen Zuspruch an?

Ich betrachte Wort für Wort die Selbstvorstellung Jesu (1,9-20). Ich lasse Sein Bild in mir gross werden. Welches spricht mich besonders an? Dieses kann ich im Text hervorheben und betend betrachten.

Die 7 Sendschreiben

In den 7 Briefen werden nun sieben individuelle und konkrete Situationen aus der Sicht Christi beurteilt. Christus öffnet jeder Gemeinde die Augen dafür, wie es mit ihr tatsächlich steht. Er zeigt ihr, wo sie auf dem Weg Gottes ist und wo sie im Widerspruch zu Gott steht und ruft entschieden zur Umkehr auf. Ihm geht es darum, die Gemeinden in ihrer Treue und Berufung zu stärken.

Berufung der Gemeinden – Leuchter Jesu zu sein

Die goldenen Leuchter im Tempel stehen unablässig vor der Herrlichkeit Gottes. Wie die Leuchter ständig vor dem Herrn stehen, so sollen die Gemeinden ständig auf den gegenwärtigen Christus ausgerichtet sein und in Seiner Gegenwart leben.

Ein Leuchter trägt das Licht. Dank diesem Licht können wir viel mehr sehen. Wie die goldenen Leuchter ihre Leuchtkraft von der Herrlichkeit Gottes haben, so sind die Gemeinden durch Jesus schön, strahlend, golden geworden. Sein Glanz ist auf sie übergegangen. Die Gemeinden sollen durch ihr Sein, durch ihre Ausstrahlung, durch ihre Atmosphäre Jesus ausstrahlen, wie Jesus in der Bergpredigt sagt: *Ihr seid das Licht der Welt. Eine Stadt, die auf einem Berg liegt, kann nicht verborgen bleiben. Man zündet auch nicht eine Leuchte an und stellt sie unter den Scheffel, sondern auf den Leuchter; dann leuchtet sie allen im Haus. So soll euer Licht vor den Menschen leuchten, damit sie eure guten Taten sehen und euren Vater im Himmel preisen (Mt 5,14-16).*

Die Kirche, die Gemeinden sind berufen, Leuchter Jesu zu sein. Dabei ist nicht entscheidend wie zahlreich wir sind, sondern, dass wir leuchten und so Ort Seiner Gegenwart sind. Wie kann das Wirklichkeit werden?
Nur indem wir auf Jesus schauen, uns an Ihm orientieren und uns von Ihm durchdringen lassen. Wenn Gemeinden nicht mehr auf Jesus ausgerichtet sind dann verlieren sie ihre Berufung, den Sinn ihrer Existenz.

Aufbau der 7 Sendschreiben

Sieben als Zahl der Fülle weist darauf hin, dass mit den 7 Gemeinden alle Gemeinden zu allen Zeiten und an allen Orten gemeint sind. Sie leben in unterschiedlichen wirtschaftlichen, politischen und geistlichen Situationen. Entsprechend sind die 7 Briefe Worte Jesu, die je nach Situation unterschiedlich sind, jedoch zu allen Zeiten ihre Gültigkeit haben.

Die 7 Sendschreiben folgen einer gemeinsamen Struktur:

1. Der Schreibbefehl: ***An den Engel der Gemeinde in ... schreibe:*** Obwohl der Brief die ganze Gemeinde betrifft, wird jeweils der Leiter der Gemeinde angesprochen. Der Grund liegt darin, dass von ihm wesentlich das innere Leben und die Wirkkraft nach aussen abhängt. So ist zuerst der Leiter gerufen, im unbeirrten Schauen auf Jesus mutig und klar durch Bedrängnis von aussen und Kritik und Widerstände von innen, hindurchzugehen.

2. Die Botenformel: ***So spricht Er:*** Es wird ausdrücklich gesagt, wer jetzt spricht. Denn die Bedeutung der Botschaft hängt von der Stellung des Absenders ab. Jesus stellt sich in Seiner Majestät und Macht in jeder Gemeinde anders vor. Bereits in dieser Vorstellung nimmt Jesus Bezug auf die Situation der Gemeinde und zeigt, was diese besonders beachten soll.

3. Der Botenspruch: ***Ich kenne und Ich weiss:*** Jesus kennt die Gemeinden durch und durch. So kennt Jesus auch die heutige Kirche (und mich) besser, als ich sie (und mich) kenne. Er weiss um die tiefen Hintergründe all unserer Entscheidungen. Aus dem Kennen kommt die Anerkennung, das Lob. Dabei lobt Er nicht ein äusserlich glänzendes Gemeindeleben, sondern das Ringen und Kämpfen im Alltag der meist kleinen Gruppen in einer schwierigen Umweltsituation. Weil Jesus die Gemeinde kennt und liebt, in ihr da ist, mir ihr mitfühlt und mitleidet, kann Er sie ermutigen und tadeln.

Während die Gemeinden von Sardes und Laodizea nur Tadel, Smyrna und Philadelphia nur Lob erhalten, wird bei den übrigen Gemeinden beides Lob und Tadel erwähnt. Interessanterweise haben die Gemeinden, die nur Tadel erhalten, keine Angriffe des Teufels. Das kann zur Vermutung führen, dass innerlich "tote" Gemeinden keine Bedrohung für das Wirken des Widersachers darstellen.

4. Der Siegerspruch: ***Wer siegt, dem werde ich ...:*** Während bis jetzt der Blick auf die irdische Situation der Gemeinde gerichtet war, wird im Siegerspruch der Blick auf die Ewigkeit hin geöffnet. Jesus ermutigt unsere Entscheidungen und unser Handeln nicht von Momentsituationen, sondern von der Ewigkeit her bestimmen zu lassen.

Dies bedeutet, jetzt kämpfen. Denn siegen kann nur, wer kämpft. Ohne Kampf gibt es keinen Sieg. Dazu braucht es die Treue zu Jesus und Seiner Botschaft bis zum Ende des Lebens.

5. Der Weckruf: ***Wer Ohren hat, der höre, was der Geist den Gemeinden sagt:*** Dieser Weckruf steht in den ersten drei Briefen vor, in den anderen nach dem Siegerspruch. Klar wird darauf hingewiesen, dass hier nicht ein Mensch seine Ideen vorträgt, sondern, dass hier Gottes Geist spricht, der alles kennt und durchschaut. Entscheidend ist deshalb zuerst mein aufmerksames Hinhören, das zum richtigen Handeln führt.

Ins Leben gebracht – Licht sein

Weil in den 7 Gemeinden alle angesprochen sind, gehen die Sendschreiben auch alle an. *Ich kenne deine Taten*, Jesus kennt mich durch und durch. Er kennt das Gute und das, was ich gerne verberge.

Mich durchschaut und erkannt fühlen, kann mich zutiefst berühren und beglücken, weil auf meine gute Motivation geschaut wird und nicht auf die vielleicht enttäuschenden Resultate in meinem Leben. Es kann aber auch unangenehm sein, weil ich nichts mehr vortäuschen kann und es nach Konsequenzen ruft. Doch diese sind im Endeffekt heilsam und gut.

Ich kann mich fragen: Möchte ich das Licht Jesu, Seine Sicht meines Lebens, erkennen, auch dort wo Er unangenehme und vielleicht verdrängte Wahrheiten sowie Faules in mir anspricht?

Will ich Leuchter Jesu sein?
Ich kann meine Antwort Jesus im Gebet sagen.

Ephesus – Zurück zur ersten Liebe! (2,1-7)

An den Engel der Gemeinde in Ephesus schreibe: So spricht Er, der die sieben Sterne in seiner Rechten hält und mitten unter den sieben goldenen Leuchtern einhergeht:

Ich kenne deine Taten und deine Mühe und deine Geduld und weiß, dass du die Bösen nicht ertragen kannst. Du hast die auf die Probe gestellt, die sich Apostel nennen und es nicht sind, und hast sie als Lügner befunden. Du legst Geduld an den Tag und hast um meines Namens willen Schweres ertragen und bist nicht müde geworden. Aber ich habe gegen dich: Du hast deine erste Liebe verlassen. Bedenke, aus welcher Höhe du gefallen bist! Kehr zurück zu deinen ersten Taten! Wenn du nicht umkehrst, werde ich zu dir kommen und deinen Leuchter von seiner Stelle wegrücken. Doch für dich spricht: Du verabscheust das Treiben der Nikolaiten, das auch ich verabscheue. Wer Ohren hat, der höre, was der Geist den Gemeinden sagt: Wer siegt, dem werde ich zu essen geben vom Baum des Lebens, der im Paradies Gottes steht (2,1-7).

Ephesus ist mit etwa 200'000 Einwohner die drittgrösste Stadt im Römischen Reich. Sie steht in voller wirtschaftlicher Blüte. Das dortige Artemis-Heiligtum zählt zu den sieben Weltwundern. Daneben gibt es einen gemeinsamen Tempel zu Ehren der Göttin Roma und des Cäsars sowie einen Domitiantempel. Weil sie eine zentrale Bedeutung für die ganze Kirche Kleinasiens hat, wendet sich Johannes zuerst an sie.

Jesus stellt sich ihr vor als der, der in der Gemeinde gegenwärtig und in dessen Hand sie ganz geborgen ist. Er anerkennt ihr entschlossenes Handeln und ihr treues, leiderduldendes Durchhalten. Damit ihre unbeirrbare Treue und ihr unerschütterlicher Leidensmut nicht in Enge und Fanatismus abgleiten, müssen sie von einer lebendigen, herzlichen und erfrischenden Liebe zu Gott, zu den Menschen und zu sich selber durchdrungen sein. Denn die Liebe allein gibt dem christlichen Leben Ausstrahlung und Freude. Sie ist und bleibt das Entscheidende. Fehlt diese, strahlt nicht mehr Jesus in der Gemeinde durch. Folglich schwindet trotz der äusseren, kompromisslosen Treue die Berufung, "Leuchter Jesu" zu sein. *Aber ich habe gegen dich: Du hast deine erste Liebe verlassen. Bedenke, aus welcher Höhe du gefallen bist! Kehr zurück zu deinen ersten Taten! Wenn du nicht umkehrst, werde ich zu dir kommen und deinen Leuchter von seiner Stelle wegrücken (2,4-5).*

Was hat die Kraft zur ersten Liebe zurückzufinden?

Bedenke, aus welcher Höhe du gefallen bist... (2,5a) zeigt den Weg der Erneuerung der Liebe an. Sie wird nicht durch das Schauen auf das Negative, durch das Nörgeln und innergemeindliches Kritisieren erreicht. Das zieht nach unten. Vielmehr hat der Blick nach oben, der Blick und die Erinnerung an das Feuer der ersten Liebe, die Erinnerung an das Begeisternde, das Gott bereits einmal schenkte; die Erinnerung an die Ideale, an die Grossmütigkeit der Liebe, die einst in ihr lebten, die Kraft zur Wiederbelebung der Liebe und des inneren Feuers.

Was ist die erste Liebe, die wir Menschen empfangen? Ein neugeborenes Baby empfängt die Liebe von Mama und Papa. Es braucht die intensive Erfahrung, geliebt zu werden. Vater und Mutter sind von Gott beauftragt, dem Kind diese Liebe zu schenken. Die Liebe Gottes – vermittelt durch die Eltern – ist die erste Liebe für das Kind. Je mehr ein Kind diese Liebe empfängt, umso mehr wird es diese Liebe später weitergeben können.

Die erste Liebe ist die Liebe Gottes, denn Er hat uns zuerst geliebt. *Wir wollen lieben, weil er uns zuerst geliebt hat (1 Joh 4,19).* Je mehr wir lernen, diese

Seine Liebe zu empfangen, umso mehr werden wir befähigt, Ihn, uns selbst und andere zu lieben. Von Seiner Liebe erfüllt, können wir Seine Liebe weitergeben und Sein Licht leuchten lassen.

Doch für dich spricht: Du verabscheust das Treiben der Nikolaiten, das auch ich verabscheue (2,6). Jesus lobt die klare Distanzierung zu den Lügenaposteln und Nikolaiten. Die Nikolaiter sind eine gemeindliche Gruppe, die ihre Mitchristen zu Kompromissen mit den religiösen Forderungen Roms und eine liberale ethische Haltung (sexuelle Freizügigkeit) lehren. Beides – Christentum und die äusserliche Teilnahme an kultischen Zeremonien – halten sie für vereinbar. Sie wehren sich, die Nachteile anzunehmen, die ein kompromissloses christliches Leben mit sich bringt.

Jesus lobt die Epheser für ihre klare Ablehnung von Kompromissen mit der religiösen und heidnischen Umwelt. Denn Leben, wahres erfülltes Leben ist nicht in noch so verführerischen und verlockenden Kompromissen zu finden, sondern allein in Jesus, der gekommen ist, um Leben in Fülle zu bringen (vgl. Joh 10,10). So ist der verheissene Siegeslohn das ewige Leben: *Wer Ohren hat, der höre, was der Geist den Gemeinden sagt: Wer siegt, dem werde ich zu essen geben vom Baum des Lebens, der im Paradies Gottes steht (2,7).* Wer Ihm treu ist, erhält zu essen *vom Baum des Lebens,* der täglich neu Leben und Kraft gibt.

Ins Leben gebracht – zurück zur ersten Liebe!

Wer sich dem nicht anpasst was "man halt so tut", wird Aussenseiter. Er erfährt Ablehnung und kann sich schnell verlassen fühlen. Da tut es gut zu hören, dass Jesus um mein Ausharren und das Schwere weiss, das ich aus Treue zu Ihm zu tragen habe.

Frage: Wo bin ich in der heutigen religiösen und gesellschaftlichen Vielfalt in Gefahr, falsche und feige Kompromisse einzugehen? Welche?

Was hilft mir, Ablehnung anzunehmen und versöhnt durchzutragen? Wie können wir dabei einander helfen?

Gilt der Vorwurf Jesu, die Kraft der ersten Liebe verlassen zu haben, auch für mich?

Wie erlebte ich die "erste Liebe" mit Gott? Was bewegte sie in mir? Welche Sehnsüchte nehme ich jetzt in mir wahr? Gilt die Mahnung von Paulus *Entfache die Gnade Gottes wieder... (2 Tim 1,6)* auch für mich?

Welche Menschen stärken in mir die Grossherzigkeit und Liebe?

Smyrna – Sei treu bis in den Tod (2,8-11)

An den Engel der Gemeinde in Smyrna schreibe: So spricht Er, der Erste und der Letzte, der tot war und wieder lebendig wurde: Ich kenne deine Bedrängnis und deine Armut; und doch bist du reich. Und ich kenne die Lästerung von denen, die sagen, sie seien Juden; sie sind es aber nicht, sondern sind eine Synagoge des Satans.

Fürchte dich nicht vor dem, was du noch erleiden musst. Siehe, der Teufel wird einige von euch ins Gefängnis werfen, um euch auf die Probe zu stellen, und ihr werdet in Bedrängnis sein, zehn Tage lang. Sei treu bis in den Tod; dann werde ich dir den Kranz des Lebens geben. Wer Ohren hat, der höre, was der Geist den Gemeinden sagt: Wer siegt, dem kann der zweite Tod nichts anhaben (2,8-11).

Smyrna (heute Izmir) war dank dem günstig gelegenen Hafen ein blühendes Handelszentrum. Doch von diesem Reichtum konnte die kleine christliche Gemeinde nicht profitieren. Ihr Hauptproblem waren die Juden, die in Smyrna eine grosse Kolonie hatten. Diese hassten die Christen, obwohl sie mit ihnen die Ablehnung des Kaiserkultes teilten. Die Wurzeln des Hasses konnten darin liegen, dass etliche Christen zuerst Juden waren, nun aber ihre Konkurrenten in der Missionierung der Heiden sind und sie jetzt als Häretiker gelten, die das Alte Testament missbrauchen.

Deshalb schmähten die Juden die Christen und zeigten sie bei den heidnischen Behörden an. Dies war möglich, weil die Christen durch die Trennung von den jüdischen Gemeinden keine Gottesdienste mehr feiern durften, was sie jedoch in geheimen Treffen weiterhin taten.

Jesus bestätigt, dass die Juden *eine Synagoge Satans* geworden sind, d.h. dass sie den Auftrag, Licht für die Völker zu sein, verwirkt haben. So sind sie auch keine wahren Juden mehr. Das zeigt sich auch darin, dass es dem Teufel, durch seine irdischen Helfer (die Römer durch jüdische Anklagen) gelingt, *einige von euch ins Gefängnis zu werfen (2,10b).*

Das drückt die Stimmung der Christen. Sie haben Zukunftsangst und erleiden materielle Not. Jesus weiss, dass dieser Zustand Fragen aufwirft. Wo ist da die Liebe Gottes? Darum bezeugt Er Sein Anteilnehmen und Mitgehen im Leiden: *Ich kenne deine Bedrängnis und deine Armut (2,9a).* Er stellt sich selber als derjenige vor, der durch die Bedrängnis (Tod) hindurch ins Leben gegangen ist und jetzt alles – und somit auch ihre Not und Bedrängnis – in den Händen hat.

Darum *fürchte dich nicht vor dem, was du noch erleiden musst (2,10a),* denn die Zeit des Leidens ist *zehn Tage lang, (2,10c)* d.h. klar begrenzt. Das zeigt: Der Herr behält die Prüfung in der Hand. Für den jeweils gegenwärtigen Augenblick wird Er die nötige Kraft geben, um durchhalten zu können.

Sei treu bis in den Tod; dann werde ich dir den Kranz des Lebens geben (2,10d). Dieser Kranz – im Gegensatz zur sportlichen Auszeichnung des Kranzes von

Smyrna – verwelkt nie. Die ewige Fülle des Lebens ist gewiss. Das Bild des Kranzes zeigt jedoch auch, dass es wie beim Sport – nie ohne Kampf, ohne Anstrengung und ohne Willen zum Sieg geht. Doch dann wartet die gewaltige Herrlichkeit eines nie endenden Lebens. Denn *der zweite Tod,* die Verdammnis, kann ihnen nichts antun.

Ins Leben gebracht – Sei treu bis in den Tod

Fürchte dich nicht vor dem, was du noch erleiden musst. Und: *Sei treu bis in den Tod!* Wo ruft mich Jesus, nicht auf die Angst, sondern auf Seine Zusage zu schauen und ihr zu vertrauen? Wo ruft Er mich auf, treu zu sein?

Ich kann diesen Zuspruch Jesu für mein Leben konkret werden lassen, indem ich die Situation aufschreibe und Seine Kraft darin bewusst annehme.

Pergamon – Klar Stellung beziehen (2,12-17)

An den Engel der Gemeinde in Pergamon schreibe: So spricht Er, der das scharfe, zweischneidige Schwert trägt: Ich weiss, wo du wohnst dort, wo der Thron des Satans steht. Und doch hältst du an meinem Namen fest und hast den Glauben an mich nicht verleugnet, auch nicht in den Tagen, als Antipas, mein treuer Zeuge, bei euch getötet wurde, dort, wo der Satan wohnt.

Aber etwas habe ich gegen dich: Bei dir gibt es Leute, die an der Lehre Bileams festhalten, der Balak lehrte, den Söhnen Israels eine Falle zu stellen, sodass sie Götzenopferfleisch aßen und Unzucht trieben. So gibt es auch bei dir Leute, die in gleicher Weise an der Lehre der Nikolaiten festhalten. Kehr also um! Sonst komme ich bald und werde sie mit dem Schwert in meinem Mund bekämpfen. Wer Ohren hat, der höre, was der Geist den Gemeinden sagt: Wer siegt, dem werde ich von dem verborgenen Manna geben. Ich werde ihm einen weißen Stein geben und auf dem Stein steht ein neuer Name geschrieben, den nur der kennt, der ihn empfängt (2,12-17).

Pergamon besass eine grosse Bedeutung wegen des Wallfahrtsheiligtums des Gottes der Heilkunst: Asklepius. Doch entscheidender ist, dass in Pergamon ein Kaiserpalast steht und es die älteste Stätte des Kaiserkultes in Kleinasien war. Deshalb ist vom *Thron Satans* die Rede. (Wieso der Kaiser Satan genannt wird, lesen wir in Kapitel 12-14). Die vielfältige heidnische Religiosität, welche die Christen umgab, war ihre Versuchung. Deshalb stellt sich Jesus als der vor, *der das scharfe zweischneidige Schwert trägt (2,12b).* Das heisst: Es geht darum, klare Verhältnisse zu schaffen. Denn einerseits *hältst du an meinem Namen fest und hast den Glauben an mich nicht verleugnet (2,13b),* doch anderseits tolerierst du *Leute, die an der Lehre Bileams festhalten (2,14).* Tolerieren bedeutet hier, nicht klar Stellung zu nehmen. Der Anklagepunkt ist die Neutralität.

Die Lehre Bileams wird *mit den Nikolaiten identifiziert*, die zu Unzucht und Genuss von Götzenopferfleisch verführen. *Götzenopferfleisch essen* bedeutet an heidnischen Festlichkeiten teilzunehmen. *Unzucht treiben* beinhaltet nach prophetischem Sprachgebrauch Abfall von Gott und die Zuwendung zu fremden Göttern oder sexuelle Freizügigkeit (Sex ausserhalb der Ehe).

In Pergamon erscheint Christus mit dem zweischneidigen Schwert, das eine Art Zweifrontenkrieg im Leben eines Christen symbolisiert. Er muss kämpfen gegen Angriffe von aussen und die Irrlehren von innen. *Ich weiss, wo du wohnst* zeigt, dass der Herr meine Wohnung, meine Situation kennt. *Kehr also um!* gib die Neutralität auf, wage die Auseinandersetzung und beziehe klar Position, sonst wird Jesus als Richter mit dem Schwert eingreifen und Ordnung schaffen müssen. *Wer siegt,* wer die Auseinandersetzung wagt, erhält das *verborgene Manna (2,17ff),* die innerlich nährende Kraft Jesu und den *weissen Stein* mit dem *neuen Namen.*

In der antiken Gerichtspraxis haben die Richter den Freispruch mit der Abgabe eines weissen Steines (oder eines weissen Gewandes) bezeugt. So wird derjenige, der die Auseinandersetzung wagt und so im Gericht *siegt,* freigesprochen und zu einem neuen Menschen. Denn der neue *Name* meint ein neues Wesen. Der weisse Stein weist nach einer anderen Interpretation auf das Geheimnis Gottes hin, das jeder in einmaliger Weise in sich trägt. Diese einmalige Originalität und Persönlichkeit wird Gottes Licht ausstrahlen. *Dann werden die Gerechten im Reich des Vaters wie die Sonne leuchten (Mt 13,43).*

Ins Leben gebracht – Klar Stellung beziehen

Wo habe ich Mühe klar Stellung zu beziehen? Wo bin ich in Gefahr, den Erwartungen anderer zu entsprechen? Wo sage ich Ja, obwohl ich ein Nein in mir spüre? Warum? Wo müsste ich durch ein offenes Gespräch klare Verhältnisse schaffen? Wie können wir einander beistehen und über solche Gefahren reden?

Im *verborgenen Manna* will Jesus mir die Kraft zur Wahrhaftigkeit geben. Ich darf vertrauen, dass die Wahrheit eine grosse Kraft ist und sich früher oder später durchsetzen wird. Dazu hilft, wenn ich die Wahrheit in Liebe sage und den Herrn bitte in Seinem Wort gegenwärtig zu sein und zu wirken. Wer der Wahrheit treu bleibt, erhält im *verborgenen Manna* eine Speise, die ihn zum Durchhalten stärkt und ihn hinüber rettet in das Land der Verheissung, in den Himmel, wo er für immer das Licht Christi ausstrahlen wird.

Thyatira – Festhalten an der Lehre (2,18-29)

An den Engel der Gemeinde in Thyatira schreibe: So spricht der Sohn Gottes, der Augen hat wie Feuerflammen und Beine wie Golderz: Ich kenne deine Taten, deine Liebe und deinen Glauben, dein Dienen und deine Geduld und ich weiß, dass du in letzter Zeit mehr getan hast als am Anfang. Aber ich habe gegen dich, dass du Isebel, eine Frau, gewähren lässt; sie gibt sich als Prophetin aus und lehrt meine Knechte und verführt sie, Unzucht zu treiben und Götzenopferfleisch zu essen. Ich habe ihr Zeit gelassen umzukehren; sie aber will nicht umkehren und von ihrer Unzucht ablassen. Siehe, ich werfe sie auf das Krankenbett und alle, die mit ihr Ehebruch treiben, bringe ich in große Bedrängnis, wenn sie sich nicht abkehren vom Treiben dieser Frau.

Ihre Kinder werde ich töten, der Tod wird sie treffen und alle Gemeinden werden erkennen, dass ich es bin, der Herz und Nieren prüft, und ich werde jedem von euch vergelten gemäß seinen Taten. Aber euch Übrigen in Thyatira, denen, die dieser Lehre nicht folgen und die Tiefen des Satans, wie sie es nennen, nicht erkannt haben, euch sage ich: Ich lege euch keine andere Last auf. Aber was ihr habt, das haltet fest, bis ich komme! Wer siegt und bis zum Ende an den Werken festhält, die ich gebiete, dem werde ich Macht über die Völker geben. Er wird sie weiden mit eisernem Zepter und sie zerschlagen wie Tongeschirr; wie auch ich solche Macht von meinem Vater empfangen habe, und ich werde ihm den Morgenstern geben. Wer Ohren hat, der höre, was der Geist den Gemeinden sagt (2,18-29).

Thyatira, eine kleine Stadt mit einer Erz verarbeitenden Industrie im Lycos-Tal, lebte von Handel und Gewerbe. Gleiche Handwerksgruppen schlossen sich zu wirtschaftlichen Zweckverbänden mit religiösen Bindungen zusammen. Damit ist das Problem bereits angesprochen: Wie weit sind solche religiösen Bindungen und damit heidnische Kulte für Christen praktizierbar?

In Thyatira gab es eine Frau mit dem Charisma der Prophetie, die mit ihren, angeblich vom Heiligen Geist eingegebenen Lehren eine Laxheit begründete. Sie ermöglichte damit ein reibungsloses Zusammenleben mit den Zunftgenossen. Ihre Laxheit begründet sie damit, *die Tiefen Satans* erkannt zu haben. Das heisst vermutlich, dass sie mit Berufung auf tiefere Erkenntnis ins Wirken Satans die Belanglosigkeiten solcher Praktiken begründet.

In dieser Situation stellt sich Jesus als der *Sohn Gottes* vor, der die Wirkweisen Satans kennt, mit den *Augen wie Feuerflammen* alles durchschaut und eine Sicherheit und Festigkeit von Erzbeinen hat. Er stellt der Gemeinde ein sehr hohes Lob aus. In ihrem christlichen Leben zeigen sich sichtbare Fortschritte. Die Gemeinde wächst und strahlt aus.

Aber ich habe gegen dich, dass du Isebel, eine Frau, gewähren lässt (2,20a). Jesus nennt die Prophetin Isebel, weil ihr schlechter Einfluss identisch ist mit der phönizischen Prinzessin, die König Ahab zur Frau genommen hat. Diese missbrauchte ihre Stellung, führte Götzendienst und lasterhafte Kulte in Israel ein und verführte so auch den König (vgl. 1 Kön 16,31-33). Eine solche Person darf die Gemeinde nicht gewähren lassen. Sie muss klar Stellung beziehen: So nicht, so gehörst du nicht mehr zu uns.

Gemeindezucht hat den Sinn, eine Schwester, einen Bruder zur Besinnung zu bringen und neu zu gewinnen (vgl. Mt 18,15-20). Weil die Gemeinde dies versäumt, wird Jesus selber diese Zucht übernehmen: *Siehe, ich werfe sie auf das Krankenbett… (2,22a).* Während ihre Anhänger (das sind *ihre Kinder)* hart bestraft werden, sind die Folgen für ihre Sympathisanten (das sind *die mit ihr Ehebruch treiben)* nicht so gravierend. Jesus ermutigt die Treuen, so weiterzumachen wie bisher.

In der Siegesverheissung stellt Jesus klar, dass nicht Zugeständnisse und Anpassung an die heidnische Umwelt Anerkennung und Macht bringen, sondern die Treue zu Ihm. *Wer siegt und bis zum Ende an den Werken festhält (2,26a),* wird Anteil an der Macht und an der strahlenden Herrlichkeit Jesu erhalten und wie der Morgenstern (vgl. Offb 22,16) leuchten.

Ins Leben gebracht – Festhalten an der Lehre

Nicht Wissen und besondere Erkenntnisse (vgl. Privatoffenbarungen, Esoterik und okkulte Einsichten) machen das Christliche aus, sondern Liebe, Glauben, *Dienen* und *Geduld.* Kenne ich die Versuchung, durch besonderes Wissen und Erkenntnis imponieren zu wollen?

Bei Privatoffenbarungen, die Menschen unter Druck setzen, braucht es Vorsicht! Der Heilige Geist setzt nie unter Druck. Er führt immer in die Freiheit. Echte Prophetie will ermahnen, (im Sinne von ermutigen) erbauen, trösten. Sie führt zu mehr Liebe hin. *Was ihr habt, das haltet fest* – das ist ein Trost für die Treuen. Gott überfordert uns nicht. Er weiss um uns.

Ich kann mich fragen: Lasse ich negativ wirkende Personen in der Gemeinde, die Klatsch, Druck, Einseitigkeiten und schlecht über andere reden, … gewähren? Wage ich es, sie auf ihr problematisches Verhalten hinzuweisen?

Sardes – Wach auf! (3,1-6)

An den Engel der Gemeinde in Sardes schreibe: So spricht Er, der die sieben Geister Gottes und die sieben Sterne hat: Ich kenne deine Taten. Dem Namen nach lebst du, aber du bist tot. Werde wach und stärke, was noch übrig ist, was schon im Sterben lag! Denn ich habe nicht gefunden, dass deine Taten in den Augen meines Gottes vollkommen sind.

Denk also daran, wie du die Lehre empfangen und gehört hast! Halte daran fest und kehr um! Wenn du aber nicht aufwachst, werde ich kommen wie ein Dieb und du wirst bestimmt nicht wissen, zu welcher Stunde ich zu dir komme. Du hast aber einige Leute in Sardes, die ihre Kleider nicht befleckt haben; sie werden mit mir in weißen Gewändern gehen, denn sie sind es wert. Wer siegt, wird ebenso mit weißen Gewändern bekleidet werden. Nie werde ich seinen Namen aus dem Buch des Lebens streichen, sondern ich werde seinen Namen bekennen vor meinem Vater und vor seinen Engeln. Wer Ohren hat, der höre, was der Geist den Gemeinden sagt (3,1-6).

Sardes war im Altertum Sinnbild für Glanz und Grösse. Hier wurden die ersten Münzen geprägt. Es war die Geburtsstätte des modernen Geldes. Der Götze Mammon regierte. Zur Zeit der Sendschreiben lebte man nur noch vom Ruhm vergangener Tage.

Die Bewohner von Sardes lebten hauptsächlich von der Wollverarbeitung. Darauf bezieht sich Jesus in den Bildern von *weissen Gewändern.* Um Sardes steht es schlecht. Weil in der Gemeinde der Geist fehlt, stellt sich Jesus als der vor, der die Fülle des Geistes verkörpert. Er selbst ist *lebendig machender Geist (1 Kor 15,45).* Diesen hat Sardes dringend nötig. Denn *dem Namen nach lebst du, aber du bist tot (3,2).* Noch ist zwar viel Schein zu sehen, aber der Blick hinter die Kulissen deckt die Wahrheit auf: Der Schein trügt, denn innerlich liegt vieles im Sterben.

Denk also daran, wie du die Lehre empfangen hast und gehört hast (3,3a). Da wird der Weg der Erneuerung angezeigt: Sich an die lebendige Freude der ersten Stunde erinnern und daran anknüpfen. Es geht darum, zum ersten Eifer, zur ersten Freude zurückzufinden.

Für Sardes ist nicht alles verloren. Denn es gibt *einige Leute in Sardes, die ihre Kleider nicht befleckt haben (3,4).* Sie sind dem neuen christlichen Weg in Tat und Wort treu geblieben. Das Feuer der Liebe, der Begeisterung und Freude ist immer noch lebendig. Sie und diejenigen, die sich erneuern lassen, werden strahlen und leuchten. Die Herrlichkeit Jesu – worauf die weissen Gewänder hinweisen – wird aus ihnen strahlen. Sie werden für immer der Bürgerliste des Himmels, *dem Buch des Lebens,* angehören.

Ins Leben gebracht – Wach auf!

Die Gläubigen in Sardes haben alles empfangen, liessen aber nach und nach die Fülle des Geistes absterben. Auch wir können die Fülle des Geistes empfangen haben, uns dann aber schleichend auf andere Dinge einlassen, sodass der Heilige Geist immer weniger Raum findet. Auch können viele Aktivitäten in der Gemeinde Leben vortäuschen, doch innerlich kann man tot sein. Lebendige Gemeinden, persönliches Gewandelt-werden, Liebe und ausstrahlende Freude zeugen vom Leben des Geistes.

Wie steht es mit dem gelebten Glauben bei uns? Wie können eingeschlafene Gläubige wieder auf die Beine kommen? Wie können wir in der Gemeinde zu einer Erneuerung beitragen?

Was ist in meinem Leben abgestorben und soll zu neuem Leben auferweckt werden? *Denk daran, wie du die Lehre empfangen und gehört hast. Halte daran fest, und kehr um.* Durch Rückbesinnen auf den Anfang, wo ich mit Freude mein Ja ausgesprochen habe, wird eine neue Glaubensfreude in mir geweckt. Jesus sagt: *Der Geist ist es, der lebendig macht (Joh 6,63).* Wo habe ich neues Feuer, Erneuerung nötig?

Ich kann um eine neue Ausgiessung des Heiligen Geistes, um Seine Weisung und Inspiration bitten.

Philadelphia – Belohnung der Treue (3,7-13)

An den Engel der Gemeinde in Philadelphia schreibe: So spricht der Heilige, der Wahrhaftige, der den Schlüssel Davids hat, der öffnet und niemand wird schließen, der schließt und niemand wird öffnen: Ich kenne deine Taten, siehe, ich habe vor dir eine Tür geöffnet, die niemand mehr schließen kann. Du hast nur geringe Kraft und dennoch hast du an meinem Wort festgehalten und meinen Namen nicht verleugnet.

Siehe, ich will veranlassen, dass solche aus der Synagoge des Satans, die sich als Juden ausgeben, es aber nicht sind, sondern lügen – siehe, ich werde sie dazu bringen, dass sie kommen und sich dir zu Füßen werfen und erkennen, dass ich dir meine Liebe zugewandt habe. Du hast mein Gebot bewahrt, standhaft zu bleiben; daher werde auch ich dich bewahren vor der Stunde der Versuchung, die über die ganze Erde kommen soll, um die Bewohner der Erde auf die Probe zu stellen. Ich komme bald. Halte fest, was du hast, damit kein anderer deinen Kranz bekommt!

Wer siegt, den werde ich zu einer Säule im Tempel meines Gottes machen und er wird nicht mehr hinausgehen. Und ich werde auf ihn den Namen meines Gottes schreiben und den Namen der Stadt meines Gottes, des neuen Jerusalem, das aus dem Himmel herabkommt von meinem Gott, und auch meinen neuen Namen. Wer Ohren hat, der höre, was der Geist den Gemeinden sagt (3,7-13).

Philadelphia war eine jüdische Kleinstadt, die oft von Erdbeben bedroht war. Philadelphia war verglichen mit den Nachbarstädten klein und bedeutungslos. Das gilt auch für die Gemeinde innerhalb der Kleinstadt. Die Christen sind hier wie in Smyrna durch die Juden, die *Synagoge des Satans* bedrängt.

Jesus will der kleinen, schwachen Gemeinde Mut machen und ihre bereits bewiesene Treue stärken. Sie braucht das, denn ihre eigenen Kräfte sind gering. *Du hast nur geringe Kraft und dennoch (3,8b)* alles in diesen Kräften Mögliche getan. So erhält die Gemeinde nur Lob und Anerkennung. Jesus offenbart sich ihr als der Schlüsselgewaltige, dessen Machtbereich niemand stören kann. Er wird diese Macht gerade in der Schwachheit Philadelphias offenbaren.

Die kleine Gemeinde hat sich nicht einschüchtern lassen und ihren lebendigen Glauben freimütig bekannt. Sie hat mit Freimut missionarisch gehandelt und vermutlich keinen Erfolg gehabt. Nun werden die Gegner durch die kleine Herde Christus kennenlernen. Denn sie wird Zuwachs gerade von den hartnäckigsten Gegnern erhalten. Jesus belohnt ihre Treue indem Er dafür sorgt, dass die Gemeinde in der *Versuchung*, d.h. in der bevorstehenden Christenverfolgung keine Verluste durch Glaubensabfall erleiden wird.

Wer in all seiner Schwäche an der Treue zu Jesus festhält, wird im Reich Gottes grosse Bedeutung erlangen. Er wird zu einer tragenden *Säule im Tempel Gottes* werden, welche herrlich geschmückt ist mit dem Namen Gottes.

Ins Leben gebracht – Belohnung der Treue

Ewigkeitswert erhält ein Mensch nicht durch seine Begabungen und Leistungen. Bedeutend wird vielmehr derjenige, der mit seiner noch so geringen Kraft an Jesus festhält und auf Ihn zählt. Dann kommen die Kräfte Jesu zum Wirken: *Ich werde bewirken und Ich werde dich bewahren. Paulus bestätigt dies: meine Gnade genügt dir, denn sie erweist ihre Kraft in der Schwachheit (2 Kor 12,9).*

Ich kann überlegen: Wo vertraue ich auf eigenes Können, auf eigene Klugheit, auf eigene Kräfte? Wo habe ich Seine Kraft erleben dürfen?

Ich kann mich entscheiden, der Zusage Seiner Kraft in meinem Leben zu vertrauen und jetzt schon für die Kraft, die Er mir geben wird, zu danken.

Laodizea – Mach Ernst und kehr um! (3,14-22)

An den Engel der Gemeinde in Laodizea schreibe: So spricht Er, der Amen heißt, der treue und zuverlässige Zeuge, der Anfang der Schöpfung Gottes: Ich kenne deine Taten. Du bist weder kalt noch heiß. Wärest du doch kalt oder heiß! Daher, weil du lau bist, weder heiß noch kalt, will ich dich aus meinem Mund ausspeien.

Du behauptest: Ich bin reich und wohlhabend und nichts fehlt mir. Du weißt aber nicht, dass gerade du elend und erbärmlich bist, arm, blind und nackt. Darum rate ich dir: Kaufe von mir Gold, das im Feuer geläutert ist, damit du reich wirst; und kaufe von mir weiße Kleider, damit du dich bekleidest und die Schande deiner Blöße nicht aufgedeckt wird; und kaufe Salbe, um deine Augen zu salben, damit du sehen kannst! Wen ich liebe, den weise ich zurecht und nehme ihn in Zucht. Mach also Ernst und kehr um! Siehe, ich stehe vor der Tür und klopfe an. Wenn einer meine Stimme hört und die Tür öffnet, bei dem werde ich eintreten und Mahl mit ihm halten und er mit mir.

Wer siegt, der darf mit mir auf meinem Thron sitzen, so wie auch ich gesiegt habe und mich mit meinem Vater auf seinen Thron gesetzt habe. Wer Ohren hat, der höre, was der Geist den Gemeinden sagt (3,14-22).

Laodizea lag am Schnittpunkt wichtiger Handelstrassen. Ihren Reichtum bezog sie vor allem vom florierenden Bankwesen, einer bekannten Heilmittelindustrie, einem Ausbildungszentrum für Ärzte, sowie von der Leinen- und Wollherstellung. Mit der Vorstellung als *der Amen heisst, der treue und zuverlässige Zeuge, der Anfang der Schöpfung Gottes (3,14b)* nimmt Jesus bereits Bezug auf die Situation der Gemeinde. Ihr hat Er über den wahren Reichtum Wesentliches zu sagen.

Der Amen redet mit höchster Autorität, d.h., was jetzt kommt, das gilt. Da gibt es nichts mehr zu rütteln oder zu diskutieren. Als *der Amen* ist Jesus, wie Gott absolut zuverlässig.

Der treue und zuverlässige Zeuge steht im Kontrast zur Gleichgültigkeit und zur mangelnden Bereitschaft der Gemeinde öffentlich Zeugnis zu geben. *Der Anfang der Schöpfung Gottes* weist darauf hin, dass die Christen in Jesus – dem Urprinzip und Ziel der ganzen Schöpfung (vgl. Joh 1,3; Kol 1,16-17) – den einzig richtigen Zugang zur Schöpfung und zum Menschsein finden.

Du bist weder kalt noch heiß. Wärest du doch kalt oder heiß! Daher, weil du lau bist, weder heiß noch kalt, will ich dich aus meinem Mund ausspeien (3,15-16). Das Bild der unterschiedlichen Temperatur stammt aus dem Erfahrungsbereich der Gemeinde von Laodizea. Dort gab es verschiedene Heilquellen. Doch lauwarmes, mineralhaltiges Wasser kann man nicht trinken. Es erregt Erbrechen und wird deshalb ausgespien. Das bedeutet: In deiner Lauheit bist du ekelerregend für mich.

Warum diese Schroffheit und Härte, denn die Gemeinde von Laodizea ist nicht abgefallen und zeigt keine extremen Verfehlungen? Scheinbar erlag sie der perfidesten Versuchung. Die Gemeinde pflegt ein wohltemperiertes Christentum. Sie gibt sich mit einem leidenschaftslosen Christentum zufrieden. Die Gemeinde ist damit der Hauptgefahr aller Christen erlegen, die nicht von aussen her unter Druck stehen.

Jesus *kennt* den wahren Zustand der Gemeinde und spricht das härteste Urteil: *Weil du lau bist... will ich dich aus meinem Mund ausspeien.* Damit brüskiert Er die Gemeinde, denn diese sieht sich ganz anders. Sie ist völlig mit sich selbst zufrieden: *Ich bin reich und wohlhabend, und nichts fehlt mir (3,17a).* Alles funktioniert bestens. Wir haben keine Probleme. Gut, wie alles läuft.

Doch die Gemeinde macht sich selbst etwas vor. Sie übersieht, wie elend und erbärmlich sie in Wirklichkeit ist. Dadurch, dass Jesus ihr die Augen öffnet, will Er ihr die Möglichkeit geben, dem folgenden Umkehrruf folgen zu können. Denn wahren Reichtum kann der Christ nur von Christus erwerben. Nur Er kann geläutertes *Gold*, das heisst wahrhaften Reichtum verleihen. Nur Er kann das weisse Gewand des Heils (vgl. Offb 3,5) schenken, nur Er kann ihre Blindheit mit Augensalbe heilen, nur Er kann geistlichen Reichtum schenken.

Im Brief an Laodizea spricht Jesus nicht nur am schärfsten, sondern auch am persönlichsten. Ihnen, den Lauen, versichert Jesus, wie herzlich Er ihnen zugewendet ist. Er sagt ihnen: *Wen ich liebe, den weise ich zurecht und nehme ihn in Zucht (3,19).* Im Tadel zeigt sich Seine Liebe.

Gott in Seiner Liebe setzt alles daran, dass die Gemeinde, ja jeder Mensch ins Leben findet. Als Gott des Lebens will Er Seinen Geschöpfen Leben in Fülle schenken. Darum tut Er Sein Äusserstes, um vor dem Verderben und aus dem Verderben zu retten. Echte Liebe ist nie weichlich. Sie ist kein schönes Gefühl, das niemandem weh tut. Echte Liebe trägt vielmehr Verantwortung. Sie muss manchmal hart und demaskierend sein wie diese Worte Jesu. Wer einen andern wirklich liebt, sagt ihm, wo er sich selber schadet, auch wenn der andere äusserst empfindlich darauf reagiert. Zurechtweisung und Zucht aus Liebe "züchten" die befreite Persönlichkeit.

Dazu aus dem Hebräerbrief: *Gott behandelt euch wie Söhne. Denn wo ist ein Sohn, den sein Vater nicht züchtigt? Würdet ihr nicht gezüchtigt, wie es doch bisher allen ergangen ist, dann wäret ihr keine legitimen Kinder, ihr wäret nicht seine Söhne. Jede Züchtigung scheint zwar für den Augenblick nicht Freude zu bringen, sondern Leid; später aber gewährt sie denen, die durch sie geschult worden sind, Gerechtigkeit als Frucht des Friedens (Hebr 12,7-8,11).*

Solche Züchtigungen können viele schmerzliche Ereignisse des Lebens sein. Durch sie kann Jesus rufen: *Mach also Ernst, und kehr um! Siehe, ich stehe vor der Tür und klopfe an. Wenn einer meine Stimme hört und die Tür öffnet, bei dem werde ich eintreten und Mahl mit ihm halten und er mit mir (3,20).* Ob Laodizea, d.h. ob wir umkehren und uns Jesus öffnen, das liegt in unserer Hand. Jesus dringt nicht gewaltsam ein. Er wartet auf unsere freie Zustimmung. Nur dann tritt Er ein und feiert mit uns das Mahl, in dem die herzliche, gegenseitige Verbundenheit erfahren wird.

Wer siegt, wer sein irdisches Leben mit seinen Herausforderungen, Leiden und Kämpfen wie Jesus und mit Jesus durchsteht, wird mit Ihm auf dem Thron sitzen. Er wird an der Macht und Herrlichkeit Jesu für immer Anteil erhalten. Im Weckruf: *Wer Ohren hat, der höre...* erinnert Jesus, dass echter Glaube nur im täglichen Hören auf den Geist möglich ist.

Ins Leben gebracht – Mach Ernst und kehr um!

Schnell kann man das brennende, engagierte Herz verlieren. Der Glaube und damit die Gemeinde verflachen zum Hobby. „Wenn ich noch Zeit und Lust habe, dann...“. Eine laue, mehr oder weniger gleichgültige Haltung schleicht sich ein. Halbherzig und zwiespältig wird das Christsein gelebt. Man lobt sich, den goldenen Mittelweg gefunden zu haben, sich alle Türen offen zu lassen und anpassungsfähig zu sein. Doch Jesus entlarvt dies als Schein.

Der Gemeinde in Smyrna sagt Jesus: *Ich kenne deine Bedrängnis und deine Armut; und doch bist du reich (2,9a).* Hier sagt Jesus das Gegenteil. Wann ist also eine Gemeinde in den Augen Jesu reich?

Bin ich in den Augen Jesu lau und halbherzig? Wo gehe ich den sogenannten "goldenen Mittelweg"? Ich kann Jesus bitten, mir einen konkreten Schritt zu zeigen, wie ich mehr Feuer fangen kann und diesen aufschreiben.

Welche schmerzlichen Ereignisse oder ehrlichen Worte kann ich heute als liebevolle Züchtigung sehen, die mir Heil gebracht haben?

Kann ich hart aus Liebe sein, andere in ihren Erwartungen enttäuschen und ehrlich sein, auch wenn die Wahrheit mir (wegen der Reaktion des andern) zusätzliche Probleme schafft? Wie fühle ich mich innerlich dabei?

Ich kann um meine ernsthafte Umkehr bitten!

II. Gottes Ringen um den Menschen (4,1–11,19)

Das Lamm und die Plagen (4,1-9,21)

Die Offenbarung ist in einer besonderen Zeit geschrieben worden: Die Zeit von Verfolgung und Bedrängnis. Darum gibt sie auch keine vollständige Lehre über das christliche Leben. Sie redet nicht davon, wie sich Christen zueinander und zur Welt verhalten sollen. Ebenso fehlen Themen wie die Barmherzigkeit Gottes, die Feindesliebe, … Vielmehr spricht sie davon, wie Christen sich in Verfolgung, Anfechtungen und Bedrängnis bewähren sollen. Da stellt sie die Beziehung zu Gott in den Vordergrund. So mahnt sie in den 7 Briefen an die Gemeinden, die Treue zu Jesus zu bewahren und Verfolgung durchzuhalten. Warum aber lohnt es sich, durchzuhalten?

Nun wird im zweiten Teil der Offenbarung ab Kapitel 4 dieses Warum geklärt. Wir werden ins Zentrum aller Ereignisse eingeführt. Was ist das zentrale Ereignis, um das sich alles dreht? Was ist der Angelpunkt der Weltgeschichte? Was hilft mir, die Ereignisse der Welt richtig zu sehen und einzuordnen?

Wenn ich bei einer Bergwanderung bei schönem Wetter den Gipfel erreiche, erwartet mich dort eine herrliche Aussicht. Die Sicht vom Gipfel öffnet neue Horizonte. Ich sehe viel weiter, und vieles mir bekannte sehe ich anders, von einem neuen Blickpunkt, aus einer neuen Perspektive. Dazu lädt uns die Offenbarung in Kapitel 4 und 5 ein; nämlich das Gipfelereignis der Weltgeschichte zu sehen und von da aus, neue Einsichten und vor allem eine wunderschöne Aussicht zu erhalten, um Leiden und Verfolgung besser bestehen zu können.

Der Thron Gottes (4,1-11)

Danach sah ich und siehe, eine Tür war geöffnet am Himmel; und die erste Stimme, die ich gleich einer Posaune mit mir reden gehört hatte, sagte: Komm herauf und ich werde dir zeigen, was dann geschehen muss. Sogleich wurde ich vom Geist ergriffen. Und siehe, ein Thron stand im Himmel; auf dem Thron saß einer, der wie ein Jaspis und ein Karneol aussah. Und über dem Thron wölbte sich ein Regenbogen, der wie ein Smaragd aussah (4,1-3).

Komm herauf... Um die richtige Sicht zu bekommen, müssen wir mit Johannes hinaufsteigen in den Himmel, d.h. in die Perspektive Gottes, um von dort aus die Weltgeschichte und unser Leben zu sehen. Denn wir sehen von uns aus jeweils nur einen Teil, ein Fragment. Wir sehen Leiden, Chaos, Brutalität, zerschlagene Hoffnungen, bittere Lebenswunden. Wir sehen unzählig viele Tränen, Leid und Not. Wir sehen an vielen Orten nicht mehr weiter. Vieles können wir nicht verstehen. Oft fragen wir uns: Wo ist da Gott? Warum greift Er nicht ein?

Das sind Dinge, die uns zu schaffen machen. Das ist jedoch nur eine Hälfte der Realität, oder besser gesagt: Unsere Sicht der Dinge. Gott hingegen sieht das ganze Bild. Er hat den Überblick über alles. Darum sieht in der Perspektive Gottes vieles anders aus. Es erhält einen anderen Stellenwert.

Das Erste, was Johannes im Himmel sieht, ist ein *Thron*. Auf diesem Thron sitzt einer: Gott. Von hier ab wird durch das ganze Buch hindurch (ab Offb 4,1 bis Offb 21,5) von Gott immer wieder gesprochen als von dem, der auf dem Thron sitzt. Das Sitzen auf dem Thron ist Sein Kennzeichen.

Das Sitzen strahlt Würde, Ruhe und unangefochtene Autorität aus. Johannes sieht, dass dieser Thron, das heisst, dass die Macht und Autorität Gottes nicht wackelt. Mag vieles in Welt und Kirche drunter und drüber gehen, der Thron Gottes steht fest und sicher, auch heute. Mehr als vierzig Mal begegnet uns ab jetzt in der Offenbarung der Thron Gottes.

Vom Sitzenden wird kein Wort und keine Handlung berichtet. Aber alle Wesen und alles Tun sind auf Ihn bezogen. Er ist der Mittelpunkt von allem. So strahlt das ganze Kapitel 4 Ruhe, die unangetastete Macht und die einzigartige Herrlichkeit Gottes aus.

Der helle durchsichtige Jaspis und der rötliche Karneol weisen als kostbare Edelsteine auf die strahlende Herrlichkeit und das (rötliche) verzehrende Feuer Gottes hin. Auf Gott, *der in unzugänglichem Licht wohnt (1 Tim 6,16),* das über die ganze Umgebung ausstrahlt. Davon will Johannes eine Vorstellung vermitteln. Der Regenbogen, hier noch verstärkt durch die grüne Farbe des Smaragds, ist das Zeichen des Bundes. Gott will Seine Geschöpfe nicht verderben, sondern segnen, fruchtbar und lebendig sehen (vgl. Gen 9,12-17).

Und rings um den Thron standen vierundzwanzig Throne und auf den Thronen saßen vierundzwanzig Älteste, in weiße Gewänder gekleidet und mit goldenen Kränzen auf dem Haupt (4,4).

Im Kreis um Gott sitzen auf vierundzwanzig Thronen *vierundzwanzig Älteste* in weissen Gewändern und mit goldenen Kränzen. Mit den vier Lebewesen machen sie die ständige und engste Umgebung Gottes aus. Die vierundzwanzig Ältesten repräsentieren das ganze Volk Gottes des Alten und Neuen Bundes, das durch die zwölf Stammväter Israels und die zwölf Apostel repräsentiert wird. Die Throne, weissen Gewänder und goldenen Kränze zeigen, dass sie, treu geblieben, den Siegespreis empfangen haben und jetzt an der Herrschaft Gotts Anteil erhalten haben.

Von dem Thron gingen Blitze, Stimmen und Donner aus. Und sieben lodernde Fackeln brannten vor dem Thron; das sind die sieben Geister Gottes. Und vor dem Thron war etwas wie ein gläsernes Meer, gleich Kristall. Und in der Mitte des Thrones und rings um den Thron waren vier Lebewesen voller Augen, vorn und hinten. Das erste Lebewesen glich einem Löwen, das zweite einem Stier, das dritte sah aus wie ein Mensch, das vierte glich einem fliegenden Adler (4,5-7).

Wie der Herr am Sinai in Gewittern erschien, sodass das Volk zitterte (vgl. Ex 19,16), so weisen Blitz, Stimme und Donner als Phänomene eines starken Gewitters auf die erschreckend grosse Macht Gottes hin. Das Feuer des Geistes, das Ihn umgibt, zeigt sich in den sieben Fackeln. Der Boden des himmlischen Thronsaales war *wie ein gläsernes Meer (4,6),* das mitten in den chaotischen Ereignissen auf der Welt die Ruhe und Klarheit Gottes vermittelt.

Die *vier Lebewesen* sind wohl Engel, welche die ganze lebendige Schöpfung vor Gott vertreten. Der Löwe steht für die wilden Tiere, der Stier für die Haustiere, der Mensch für die Menschenwelt und der Adler für die Vögel der Luft. An der Stelle aller irdischen Lebewesen sind sie ständig vor Gott.

Und jedes der vier Lebewesen hatte sechs Flügel, außen und innen voller Augen. Sie ruhen nicht, bei Tag und Nacht, und rufen: Heilig, heilig, heilig ist der Herr, der Gott, der Herrscher über die ganze Schöpfung; er war und er ist und er kommt (4,8).

Mit ihren vielen Augen sind sie ganz offen für Seine Herrlichkeit und zugleich immer wach und bereit für die Anbetung Gottes. Die vier Lebewesen, welche die Schöpfung darstellen, sind *aussen und innen voller Augen* d.h. völlig fasziniert, voll von Bewunderung und Staunen über Gott. Die Vielzahl der Flügel zeigt ihre Bereitschaft, sofort den Willen des Thronenden zu erfüllen.

Unablässig bezeugen sie Gott als den Heiligen: *Heilig, heilig, heilig ist der Herr!* Dieses dreifache Heilig nimmt Bezug auf den Propheten Jesaja, dem ein Blick in den Himmel, in den ewigen Jubel über Gott bei seiner Berufungsvision geschenkt wurde (vgl. Jes 6,1-3). Heute verbinden wir uns in jeder Eucharistiefeier mit allen Engeln und Heiligen im Himmel und stimmen ein in den Jubel über Gott. Mag Gott auf Erden vergessen und übergangen werden, im Himmel wird dem Schöpfer unablässig, bei Tag und bei Nacht, die Ehre gegeben.

Und wenn die Lebewesen dem, der auf dem Thron sitzt und in alle Ewigkeit lebt, Herrlichkeit und Ehre und Dank erweisen, dann werfen sich die vierundzwanzig Ältesten vor dem, der auf dem Thron sitzt, nieder und beten ihn an, der in alle Ewigkeit lebt. Und sie legen ihre goldenen Kränze vor seinem Thron nieder und sprechen: Würdig bist du, Herr, unser Gott, Herrlichkeit zu empfangen und Ehre und Macht. Denn du bist es, der die Welt erschaffen hat, durch deinen Willen war sie und wurde sie erschaffen (4,9-11).

Verbunden mit dem unablässigen Lobpreis der vier Lebewesen *werfen sich die vierundzwanzig Ältesten* vor Gott nieder, beten Ihn an und legen ihre Kränze vor Seinem Thron nieder. Sie anerkennen Ihn und machen Ihn zum einzigen Thronenden und zum einzigen Herrn. Ihr Niederfallen geschieht so häufig wie der Lobpreis der vier Lebewesen, d.h. unablässig, Tag und Nacht. Damit wird ausgedrückt, dass der Lobpreis Gottes zu ihrer innersten Natur gehört. Sie preisen Ihn als *Herr,* ***unser*** *Gott.* Diese Freude zu Ihm zu gehören und mit Ihm verbunden sein zu dürfen, wird in der Anbetung und im Lobpreis zum Ausdruck gebracht.

Alles in dieser Schau ist ausgerichtet auf den einen Thronenden, auf den Herrn und Schöpfer in Seiner ruhigen und zugleich gewaltigen Herrlichkeit und Macht. Alles will sagen: Nur Er ist der Herr, nur Er besitzt Macht, weil nur Er der Schöpfer ist. Um Ihn dürfen Seine Geschöpfe als die Spiegel Seiner Herrlichkeit sein.

Ins Leben gebracht – Der Blick in den Thronsaal Gottes

Bevor Johannes die Leiden und Drangsale zu sehen bekommt, sieht er die unangetastete Macht und Herrlichkeit Gottes, der auf dem Thron sitzt, und dessen Autorität, Macht und Herrlichkeit unangetastet ist und bleibt.
Ich versuche meinen Blick auf den Thronenden zu verinnerlichen und mir Seine Macht und Herrlichkeit vorzustellen. Was bewirkt dies in mir?

Das versiegelte Buch und das Lamm (5,1-14)

Und ich sah auf der rechten Hand dessen, der auf dem Thron saß, eine Buchrolle; sie war innen und auf der Rückseite beschrieben und mit sieben Siegeln versiegelt. Und ich sah: Ein gewaltiger Engel rief mit lauter Stimme: Wer ist würdig, die Buchrolle zu öffnen und ihre Siegel zu lösen? Aber niemand im Himmel, auf der Erde und unter der Erde konnte das Buch öffnen und hineinsehen. Da weinte ich sehr, weil niemand für würdig befunden wurde, das Buch zu öffnen und hineinzusehen (5,1-4).

Nun kommt Bewegung in den himmlischen Thronsaal. Der Thronende hat eine Buchrolle in der Hand. Sie ist aussen und innen beschrieben, was auf die Fülle des Inhaltes hinweist. Siebenfach versiegelt (sieben ist Fülle und Ganzheit) ist es absolut geheim.

Diese Buchrolle in der Hand Gottes enthält den geheimnisvollen Ablauf und Sinn der Geschichte. Für die 7 Gemeinden ist das Buch von einer immensen Bedeutung, denn es gibt Antwort auf den Sinn all ihrer Leiden, ihrer Verfolgung und ihres drohenden Martyriums. Umso grösser ist der Schmerz, dass vorerst niemand im Himmel würdig ist, diese Buchrolle zu öffnen und zu lesen. Darüber weint Johannes.

Er weint, weil durch das geschlossene Buch die Erlösung nicht fortschreiten und die Welt nicht zu ihrem Ziel kommen kann. Er weint, weil so die Vollendung nicht näherkommt. Das ist unerträglich, schlimm und katastrophal. Johannes spürt die ganze Tragik, wenn alles für immer so bleiben würde und Gottes Heilsherrschaft nicht zur Geltung käme.

Doch Gott sei Dank ist es nicht so. Gott sei Dank gibt es die Vollendung und Erlösung der Geschichte: *Da sagte einer von den Ältesten zu mir: Weine nicht! Siehe, gesiegt hat der Löwe aus dem Stamm Juda, der Spross aus der Wurzel Davids; er kann das Buch und seine sieben Siegel öffnen (5,5).*

Weine nicht, sagt da ein Ältester, denn es gibt einen, der auf Seine Art gekämpft und gesiegt hat: Der Messias. *Löwe aus dem Stamme Juda* und *Spross aus der Wurzel Davids* sind alttestamentliche Messias-Titel. Sie stehen für Jesus Christus.

Und ich sah: Zwischen dem Thron und den vier Lebewesen und mitten unter den Ältesten stand ein Lamm; es sah aus wie geschlachtet und hatte sieben Hörner und sieben Augen; die Augen sind die sieben Geister Gottes, die über die ganze Erde ausgesandt sind (5,6).

Nun sieht Johannes *ein Lamm.* 28-mal spricht die Offenbarung von Jesus als *Lamm,* das wie geschlachtet ist. Der Titel *Lamm* erinnert zunächst an den Auszug aus Ägypten. Vor dem Auszug aus Ägypten hat Gott den Israeliten befohlen Lämmer zu schlachten und ihr Blut an die Türpfosten und den Türsturz der Häuser zu streichen (vgl. Ex 12,6.13). Daraufhin wurden die Erstgeborenen Israels vom Todesengel verschont und die Befreiung Israels aus der Sklaverei konnte beginnen. Mit dem Essen des Paschalammes am Paschafest wurde jedes Jahr diese grosse Befreiungstat gefeiert und vergegenwärtigt. Bewahrung und Schutz vor dem Bösen sowie Nahrung, Kraft und Energie für den Weg in die Freiheit empfingen die Israeliten mit dem geschlachteten Lamm.

In Jesus Christus, der Sein Blut vergossen und Sein Leben hingegeben hat, hat Gott die Befreiung aus der ägyptischen Sklaverei überboten. Überall, wo das Lamm auftritt und genannt wird, ist Jesus Christus in diesem heilenden und erlösenden Wirken gegenwärtig.

Lamm, und besonders das *geschlachtete Lamm* weist vorerst auf etwas Schwaches hin. Das Lamm ist schwach, weil es nicht seinen Willen durchsetzt. Doch der Schein trügt. Das zeigen die beiden Merkmale des Lammes an: Es trägt *sieben Hörner* und *sieben Augen.* Das Horn steht für Macht und sieben für Fülle. Es hat also die Fülle der Macht, die Fülle der Macht Gottes. Diese hingegebene Liebe Jesu Christi ist so die stärkste Kraft im Universum.

Das zweite sind die Augen. Mit den Augen wird die Umwelt wahrgenommen. Die sieben Augen symbolisieren die Fülle des Wissens Gottes und dessen Allgegenwart. Sie sind identisch mit dem Geist Gottes, der alles durchdringt und alles wandeln kann.

Das Lamm trat heran und empfing das Buch aus der rechten Hand dessen, der auf dem Thron saß (5,7). Mit der Übergabe des Buches vertraut Gott die Weltgeschichte dem Lamm an. Jesus Christus hat jetzt die Weltgeschichte in der Hand und wird sie vollenden. Das heisst: Keine fremde oder negative Macht steht hinter der Weltgeschichte, sondern die menschgewordene Liebe Gottes.

Der Empfang des Buches durch das Lamm löst im Himmel und auf der Erde, also in der ganzen Schöpfung, eine Welle von Jubel und Begeisterung aus. In drei konzentrischen Kreisen wird der Jubel beschrieben.

Der erste Kreis sind *die vier Lebewesen und die vierundzwanzig Ältesten: Als es das Buch empfangen hatte, fielen die vier Lebewesen und die vierundzwanzig Ältesten vor dem Lamm nieder; alle trugen Harfen und goldene Schalen voll von Räucherwerk; das sind die Gebete der Heiligen. Und sie sangen ein neues Lied und sprachen: Würdig bist du, das Buch zu nehmen und seine Siegel zu öffnen; denn du wurdest geschlachtet und hast mit deinem Blut Menschen für Gott erworben aus allen Stämmen und Sprachen, aus allen Nationen und Völkern und du hast sie für unsern Gott zu einem Königreich und zu Priestern gemacht; und sie werden auf der Erde herrschen (5,8-10).*

Sie alle singen ein neues Lied. Die Offenbarung redet vom Singen nur in Zusammenhang mit dem Lamm. Dieses Lied ist deswegen neu, weil es erst seit der Erlösungstat Jesu Christi gesungen werden kann. *Menschen für Gott erworben* weist auf den Loskauf von Sklaven hin durch die Bezahlung eines Lösegeldes. Dieses Lösegeld ist das Blut Christi. Dadurch wurden die Menschen frei von der Sklaverei der Sünde. Sie sind zu sich, zur Gemeinschaft mit Gott und so zum ganzen Glück des Menschseins befreit worden. Deshalb besingen sie die erlösende und beglückende Wirkung der Liebe Jesu Christi. Sie freuen sich über Ihren Retter und jubeln Ihm zu.

Den zweiten Kreis bildet der unzählbare Engelchor: *Ich sah und ich hörte die Stimme von vielen Engeln rings um den Thron und um die Lebewesen und die Ältesten; die Zahl der Engel war zehntausend mal zehntausend und tausend mal tausend. Sie riefen mit lauter Stimme: Würdig ist das Lamm, das geschlachtet ist, Macht zu empfangen, Reichtum und Weisheit, Kraft und Ehre, Lob und Herrlichkeit (5,11-12).* Mehr als 100 Millionen Engel jubeln dem Lamm zu! Man muss sich dieses gewaltige Ereignis vorstellen!

Nun wird der Kreis nochmals ausgeweitet auf die ganze Schöpfung: *Und alle Geschöpfe im Himmel und auf der Erde, unter der Erde und auf dem Meer, alles, was darin ist, hörte ich sprechen: Ihm, der auf dem Thron sitzt, und dem Lamm gebühren Lob und Ehre und Herrlichkeit und Kraft in alle Ewigkeit (5,13).*

Alles was in der Welt ist, freut sich über Gott und jubelt Ihm zu. Die 7 Gemeinden und auch wir wissen, dass diese Vollendung (für uns) noch Zukunftsmusik ist. Johannes aber sieht, welche Wirkung die erlösende Liebe des Lammes noch haben wird. Einmal wird diese erlösende Liebe alles gewandelt, durchdrungen und befreit haben. Einmal werden alle Geschöpfe aus Freude nur noch jubeln.

Als würden die dreifachen Begeisterungswellen und die Anbetung, die Jesus dem Erlöser gilt, noch nicht genügen, tritt abschliessend nochmals die engste Umgebung Gottes auf: *Und die vier Lebewesen sprachen: Amen. Und die vierundzwanzig Ältesten fielen nieder und beteten an (5,14).* Mit dem *Amen* geben die vier Lebewesen, das ist die gesamte Schöpfung, ihre volle Zustimmung. Ja, so ist es. Das ist die Wahrheit. Das steht fest für immer und ewig. Daran kann niemand mehr rütteln! Amen.

Ins Leben gebracht – *Komm herauf!*

Ein Blick auf die Weltgeschichte, auf die verschiedenen Kriege und Katastrophen, auf die Tragik vieler Menschenleben lässt viele leidvolle und quälende Warum zurück. Die Offenbarung nimmt jedes Leid ernst. Nichts wird bagatellisiert.

Komm herauf in die Sicht Gottes, sagt der Engel zu Johannes. Aus der Perspektive Gottes ist alles wahr, was wir an Unrecht, Tragik, Leid, … erleben. Not und Schmerz sind und bleiben Realitäten des Menschseins. Die Offenbarung will helfen, die dunklen Seiten des Lebens aus einer neuen Perspektive zu sehen.

In diesem neuen Blick kann ich und können wir erkennen, dass die Erlösungstat Jesu Christi der entscheidende Angelpunkt und Wendepunkt der ganzen Weltgeschichte ist. So ist letztendlich alles umfangen von der Erlösungs- und Rettungstat des Lammes.

Was hinter allem steht, ist die Liebe, die in Jesus Mensch geworden ist und die nichts anderes als Heil, Glück, Freude und Leben will. Es ist die Solidarität Gottes, die in Jesus dem Lamm lieber selbst leidet als Leiden zufügt. Mitleidend trägt dieses geschlachtete Lamm alles mit uns: Schuld, Schwachheit, Unrecht, Schmerz, Ohnmacht, Scham, Dunkelheit und den Tod.

In der Liebe ist Gott mächtig. Das zeigt das Lamm mit den sieben Hörnern. Doch diese Seine Liebeskraft kann jedoch nur dort zum Zug kommen, wo der Mensch sich Ihm freiwillig öffnet.

Niemand weiss, was die Zukunft bringt. Aber alles, was kommt, ist geheimnisvoll von der Hand des Lammes umfangen. Nicht irgendwelche Engelmächte oder dämonische Gestalten oder politischen Mächte haben letztendlich die Welt im Griff, sondern das Lamm. Die Welt ist auch in den schlimmsten Ereignissen Seiner Hand nicht entglitten. Es tut gut, das zu wissen.

Ich kann in allen Wirren, Leiden und der ganzen Tragik der Welt auf das Lamm schauen und mein Herz darin fest machen. Das stärkt und tröstet.

Die sieben Siegel und sieben Posaunen (6,1-6,17)

Nun folgen wir nicht mehr Vers für Vers dem Text der Offenbarung, sondern nehmen einige wesentliche Themen in den Blick und versuchen sie zu deuten. Dazu nochmals als Erinnerung, was der heilige Augustinus über die Offenbarung schreibt: „Sie wiederholt dieselben Dinge derart auf vielfältige Weise, daß sie immer wieder anderes zu sagen scheint, während sie in Wirklichkeit dasselbe anders sagt.“ Das kann aber durchaus bedeuten, dass es eine Steigerung sowohl im Negativen als auch im Positiven gibt.

In diesem Sinn richten wir nun unseren Blick auf die Plagen und Leiden, welche die Menschen treffen, und suchen nach dem göttlichen Sinn auch für uns heute. Wenn das Lamm die Siegel öffnet, wird damit nicht zum Ausdruck gebracht, dass Jesus Christus das Kommende bewirkt. Es wird uns viel mehr gezeigt, welche verheerenden Mächte und zerstörenden Kräfte zwischen Christi Himmelfahrt und der Wiederkunft Jesu Christi ihr Zerstörungswerk in der Geschichte wirken.

Kurze Beschreibung der Plagen

Dazu schablonenhaft zuerst ein Blick nach der Reihenfolge der Offenbarung. Zuerst die **Siegelvisionen:**

1. Siegel 6,2: Das weisse Pferd symbolisiert den Angriffskrieg einer militärischen Macht, die nicht zu stoppen ist.

2. Siegel 6,3-4: Das feuerrote Pferd steht für Bürgerkrieg, Umsturz, Revolution, für den Kampf aller gegen alle.

3. Siegel 6,5-6: Das schwarze Pferd symbolisiert Hungersnot, eine Zeit grosser wirtschaftlicher Probleme. Die Waage steht für Teuerung, Knappheit, Rationierung. Für die Grundnahrungsmittel muss ein Mehrfaches des üblichen Preises bezahlt werden.

4. Siegel 6,7-8: Das fahle Pferd ist charakteristisch für eine verwesende Leiche. Es symbolisiert den Tod, der durch Krieg, Hunger, Seuchen und Epidemien eintritt.

5. Siegel 6,9-11: Das Öffnen des fünften Sieges zeigt unter dem Altar die gestorbenen Märtyrer. Sie bitten Gott, sie zu rächen und der Not der jetzt verfolgten Märtyrer ein Ende zu setzen. Das weisse Kleid zeigt, dass sie jetzt schon in der Gemeinschaft mit Gott leben. Dies ist ein biblischer Hinweis, dass die Märtyrer, die Heiligen jetzt schon bei Gott sind und dort Fürbitte einlegen können. Gott bittet sie um Geduld und macht darauf aufmerksam, dass die Vollzahl der Märtyrer noch nicht erreicht sei.

6. Siegel 6,12-17: Während die bisherigen Leiden durch die Menschen verursacht werden, greift nun das Unheil auf die Natur über und nimmt kosmische Ausmasse an. Die festgelegte Ordnung der Himmelskörper gerät aus den Fugen. Der Schrecken dieser kosmischen Katastrophen ist so gross, dass die Menschen aller Schichten sich vor dem Zorn Gottes und des Lammes verstecken. Der Blick wird bereits auf den Tag des kommenden Gerichtes gelenkt.

Die Besiegelung (7,1-17)

Zwischen dem Öffnen des sechstens und siebten Siegels wird in Kapitel 7 wieder der Blick auf den Himmel gezeigt. Die Besiegelung der Knechte Gottes wird vorgenommen. Damit wird dem Entsetzen der Welt die Geborgenheit und Sicherheit der Treuen gegenübergestellt. Mitten in die Plagenreihen, gibt diese Vision Antwort auf die vorgängige Frage: *Wer kann da bestehen? (6,17)*

Die Besiegelung

Danach sah ich: Vier Engel standen an den vier Ecken der Erde. Sie hielten die vier Winde der Erde fest, damit der Wind weder über das Land noch über das Meer wehte, noch gegen irgendeinen Baum. Dann sah ich vom Aufgang der Sonne her einen anderen Engel emporsteigen; er hatte das Siegel des lebendigen Gottes und rief den vier Engeln, denen die Macht gegeben war, dem Land und dem Meer Schaden zuzufügen, mit lauter Stimme zu und sprach: Fügt dem Land, dem Meer und den Bäumen keinen Schaden zu, bis wir den Knechten unseres Gottes das Siegel auf die Stirn gedrückt haben! (7,1-3)

Die Erde wird als ein gewaltiges Viereck beschrieben. In jeder Himmelsrichtung steht ein Engel, der die Sturmwinde, welche Verderben, Schrecken und Tod bringen, so lange zurückhält, bis die 144 000, die zu Gott gehören, mit dem Siegel Gottes gekennzeichnet sind. Es folgt nicht nur Drangsal auf Drangsal, Plage auf Plage. Gott schafft Zeiten der Ruhe und Stille. Diese Zeiten der Ruhe dienen der Besiegelung der Knechte und Mägde Gottes.[9]

---

[9] Knecht und Magd sind in der Bibel Ehrentitel. Paulus nennt sich "Knecht Gottes", Maria "Magd des Herrn". Heute würden wir sagen, eine Erwählte, ein Geliebter, eine Freundin, ein Diener, eine Frau, ein Mann Gottes.

Besiegelung hat mehrere Bedeutungen: In der Antike wurden Tieren und Sklaven das Zeichen ihres Besitzers eingebrannt. Siegel bedeutet in diesem Fall Eigentumszeichen. In Ez 9,2-7 erhalten die gottesfürchtigen Bewohner Jerusalems von einem Engel das Tauzeichen auf die Stirn. Das soll sie vor dem Strafgericht Gottes bewahren. Besiegelung bedeutet da Schutz und Bewahrung.

Wenn heute die Polizei einen Raum, einen Koffer oder sonst etwas versiegelt, dann darf dieser nicht mehr angetastet werden. Er wird beschlagnahmt. Da bedeutet Besiegelung: Dies gehört mir und darf nicht mehr angetastet werden. Das steht unter meinem Schutz.

Das eigene Siegel unter eine Urkunde zu geben bedeutet: Dazu stehe ich voll und ganz. Dafür stehe ich ein. Besiegelung bedeutet auch dieses feste Ja zueinander, es ist ein verbindliches Mit- und Füreinander. Besiegelung hat mit einer unwiderruflichen Bindung, Verbindung, mit dem Bund zu tun.

Die Besiegelung ist die Bezeichnung des Gottgehörens, das Stehen unter Seinem Schutz und Seiner Bewahrung sowie das eigene Ja dazu.

Besiegelung ist eine Handlung von Gott her, ein Schritt, in dem der Heilige Geist die Bindung, die Beziehung, das Eigentum-Gottes-Sein besiegelt.[10] Grundgelegt wird diese Bindung in der Taufe. So können wir auf die Sakramente bezogen die Besiegelung mit der Ratifizierung der Kindertaufe, welche den Taufbund lebendig und in der ganzen Fülle wirksam macht, bezeichnen. Durch dieses persönliche Ja entsteht aus dem einseitigen Für-mich-sein Gottes ein verbindliches Miteinander, ein gegenseitiger Bund.

Die Firmung als das öffentliche und bewusste Ja zur Taufe und damit zum Bund mit Gott kann auch als Ratifizierung der Taufe und so als Besiegelung verstanden werden. Sie wird gespendet mit den Worten: *(Name): Sei besiegelt durch die Gabe Gottes, den Heiligen Geist.* Damit verbunden ist stets die Entscheidung: Ich entscheide mich: „Ich gehöre nicht mehr mir selber, sondern bin Eigentum Gottes. Ich nehme Jesus als meinen Herrn und Meister an und will mein Leben bewusst von Ihm führen lassen." Besiegelung ist das feste Ja zu Gott.

Und ich erfuhr die Zahl derer, die mit dem Siegel gekennzeichnet waren. Es waren hundertvierundvierzigtausend aus allen Stämmen der Söhne Israels, die das Siegel trugen: Aus dem Stamm Juda trugen zwölftausend das Siegel, aus dem Stamm Ruben zwölftausend, aus dem Stamm Gad zwölftausend, aus dem Stamm Ascher zwölftausend,

---

[10] Vgl. was Paulus schreibt: *...Er (Gott) hat uns auch sein Siegel aufgedrückt und als ersten Anteil den Geist in unsere Herzen gegeben (2 Kor 1,22).* Und: *... in ihm (Christus) habt ihr das Siegel des verheißenen Heiligen Geistes empfangen, als ihr zum Glauben kamt (Eph 1,13b).* Sowie: *Betrübt nicht den Heiligen Geist Gottes, den ihr als Siegel empfangen habt für den Tag der Erlösung! (Eph 4,30)* Die besiegelnde Kraft ist der Heilige Geist.

aus dem Stamm Naftali zwölftausend, aus dem Stamm Manasse zwölftausend, aus dem Stamm Simeon zwölftausend, aus dem Stamm Levi zwölftausend, aus dem Stamm Issachar zwölftausend, aus dem Stamm Sebulon zwölftausend, aus dem Stamm Josef zwölftausend, aus dem Stamm Benjamin trugen zwölftausend das Siegel (7,4-8).

Die Zahl 144'000 (12x12x1000) symbolisiert die absolut höchste Zahl. Zwölf ist die Zahl der Vollständigkeit und Tausend die Zahl der Fülle. Die zwölf Stämme Israels ist symbolisch und meint das ganze Volk Gottes.

Riesige Menschenmasse vor dem Thron

Danach sah ich und siehe, eine große Schar aus allen Nationen und Stämmen, Völkern und Sprachen; niemand konnte sie zählen. Sie standen vor dem Thron und vor dem Lamm, gekleidet in weiße Gewänder, und trugen Palmzweige in den Händen (7,9).

Eine Not der sieben Gemeinden war: Wir sind so wenige. Wenn man nur eine kleine Gruppe ist, dazu noch bedrängt und einige bereits umgekippt sind, dann ist die Gefahr der Resignation gross. Da wird ihnen eine unvorstellbar riesige Schar, die niemand zählen kann, gezeigt. Diese unvorstellbar grosse Zahl kommt aus allen Nationen und Völkern. Sie stehen *vor dem Thron und vor dem Lamm, gekleidet in weiße Gewänder.*

Wer im Altertum vor Gericht stand, musste zum Zeichen der Anklage ein dunkles Sackleinengewand tragen. Wurde er freigesprochen, dann wurde ihm das Sackleinengewand abgenommen und er erhielt ein weisses Gewand. Hier bedeutet das weisse Gewand: Im Gericht freigesprochen, doch nicht deshalb, weil keine Schuld vorlag, sondern weil Jesus Christus die Schuld auf sich genommen hat: „Ich habe deine Schuld übernommen, also bist du frei!“

Auch ein Teil der Plagen kommt nicht mehr über die Besiegelten. Sie erfahren Bewahrung. Bewahrung nicht *vor* Leid, Schmerz, Enttäuschung und Tod, sondern *im* Leid, *im* Schmerz, *in* den Enttäuschungen und *im* Tod. Man kann ihnen als Märtyrer das irdische Leben nehmen, aber nicht die Gottverbundenheit, nicht die Integrität ihrer Person, die Heiligkeit ihrer Seele, die stärker ist als der irdische Tod (vgl. Lk 21,16-19, Röm 8,35.37-39).

Palmzweige in den Händen sind Zeichen des Sieges. Ein siegreicher König wurde mit Palmzweigen empfangen und gefeiert. So wurde auch Jesus beim Einzug in Jerusalem mit Palmzweigen willkommen geheissen. Hier sind es Menschen, die Sieger geblieben sind. Die Verbundenheit mit der Liebe Gottes hat gesiegt. Die Kraft des Bundes war stärker.

Sie riefen mit lauter Stimme und sprachen: Die Rettung kommt von unserem Gott, der auf dem Thron sitzt, und von dem Lamm. Und alle Engel standen rings um den Thron, um die Ältesten und die vier Lebewesen. Sie warfen sich vor dem Thron auf ihr Angesicht nieder, beteten Gott an und sprachen: Amen, Lob und Herrlichkeit, Weisheit und Dank, Ehre und Macht und Stärke unserem Gott in alle Ewigkeit. Amen (7,10-12).

Die *große Schar aus allen Nationen und Stämmen, Völkern und Sprachen* feiert den endgültigen Sieg und bezeugt: Die Rettung und solche Kräfte sind nicht menschliche Leistung, nicht Menschenwerk, sondern das Wirken Gottes und des Lammes. Für Gott ist alles möglich, auch in den Bedrohungen und Bedrängnissen des Lebens! Wer die Erlösung annimmt, kann mit allen Engeln, den Ältesten und den vier Lebewesen sagen: *Amen, Lob und Herrlichkeit, Weisheit und Dank, Ehre und Macht und Stärke unserem Gott in alle Ewigkeit. Amen (7,12).*

Nun wird die riesige, unzählbare Schar der Besiegelten näher beschrieben: *Da nahm einer der Ältesten das Wort und sagte zu mir: Wer sind diese, die weiße Gewänder tragen, und woher sind sie gekommen? Ich erwiderte ihm: Mein Herr, du weißt das. Und er sagte zu mir: Dies sind jene, die aus der großen Bedrängnis kommen; sie haben ihre Gewänder gewaschen und im Blut des Lammes weiß gemacht (7,13-14).*

Die Besiegelten kommen *aus der großen Bedrängnis*. Niemand kommt einfach so in die Vollendung. Es gilt durch *große* Bedrängnisse, Anfechtungen, Kämpfe, ... hindurchzugehen, den Spannungen, Leiden, Konflikten nicht auszuweichen, sondern ihnen in der Bundeskraft zu begegnen. Denn *in alldem tragen wir einen glänzenden Sieg davon durch den, der uns geliebt hat (Röm 8,37).*

Die Besiegelten haben ihre *Gewänder gewaschen und im Blut des Lammes weiß gemacht (7,14)*. Sie haben die Erlösung Jesu angenommen und ihren Lebenswandel (Gewand kann als Bild für Lebenswandel stehen) durch Jesus wandeln lassen. Es sind Menschen, die aus der beständigen Umkehr und Vergebung leben, denn ein Gewand wird immer wieder schmutzig. So braucht es immer wieder neu Vergebung und Umkehr.

Deshalb stehen sie vor dem Thron Gottes und dienen ihm bei Tag und Nacht in seinem Tempel; und der, der auf dem Thron sitzt, wird sein Zelt über ihnen aufschlagen. Sie werden keinen Hunger und keinen Durst mehr leiden und weder Sonnenglut noch irgendeine sengende Hitze wird auf ihnen lasten. Denn das Lamm in der Mitte vor dem Thron wird sie weiden und zu den Quellen führen, aus denen das Wasser des Lebens strömt, und Gott wird alle Tränen von ihren Augen abwischen (7,15-17).

Über ihnen wird Gott Sein *Zelt* aufschlagen. Das heisst: Er gibt ihnen Geborgenheit und Gemeinschaft. Weder *Hunger*, noch *Durst*, noch Wassermangel werden sie erfahren. Ein Versprechen, das besonders bedeutsam war für die Menschen jener Zeit, die Hungersnöte kannten und in Gebieten lebten, in denen Wasser knapp war. Das Stillen von Hunger und Durst wird in der Bibel oft auch als Ausdruck dafür verwendet, dass nicht nur die leiblichen, sondern auch die geistlichen Bedürfnisse befriedigt werden (vgl. Mt 5,6; Joh 6,35).

Nun wird das Lamm ihr Hirte sein. Gott wird als der Hirte alle Bedürfnisse Seines Volkes stillen, Seine Herde leiten und beschützen. Er wird sie *zu den Quellen führen, aus denen das Wasser des Lebens strömt (7,17a).*

In dieser Nähe wird Gott selber *alle Tränen von ihren Augen abwischen (7,17b).* Denn je grösser die Bedrängnisse, umso zärtlicher wird die Zuwendung Gottes sein. Welch ein Trost! Dann wird Er Leben in Fülle, Leben in Glück, Leben in Freude, ein rundum herrliches, begeisterndes Leben geben.

Ins Leben gebracht – Besiegelung vollziehen

Es gibt verschiedene Möglichkeiten die Besiegelung zu vollziehen. Sie ist ein Ereignis von Gott her, das uns unter den Schutz Gottes und in die Kraft Seines Geistes stellt. Zugleich braucht sie unser entschiedenes Ja. Eine Möglichkeit kann das folgende Gebet zur Taufgelübde-Erneuerung sein:

Herr Jesus Christus, Dir ist alle Macht gegeben im Himmel und auf Erden. Ich bete Dich an und preise Deine Grösse und Macht. Ich erneuere jetzt meinen Taufbund:

Ich *widersage* in Deinem Namen dem Bösen, um in der Freiheit der Kinder Gottes leben zu können.

Ich *widersage* in Deinem Namen den Verlockungen des Bösen, damit es nicht Macht über mich gewinnt.

Ich *widersage* in Deinem Namen dem Satan, dem Urheber des Bösen.

Nun vertraue ich Dir mein Leben an:

Ich *glaube* an Gott, den Vater, den Allmächtigen, den Schöpfer des Himmels und der Erde.

Ich *glaube* an Jesus Christus, seinen eingeborenen Sohn, unseren Herrn, der geboren ist von der Jungfrau Maria, der gelitten hat und begraben wurde, von den Toten auferstand und zur Rechten des Vaters sitzt.

Ich *glaube* an den Heiligen Geist, die heilige katholische Kirche, die Gemeinschaft der Heiligen, die Vergebung der Sünden, die Auferstehung der Toten und das ewige Leben.

Du bist mein Herr und Erlöser. Jesus Christus ich danke Dir, dass Dir mein Leben ganz gehört. Ich stelle es ganz unter Deinen Schutz. Ich unterstelle mich und mein Leben ganz unter die Autorität Deines Kreuzes. Durch Deine Gnade und Dein kostbares Blut wirst Du mich ganz heilen, heiligen und erlösen.

Dir sei alle Ehre und alle Anbetung, jetzt und in alle Ewigkeit Amen.

Kurze Beschreibung von Kapitel 8-9,19 und 11,15-19

Mit diesem Ausblick auf eine schöne und fantastische Vollendung könnte die Offenbarung eigentlich abgeschlossen sein. Doch der Weg geht noch weiter. Kapitel 8 nimmt die Siegelvisionen wieder auf.

7. Siegel 8,1-13: Mit dem Öffnen dieses 7. Siegel werden die sieben Posaunenplagen sichtbar. Dies löst im Himmel eine umfassende Stille aus. Alles hält den Atem an, bis die Engel die Posaunen blasen.
Im Gottesdienst werden die Posaunen als Signalinstrumente verwendet, hier kündigen sie weitere unheilvolle Plagen an. Zuerst trägt ein Engel die Gebete aller Heiligen vor Gott. Bildhaft wird in 8,5 dargestellt, dass diese Gebete auf der Erde grosse Wirkung haben. Die nun folgenden Posaunenplagen vergrössern die Not.

Posaunenplagen

Die ersten vier Posaunenplagen (8,6-13) beziehen sich auf Naturkatastrophen.

1. Posaune 8,7: Hier wird die Zerstörung eines Drittels der Vegetation angekündet.

2. Posaune 8,8-9: Diese Plage erinnert an etwas, wie einen riesigen Vulkanausbruch, der einen Drittel des Meeres mit den Schiffen darauf zerstört.

3. Posaune 8,10-11: Bei dieser Plage fällt ein grosser Meteor auf die Erde und vergiftet ein Drittel des Wassers.

4. Posaune 8,12: Sonne, Mond und Sterne verlieren einen Teil ihres Lichtes.

Das dreifache Wehe eines Adlers (8,13) kündigt weitere Plagen für *die Bewohner der Erde* an, die nicht das Siegel Gottes tragen und nicht auf Gottes Seite stehen.

Die nun folgenden Plagen kommen nicht von den Menschen und auch nicht von der Schöpfung, sondern von den bösen Geistern.

5. Posaune 9,1-12: Das dreifache Wehe des Adlers (8,13) weist auf die grosse Wut hin, mit der sie die Schöpfung verderben und vielfältige Leiden verursachen. Diese Not trifft nur diejenigen, die nicht das Siegel Gottes tragen (9,4).

Aus dem Rauch kamen Heuschrecken über die Erde … Ein Hinweis, dass durch den schwarzen Rauch der Dämonen den Menschen der Blick auf den Himmel vernebelt wurde. Heuschrecken sind dämonische Wesen, die eine festgesetzte Zeit *fünf Monate lang (9,5)* wirken dürfen. Sie werden ihrem Wesen nach in verschiedenen Symbolbildern geschildert, welche Kälte, Rücksichtslosigkeit, Härte, … ausdrücken. Sie können z.B. mit ihrem *Löwengebiss (9,8)* und den anderen Eigenschaften schlimme Dinge anrichten. König dieser Heuschrecken ist Abaddon, was Zerstörung bedeutet.

6. Posaune 9,13 – 19: Die Stimme vom Altar her ist offenbar die Antwort auf die Gebete der Gläubigen auf Erden, die der Engel vor Gott gebracht hat. Die Zahl vier bei den Unheilsgeistern zeigt, dass ihnen die ganze Erde überlassen wird, um ein Drittel der Menschheit umzubringen. Sie stehen an der Spitze einer riesigen Reiterschar, die die Vernichtung durchführen soll.

Auf die dämonischen Heuschrecken, welche die Plagen der fünften Posaune bewirkten, kommen nun die dämonischen Pferde. *Sie trugen feuerrote, rauchblaue und schwefelgelbe Panzer (9,17).* Diese Farben erinnern an die Hölle. Während die dämonischen Heuschrecken nur quälen konnten, können die dämonischen Pferde auch töten.

7. Posaune 11,15-19: Wie nach dem 6. Siegel ein Blick in den Himmel gezeigt wird, so wird auch hier wiederum ein Blick in den Himmel gezeigt, in dem die Königsherrschaft Jesus Christi gefeiert wird, der Seine richtende Herrschaft angetreten hat.

Zum Verständnis der Plagen

Wie können die Plagen verstanden werden? Wenn wir die Plagen anschauen, sehen wir: Die meisten der Plagen sind von den Menschen verursacht, wie Kriege und deren Folgen: Hungersnöte, Lebensmittelknappheit, Seuchen usw. Andere beschreiben Naturkatastrophen, bei denen der Schaden an der Umwelt den Menschen Schaden zufügt. Diese Plagen betreffen alle Menschen in gleicher Weise.

Dann gibt es Plagen, die nur die Gläubigen betreffen, wie das 6. Siegel zeigt, wo die Märtyrer zu Gott schreien. Weiter gibt es Plagen, die nur die Ungläubigen betreffen, die nicht das Siegel Gottes haben wie dies drastisch die 5. und 6. Posaune zeigen, wo dämonische Kräfte wirken. Das zeigt, dass diejenigen, die losgelöst von Gott und dem Lamm leben, kein leichteres und angenehmeres Leben haben. Sie haben ihre eigenen Plagen und Schmerzen. Grundsätzlich ist zu sagen:

1. Alle Plagen meinen keine Einzelereignisse. Sie bezeichnen keinen *bestimmten* Krieg und keine *eindeutigen* Naturkatastrophen. Das heisst die geschauten Plagen stehen für die Angriffskriege, die Bürgerkriege, die Seuchen, die Naturkatastrophen, die Leiden der Ungläubigen, die sich im Ablauf der Geschichte immer wieder ereignen. Sie haben typischen Charakter.

2. Die Plagen werden nicht von Gott inszeniert, um die Menschen zu quälen. Sie werden auch nicht von den Visionen des Johannes erfunden. Sie bezeichnen vielmehr die leidvolle und tragische Seite der menschlichen Geschichte, des persönlichen Menschseins und der ganzen Schöpfung.

3. Wie sehr auch die schlimmsten Plagen geheimnisvoll umfangen von der Liebesmacht des Lammes sind, zeigt sich darin, dass auch die negativen Kräfte nie losgelöst von Ihm handeln können.

Das zeigt sich in so kleinen Formulierungen wie: *Ein Kranz wurde ihm gegeben und als Sieger zog er aus, um zu siegen (6,2b) und der auf ihm saß, wurde ermächtigt, der Erde den Frieden zu nehmen (6,4b). Und es wurde ihm ein großes Schwert gegeben (6,4d). Und ihnen wurde die Macht gegeben über ein Viertel der Erde, Macht, zu töten durch Schwert, Hunger und Tod und durch die Tiere der Erde (6,8).* Gegeben vom Lamm und gegeben in einem *bestimmten* Mass. Das ist tröstlich: Die negativen Kräfte sind klar beschränkt und von der Verfügungsmacht des Lammes umfangen.

4. Diese leidvolle und tragische Lebensrealität wird in der Offenbarung in eine gläubige Sicht, in Gottes Heilsplan hineingenommen, damit Heil daraus wachsen kann. Wie ist das zu verstehen?

Ursprung der Plagen

Gott hat den Menschen, die ganze Schöpfung gut gemacht hat. Dann hat Er sie dem Menschen anvertraut (vgl. Gen 1,18). Der Mensch soll im Gehorsam Gott gegenüber über alles Geschaffene zum Segen und Heil herrschen. Dann dienen die verschiedenen Schöpfungselemente einander gegenseitig. So war am Anfang alles gut, schön und harmonisch, einfach das Paradies.

Dann aber ist – verführt durch die Schlange (den Teufel) – eine kolossale Störung in die ganze Schöpfung gekommen. Der Mensch hat sich im Sündenfall von Gott getrennt. Dadurch kam Böses ins Herz des Menschen, in die Beziehungen untereinander, in die Schöpfung und in die Beziehung zu Gott hinein. Die Welt ist unter die Herrschaft der Sünde und des Teufels geraten. Die Macht des Bösen begann in der Welt zu herrschen. Johannes schreibt: ... *die ganze Welt steht unter der Macht des Bösen (1 Joh 5,19).* Deshalb nannte Jesus den Teufel auch *Fürst* und *Herrscher dieser Welt (Joh 12,31).*

Diese Macht *des Bösen* wirkte sich in allen Bereichen der Schöpfung aus, auch im Bereich der Materie. So sprach Gott nach dem Sündenfall zum Menschen: *Weil du auf die Stimme deiner Frau gehört und von dem Baum gegessen hast, von dem ich dir geboten hatte, davon nicht zu essen, ist der Erdboden deinetwegen verflucht (Gen 3,17).*

Die ganze Schöpfung ist unter die Herrschaft der Sünde und des Teufels (des Bösen) gekommen und dadurch, wie die Schrift sagt, unter den Zorn Gottes gefallen.

Plagen als Zorn und Strafe Gottes – Folgen der Sünde

Was bedeutet dieser *Zorn Gottes?* Zorn (lateinisch *ira*) ist ein Zustand starker emotionaler Erregung mit aggressiver Tendenz. Zorn kommt von *zerren, hin- und hergerissen werden* und hat mit *uns aufbringen, uns in Bewegung setzen* zu tun. Zorn ist eine Energie, die zum Heil (heiliger Zorn) oder Unheil (böser Zorn) verwendet werden kann. Im heutigen Sprachgebrauch zeigt sich der *Zorn* meist als eine übermässige und unbändige Wut, neigt zur Rache und Vergeltung und hat somit nichts mit Gerechtigkeit zu tun.

Der Zorn und die daraus mögliche Strafe Gottes, wie dies im Alten und im Neuen Testament beschrieben ist, meint in der Regel etwas ganz anderes. Ein Beispiel: Ein Kind entwendet eine Tafel Schokolade. Die Folgen sind ein schlechtes Gewissen und Angst. Das Kind versteckt sich vor der Mutter und kann ihr nicht mehr in die Augen schauen. Diese negativen Folgen des menschlichen Handelns, das schlechte Gewissen, die Ängste, nennt die Bibel meist "Zorn und Strafe Gottes". Entdeckt in unserem Beispiel die Mutter das Handeln des Kindes, wird sie zornig, beschimpft und schlägt es zur Strafe. So aber ist Gott nicht!

Wenn die Menschen nicht auf Gott hören, zeigt sich der *Zorn* und die *Strafe Gottes* darin, dass Gott die Menschen sich selbst überlässt, dass Er sie machen lässt, was sie wollen, wie dies Psalm 81 zeigt. Gott ermahnt Sein Volk und ruft ihm in Erinnerung, was Er für sein Volk getan hat: *Höre, mein Volk, ich will dich mahnen! Israel, wolltest du doch auf mich hören! … Ich bin der HERR, dein Gott, der dich heraufgeführt hat aus Ägypten. Weit öffne deinen Mund! Ich will ihn füllen (Ps 81,9.11)*. Und was tat Israel? *Doch mein Volk hat nicht auf meine Stimme gehört; Israel hat mich nicht gewollt (81,12)*.

Was ist die Folge? *Da überließ ich sie ihrem verstockten Herzen: Sollen sie gehen nach ihren eigenen Plänen (Ps 81,13)*. Gott lässt die Menschen machen, was sie wollen. Weil der Mensch Böses in sich trägt, viel Böses in der Welt ist und der Teufel die Menschen verführt, verfällt er automatisch dem Bösen. Die Menschen tun dann, was sie in ihrer Verblendung, ihrem Egoismus und ihrer Bosheit wollen.

Das führt unweigerlich zu Leid und vielen gegenseitigen Plagen über Generationen hinweg. So ist der grösste Teil der Plagen auf dieser Welt von Menschen gemacht. Sie sind die Folge dessen, dass die Menschen Gott und Sein Heil nicht annehmen. Dabei bestrafen sich Menschen, Gruppen und Völker – mit ihrem Verhalten gegenseitig.

Dieser Schmerz des Nichthörens geht Gott zu Herzen. Er bittet, doch endlich Seinen Weg ernst zu nehmen. *Ach, dass mein Volk doch auf mich hörte, dass Israel gehen wollte auf meinen Wegen! Wie bald würde ich seine Feinde beugen, meine Hand gegen seine Bedränger wenden (Ps 81,14-15)*.

Was geschieht, wo Menschen umkehren und Gottes Weg ernst nehmen? *Ich würde es nähren mit bestem Weizen, dich sättigen mit Honig aus dem Felsen (Ps 81,17).*[11]

Geistliche Dimension der Schöpfung

Gott hat den Menschen als Seinen Stellvertreter über die Schöpfung eingesetzt (vgl. Gen 1,18). Er gab ihm Würde und Herrlichkeit wie Psalm 8 bezeugt. *Du hast ihn als Herrscher eingesetzt über die Werke deiner Hände, alles hast du gelegt unter seine Füße (Ps 8,7).* Der Mensch soll nun in Gottes Sinn über die Schöpfung herrschen. Doch der Mensch hat sich von Gott und Seinen Weisungen getrennt, wie dies der Sündenfall in der Bibel beschreibt (vgl. Gen 3). Durch die Sünde ist eine tiefe Störung in die ganze Mitschöpfung, in die Natur gekommen.

Gott hat der heiligen Hildegard von Bingen einen tiefen Einblick in die geistliche Dimension der Schöpfung gegeben. Sie sagt, dass durch die Sünde der Menschen die Elemente der Schöpfung sich gegen den Menschen wenden, weil durch die Sünden die Schöpfungselemente verschmutzt und total durcheinandergebracht werden. Als Folge davon dienen die Elemente der Schöpfung nicht mehr den Menschen, sondern lehnen sich gegen den Menschen auf.

Das zeigt sich nicht nur in der Umweltzerstörung, die als direkte Folge der Sünde der Menschen auf den Menschen zurückfällt, sondern in allen Naturkatastrophen. Das zeigt: Noch wichtiger als die Sorge und die Bewahrung vor Umweltverschmutzung ist der Kampf gegen die geistliche Umweltverschmutzung. Denn Umkehr zu Gott, das Einhalten der Gebote Gottes und Respektierung Seiner Schöpfungsordnung dienen der Natur am besten. Durch jede Sünde wächst die Macht des Bösen und durch jeden Schritt der Umkehr und Heiligkeit das Reich Gottes. Alles unser Tun (auch das innerliche, verborgene) fördert entweder die Macht des Bösen oder des Reiches Gottes, was auch Auswirkungen auf die ganze Schöpfung hat.

Auch hier überlässt Gott die Menschen sich selbst. Er bringt ihre Untaten nicht durch ein besonderes Gnadenwirken selbst wieder in Ordnung. Der

---

[11] In diesem Sinn spricht auch Paulus vom *Zorn Gottes* (vgl. Röm 1,18). Weil die Menschen Gott und Seine Weisungen nicht annehmen, überlässt Er sie den negativen Folgen ihrer verkehrten Taten. Die Menschen *verfielen in ihren Gedanken der Nichtigkeit und ihr unverständiges Herz wurde verfinstert (Röm 1,21b).*
Und da sie es nicht für wert erachteten, sich gemäß ihrer Erkenntnis an Gott zu halten, lieferte Gott sie einem haltlosen Denken aus, sodass sie tun, was sich nicht gehört (Röm 1,28). Gott lieferte sie aus heisst: Gott lässt den Menschen frei und los. Wo der Mensch nicht will, lässt Gott ihn frei, auch mit allen schlimmen Folgen. Diese Folgen nennt Paulus *Zorn* und *Strafe Gottes* (vgl. Röm 1,18). Mehr zum Zorn Gottes beim Thema Gericht S. 126-127

Mensch soll vielmehr am eigenen Leib die Folgen seines Tuns erkennen, durch den Leidensdruck zur Einsicht kommen, wieder zu Gott und zu Seinen göttlichen Ordnungen zurückkehren, die Er dem Menschen zu seinem Heil gegeben hat. Das meint im Grunde die Aussage: "Gott straft".

Plagen rufen zur Umkehr

Die zehn ägyptischen Plagen waren über Ägypten gekommen, weil der Pharao das Volk nicht ziehen lassen wollte. Sie zeigen exemplarisch den Sinn der Plagen: *Dann sprach der HERR zu Mose: Geh zum Pharao und sag ihm: So spricht der HERR: Lass mein Volk ziehen, damit sie mir dienen können! Weigerst du dich, sie ziehen zu lassen, so bringe ich eine Froschplage über dein ganzes Gebiet (Ex 7,26-27).* Weil der Pharao sich weigerte, kamen durch den Befehl von Mose und Aaron eine Unzahl Frösche, welche ganz Ägypten bedeckten.

Der Pharao rief Mose und Aaron zu sich und sagte: Betet zum HERRN, er möge mich und mein Volk von den Fröschen befreien. Dann will ich das Volk ziehen lassen und sie können dem HERRN Schlachtopfer darbringen (Ex 8,4). Doch als dann die Frösche auf das Gebet von Mose und Aaron starben, änderte der Pharao seine Meinung: *Als der Pharao sah, dass die Not vorbei war, verschloss er sein Herz wieder und hörte nicht auf sie. So hatte es der HERR vorausgesagt (Ex 8,11).* So kam es zu zehn Plagen, bis der Pharao bereit war, den Willen des HERRN zu akzeptieren.

Da kann ein möglicher Einwand im Herzen aufkommen. Im Zusammenhang mit dem Auszug der Israeliten aus Ägypten und den zehn Plagen, welche die Ägypter treffen, lesen wir mehrmals davon, dass der Herr das Herz des Pharao verhärtete: *Der HERR verhärtete das Herz des Pharao, sodass er sie nicht ziehen lassen wollte (Ex 10,27).* Und: *Ich aber will das Herz der Ägypter verhärten (Ex 14,17a).* Und wenn Gott selber die Herzen verhärtet und bewirkt, dass die Menschen nicht verstehen, was kann dann der Mensch dafür? Was soll da noch eine Schuld des Pharao sein?

Vieles in der Bibel ist nicht eine Beschreibung von Ereignissen, sondern eine gläubige Deutung von Ereignissen. Da kommt es wesentlich auf das Deutungsmuster an. Am Anfang hatten die Israeliten nur *ein* Deutungsmuster: Gott bewirkt alles. Wenn nun die Erfahrung gezeigt hat, dass der Pharao sein Herz verschliesst, und wenn Gott alles bewirkt, dann *muss* es Gott getan haben. Oder – wenn das Volk die rettende Botschaft nicht annimmt, dann *muss* Gott dies bewirkt haben.

Doch dieses Deutungsmuster ist überholt. Das Neue Testament redet von einem Gott, der die Liebe ist und dem nichts Negatives anhaftet. Es zeigt einen Gott, der die Menschen vollumfänglich respektiert und ihnen Freiheit lässt. Es spricht aber auch von bösen Geisteskräften (Dämonen), die auf die Menschen einwirken. Heute wissen wir, dass viele Prägungen der Kindheit grosse Auswirkungen aufs spätere Leben haben können. So würden wir aus unserer heutigen gläubigen Sicht mit unseren heutigen Deutungsmustern dieselben Ereignisse anders, viel differenzierter deuten. Denn bei Gott gibt es keine Vorausfestlegungen. Das Zusammenspiel von menschlicher Freiheit und göttlichem Vorauswissen wird letztlich immer ein Geheimnis bleiben. Dennoch: Die Zukunft ist immer offen. Der Mensch geniesst völlige Freiheit. Von unseren Entscheidungen hängt Heil oder Unheil ab. So sind die Plagen ein Ruf, unsere Verantwortung ernst zu nehmen. Das ist der Sinn der Plagen.

Gott will nicht das Leid. Er schickt es nicht um uns zu plagen. Vielmehr finden wir Leid, Schmerz, Tragik, Plagen und Negatives vor. Wir erfahren es an unserem eigenen Leib. Gott aber will das vorhandene Leid zum Heil benutzen. Es ist oft die letzte Möglichkeit, die Gott in Seiner Freiheit noch hat. Denn häufig öffnet erst der Leidensdruck den Menschen für Gott und für den Weg Seiner guten Gebote.

Die Plagen. Sie wollen wecken, aufrütteln, zur Besinnung bringen, um Umkehr und damit Heil zu ermöglichen. Denn der Mensch ist in Gefahr die Ewigkeit zu verlieren. Gottes Ziel ist immer das ewige Heil! Er will möglichst Viele eine Ewigkeit mit Seiner Liebe beschenken. Dafür nimmt Er Schmerzen in dieser Welt in Kauf, wenn Menschen dadurch gerettet werden können.

Die Posaune als Signal- und Weckinstrument gibt der zweiten Plagenreihe diese Bedeutung. Gott will aus allem Unheil Heil und Umkehr bewirken. Er will die Plagen den Menschen zum Heil werden lassen. Doch der verborgene Heilsruf in den Plagen wird oft nicht gehört. Mit dieser traurigen Feststellung endet ernüchtert und tragisch die Beschreibung der 6. Posaune: *Aber die übrigen Menschen, die nicht durch diese Plagen umgekommen waren, wandten sich nicht ab von den Machwerken ihrer Hände: Sie hörten nicht auf, sich niederzuwerfen vor ihren Dämonen, vor ihren Götzen aus Gold, Silber, Erz, Stein und Holz, den Götzen, die weder sehen noch hören, noch gehen können. Sie ließen nicht ab von Mord und Zauberei, von Unzucht und Diebstahl (9,20-21).* Alle Mittel schlugen fehl, durch die Gott die Abtrünnigen zurückzugewinnen versuchte. Gottes "Strafgerichte" sind die letzten Versuche Seiner göttlichen Liebe, aber auch sie erreicht nichts gegen Verstocktheit des menschlichen Herzens.

Plagen als Wehen verstehen

Die Plagen, die sich aus dem Öffnen der Siegel der Buchrolle ergeben, können mit dem Bild der schmerzlichen Wehen einer Geburt gedeutet werden. Das heisst: Wie die Wehen den Geburtsvorgang einleiten, sind die Plagen Zeichen der näherkommenden Vollendung. So schmerzlich die Wehen für eine Mutter und so unerträglich für den hilflos dabeistehenden

Vater auch sind, beide wissen, dass sie vorübergehen. Dabei konzentriert sich eine Mutter nicht auf die Wehen, sondern auf das Kind. Die Schmerzen der Wehen können in der Vorfreude auf das neue Leben, auf das Kind ausgehalten und durchgestanden werden.

Diese Blickrichtung möchte auch die Offenbarung in uns festigen. Sie lädt uns ein, die Plagen nie losgelöst von der grandiosen Vollendung unseres Menschseins und der ganzen Schöpfung anzuschauen. Darum steht am Anfang der Plagen in Kapitel 4 und 5 der Blick in den Himmel. Deshalb werden die Plagenreihen immer wieder unterbrochen mit dem Blick in die Herrlichkeit der Vollendung. Nur im Blick darauf können sie ausgehalten und durchgestanden werden. Das Verständnis von den Geburtswehen lindert den Schmerz nicht. Es hilft uns aber, Schmerzen und Leiden als Durchgang zur Vollendung zu sehen.

Das hat auch Paulus erfahren. Er hat viel Schmerz, Leiden, und Ungerechtigkeit erlebt. Er weiss wie hart, schmerzhaft, ungerecht und brutal das Leben sein kann. Doch dann schenkte ihm Jesus einen Blick in den Himmel. Das gab ihm eine völlig neue Sicht auf das brutale und oft sinnlos scheinende Leiden in der Welt: *Ich bin nämlich überzeugt, dass die Leiden der gegenwärtigen Zeit nichts bedeuten im Vergleich zu der Herrlichkeit, die an uns offenbar werden soll. … Denn wir wissen, dass die gesamte Schöpfung bis zum heutigen Tag seufzt und in Geburtswehen liegt (Röm 8,18.22).* Das zeigt, wir gehen auf etwas unvorstellbar Herrliches zu, von dem wir jetzt kaum eine Ahnung haben.[12]

Die Wehen bei einer Geburt entmutigen die Mutter nicht, sondern ermutigen sie. Denn sie weiss jetzt: Die Zeit der Geburt ist nahe. Die Wehen tun weh, aber in der Vorfreude auf das kommende Neue, auf das Kind, können sie besser getragen werden. So sind die Drangsale wie Wehen, die das Neue vorbereiten und ankünden. Wenn wir Jesus vor Augen haben, dann entmutigen uns all die Dinge nicht, sie ermutigen uns!

Ins Leben gebracht – Der Blick auf das geschlachtete Lamm

In dieser Welt mit so viel Leid und Schmerz haben wir viele quälende Fragen. Wie oft schreien Menschen *Warum?* Wie oft habe ich dieses Wort auf meinen Lippen und in meinem Herzen: „Warum, Herr, das verstehe ich nicht?"

[12] Dass die Plagen nur die eine Seite sind, wird auch dadurch zum Ausdruck gebracht, dass durch die Öffnung der Siegel die Aussenseite der Buchrolle lesbar wird. Während die Aussenseite die Plagen beschreibt, wird nach dem Öffnen aller Siegel die Innenseite der Buchrolle lesbar. Zwar wird nirgends genau gesagt, was dort steht. Doch dürfen wir annehmen, dass sie die grandiose Vollendung am Ende der Offenbarung beschreibt.

Der Blick auf Jesus am Kreuz, auf das geopferte Lamm, kann mir und allen Menschen im Leid helfen. Dieses Lamm, das alles Leid auf sich genommen hat, sagt mir und jedem Leidenden: „Schau auf mich. Schau auf alles, was ich erlitten habe. Schau hier Mein Herz. Ich bin bei dir, fühle mit dir und leide mit dir. Doch ich kann dir jetzt nicht alles erklären. Vieles wird erst am Ende der Geschichte und aus der Perspektive des Himmels verstehbar. Dann werden alle Geschöpfe, egal welches Leid sie erlebt haben, erkennen und bekennen, dass Meine Wege gut sind."

Im Himmel werden einst all meine Warum geklärt sein. So vergleicht auch Jesus unsere Schmerzen mit Geburtsschmerzen: *Wenn die Frau gebären soll, hat sie Trauer, weil ihre Stunde gekommen ist; aber wenn sie das Kind geboren hat, denkt sie nicht mehr an ihre Not über der Freude, dass ein Mensch zur Welt gekommen ist. So habt auch ihr jetzt Trauer, aber ich werde euch wiedersehen; dann wird euer Herz sich freuen und niemand nimmt euch eure Freude. An jenem Tag werdet ihr mich nichts mehr fragen (Joh 16,21-23).*

Wenn ich Jesus in der Ewigkeit gegenüberstehe, in Seinen Horizont eintrete, wenn ich Gottes Wege und Seine Herrlichkeit sehe, dann kommt göttliches Licht in all meine Warum. Dann wird Jesus mir alles erklären und ich werde alles verstehen. Ich werde vollkommen eins mit Gott, mit Seinen Urteilen, Seinen göttlichen Ordnungen, Seiner Gerechtigkeit wie Er alles gelenkt und wiederhergestellt hat. In dieser Einheit strömt Sein göttlicher Friede in mein Herz und ich erfahre. So ist es gut! Dann werde ich ergriffen von tiefer Ehrfurcht sagen: „Danke, Jesus!"

Kurze Beschreibung von Kapitel 10 und 11

Nun folgt zwischen der sechsten und siebten Posaune in Kapitel 10 und 11 ein Zwischenstück. Beim ersten Teil des Zwischenstückes geht es um den Engel mit dem kleinen Buch und beim zweiten Teil um das Ausmessen des Tempels und um die beiden Zeugen.

Der Engel und das kleine Buch (Offb 10,1-11)

10,1-4: Johannes befindet sich nicht mehr am Eingang zum Thronsaal Gottes, sondern am Ufer des Meeres *von einer Wolke umhüllt.* Da erscheint ihm ein Engel von übergrosser und machtvoller Gestalt. *Sein Gesicht war wie die Sonne und seine Beine waren wie Feuersäulen (10,1b).* Er hat ein kleines Buch in der rechten Hand, das nicht versiegelt ist. Somit ist der Inhalt für alle zugänglich. Johannes hört den lauten Ruf des Engels und das Echo der sieben Donner. Er will das Gehörte aufschreiben. Doch eine Stimme verbietet es ihm. Damit wird angedeutet, dass diese Botschaft nur für Johannes bestimmt war.

10,5-7: Der machtvolle Engel *erhob seine rechte Hand zum Himmel* und *schwor,* dass beim Ertönen der siebten Posaune der Heilsplan Gottes vollständig verwirklicht wird. Es wird dann keine Verzögerungen mehr und auch keine weitere Möglichkeit zur Umkehr geben.

10,8-11: Die gleiche Stimme aus dem Himmel, die Johannes verboten hatte, die Worte aufzuschreiben, sagte zu ihm: *Geh, nimm das Buch, das der Engel, der auf dem Meer und auf dem Land steht, geöffnet in der Hand hält* und iss es! *(10,8-10).* Wie dem Propheten Ezechiel (vgl. Ez 2,9-3,3) wird ihm befohlen, die Schriftrolle mit dem Wort Gottes aufzuessen, das heisst die Botschaft völlig in sich aufzunehmen und diese dann weiterzugeben. Diese Botschaft Gottes ist sowohl *süss*, denn es ist das gute Wort Gottes und auch *bitter*, weil es auch die Verkündigung des Gerichtes beinhaltet.
Zu den bitteren Erfahrungen bei der Ausübung des Prophetenamtes gehören Ablehnung und Verfolgung. Um solche Erfahrungen zu vermeiden oder um den Menschen die Botschaft des Gerichtes nicht mehr zuzumuten, neigen Verkünder dazu, ihre eigenen Gedanken und nicht mehr Gottes reine Botschaft zu verkünden. Johannes aber wird beauftragt, vielen Völkern und Nationen, das heisst der gesamten Welt Gottes Botschaft zu verkünden.

Das Ausmessen des Tempels und die beiden Zeugen

Der zweite Teil des Zwischenstückes handelt vom Ausmessen des Tempels und den beiden Zeugen.

11,1-2: Das innerste Zentrum des Tempels in Jerusalem war das Allerheiligste, in das nur einmal im Jahr der Hohepriester eintreten durfte. Dieser heiligste Ort war umgeben vom Vorhof der Priester, dem Vorhof des Volkes und dem Vorhof der Frauen. Diesen ganzen Komplex wiederum umgab der grosse äussere Vorhof, zu dem auch Heiden Zugang hatten.

Der Tempel in Jerusalem war im Jahr 70 zerstört worden. So steht der Tempel hier für die Kirche (vgl. 1 Kor 3,16-17; 2 Kor 6,16; Eph 2,19-22).

Nun wird Johannes in das Geschehen einbezogen: *Geh, miss den Tempel Gottes und den Altar und zähle alle, die dort anbeten! (11,1).* Er soll aber nur den inneren, jüdischen Bereich abmessen. Abmessen bedeutet das Errichten einer Schutzzone und zugleich eine Abgrenzung. Danach wird die gesamte Kirche angegriffen. Die Heiden *werden die heilige Stadt zertreten, zweiundvierzig Monate lang (11,2b).* Doch diese Verfolgung wird nur eine von Gott festgelegte Zeit herrschen dürfen.

Wer im inneren Bereich des Tempels (der Kirche ist) und sich treu und uneingeschränkt zu Gott bekennt, wird von diesen kommenden Angriffen des Feindes verschont bleiben. Damit wird mit diesem Vermessen des Tempels noch einmal das Motiv der Besiegelung von Kapitel 7 aufgegriffen.

Das kann auch darauf hinweisen, dass die Kirche vollständig den äusseren Bereich, d.h. ihren kulturell-profanen Einfluss in der Welt verlieren wird, der nicht unmittelbar zu ihrer Sendung gehört.

11,3-6: Nun treten zwei Zeugen auf. Sie sind Mose und Elia nachgebildet, denn wie Mose in Ägypten können sie Gewässer in Blut verwandeln und wie Elia den Regen fernhalten (vgl. Ex 7,14-18; 1 Kön 17,1; 2 Kön 1,10.12; Mal 3,23; Mt 17,3). Sie versuchen noch einmal die Menschen zur Umkehr zu bewegen, was ihr Auftreten *im Bußgewand* zeigt. Wie beim Propheten Sacharja einer der Ölbäume den Hohenpriester und der andere den König versinnbildlicht, repräsentieren die beiden Zeugen die geistliche und politische Macht Israels. Die Leuchter zeigen, dass sie das göttliche Licht verbreiten. Gott schützt Seine Zeugen und gibt ihnen während der Zeit ihres prophetischen Wirkens übernatürliche Kräfte um zu schützen und auch zu strafen.

11,7-10: Wenn sie ihren Auftrag erfüllt haben, steigt das *Tier* aus dem Abgrund herauf. Es wird die beiden Propheten töten. (Hier wird das Tier, der grosse Feind der Kirche, zum ersten Mal erwähnt. Vgl. mehr dazu ab Offb 13,1). *Ihre Leichen bleiben auf der Straße der großen Stadt liegen (11,8a).* Es galt als besonders entwürdigend, wenn Menschen nicht beerdigt wurden.

Mit der *großen Stadt* wird in der Offenbarung Babylon (vgl. Offb 14,8; 16,19; 17,18; 18,2.10.16) bezeichnet. Hier aber ist damit Jerusalem gemeint, wie der Zusatz – *dort wurde auch ihr Herr gekreuzigt (11,8c)* – zeigt. *Sodom* gilt zusammen mit Gomorra als Städte der moralischen Verdorbenheit (vgl. Gen 19,12.13). *Ägypten* wird aufgrund der in Ex 1-14 berichteten Versklavung Israels durch den Pharao zum Inbegriff der Unterdrückung des Volkes Gottes.

Die Tatsache, dass Jesus in Jerusalem gekreuzigt wurde, nimmt Johannes zum Anlass, zu erklären, dass die gleichen Mächte, die Christi Tod veranlassten, auch hinter der Verfolgung der Kirche stehen. Jesu Tod setzt sich im Martyrium Seiner Gläubigen fort.

Der Ruf zur Umkehr wird in weltlichen Kreisen immer als Belästigung, ja als Quälerei empfunden. Deshalb wird der Tod der beiden Zeugen von den Feinden Gottes gefeiert.

11,11-13: Gott aber bekennt sich zu Seinen beiden Zeugen. Er weckt sie auf und nimmt sie in den Himmel auf. So bekennt sich Gott auch heute zu Seiner leidenden Kirche. Dann folgt ein vernichtendes Erdbeben, das ein Zehntel der Stadt in Schutt und Asche legt.

Es fällt auf, dass dies symbolisch in Jerusalem geschieht. Das kann darauf hinweisen, dass neben der Bedrohung von aussen die Kirche auch von innen durch die Christen gefährdet ist, die sich dieser Welt anpassen und dadurch die Ausstrahlung der Kirche verdunkeln.

Die *siebentausend Menschen* unter den Trümmern – sieben als vollkommene und die Tausend als Zahl der Fülle – kann darauf hinweisen, dass damit all jene gemeint sind, die sich nicht bekehrt haben. Das könnte auf eine radikale Reinigung der Kirche hinweisen. Das macht betroffen und die Überlebenden geben Gott die Ehre.

Die beiden Propheten stehen vermutlich auch hier nicht für zwei konkrete Personen, sondern für alle, die ihren prophetischen Dienst in Treue wahrnehmen und leben.

11,15-19 7. Posaune: Nun wird mit einem gewaltigen Jubelruf aus dem Himmel der Vorausblick auf den unmittelbar bevorstehenden Sieg Gottes begrüsst und gefeiert: *Nun gehört die Königsherrschaft über die Welt unserem Herrn und seinem Christus; und er wird herrschen in alle Ewigkeit (11,15).* Die Vertreter der Kirche am Thron Gottes, die vierundzwanzig Ältesten beten Ihn an und singen ein Danklied.

Sie sagen nicht mehr: „… der Du kommen wirst“, denn Er **hat** *die Herrschaft* angetreten. Nun ist der Kampf vorbei. Gott kommt zum Gericht. Den Feinden Gottes ist alle Macht genommen, was ihren Zorn hervorruft. Gottes gerechtes Gericht wird allen das zuteilen, was sie verdient haben: Lohn oder Strafe. Die Treuen werden überreich belohnt werden.

11,19: Johannes kann nun im Himmel in das Innerste des Tempel Gottes bis ins Allerheiligste hineinschauen und die Bundeslade sehen. Diese ging etwa 500 v. Chr. verloren, als das Volk Israel in die Verbannung geführt wurde. Jeremia hat damals die Bundeslade in die Berge tragen und verstecken lassen. Der Schrein enthielt die zwei steinernen Tafeln vom Sinai, etwas Manna aus der Wüstenzeit, den Aaronstab und die Urkunden des ersten Bundes vom Sinai. Die Lade ging während eines Krieges verloren.

Nun ist die Bundeslade wieder zu sehen. Dies ist ein Zeichen für die Treue Gottes, der am Bund mit Seinem Volk festhält. *Da begann es zu blitzen, zu dröhnen und zu donnern, es gab ein Beben und schweren Hagel (11,19).* Diese Naturphänomene begleiten die Gotteserscheinungen im Alten Testament (vgl. Ex 19,18; 20,18).

III. Der Kampf Satans gegen die Kirche (12,1-14,5)

Schmerzlich erleben wir, wie vieles zerbricht. Der Auszug aus der Kirche und die Glaubensverdunstung schreiten ungebrochen voran. Viele Grosseltern leiden darunter, dass ihre Kinder und Enkelkinder von Jesus Christus und Seinem Leib der Kirche nichts mehr wissen wollen. Viele leiden unter der Verwässerung der christlichen Botschaft. Viele leiden unter den Spannungen und Streitigkeiten in der Kirche.

Wer heute das Evangelium und die Lehre der Kirche ernst nimmt, wer für die christlichen Werte in der Gesellschaft eintritt, wer sich für die Kirche engagiert, wer am Sonntagsgottesdienst teilnimmt, wird vielerorts belächelt und steht isoliert da. Das tut weh, nagt innerlich und irgendwann fragt man sich: „Soll ich mich weiterhin für die Kirche engagieren? Lohnt es sich, in dieser Kirche mitzumachen und für sie einzustehen, die in den Medien und in der Gesellschaft verlacht und verhöhnt wird? Lohnt es sich, sich zum Evangelium und zur Lehre der Kirche zu bekennen, wenn man dadurch nur mehr Probleme und Schwierigkeiten bekommt? Lohnt es sich als Familie oder innerhalb der Familie oder Ehe (Freundeskreis) einen einsamen Weg zu gehen, wo es doch für alle einfacher wäre, wenn ich mich den anderen anpassen würde?“ Das führt unweigerlich zur Frage: Lohnt sich die Treue?

Diese Frage, lohnt sich die Treue, die offensichtlich Nachteile mit sich bringt, bedrängte die 7 Gemeinden und bedrängt auch uns heute. Dazu kann noch der Zweifel kommen: Hat die Kirche Zukunft? Hören wir, was die Offenbarung uns sagt!

Der Kampf des Drachen gegen die Frau (12,1-17)

Auch hier geht es ums Erkennen, was die Bilder bedeuten, welche Realitäten in den Bildern angesprochen werden und was diese Bilder uns heute sagen wollen. *Dann erschien ein grosses Zeichen am Himmel: eine Frau, mit der Sonne bekleidet; der Mond war unter ihren Füssen und ein Kranz von zwölf Sternen auf ihrem Haupt. Sie war schwanger und schrie vor Schmerz in ihren Geburtswehen (12,1-2).*

Johannes sieht zuerst eine Frau, mit der Sonne bekleidet, d.h. in strahlender Schönheit und Herrlichkeit. Unter ihren Füssen ist der Mond. Der Mond steht für Wechsel und Veränderlichkeit, so wie der Schein des Mondes beständig entweder zu- oder abnimmt. Der Mond unter den Füssen bedeutet, dass die Frau nicht dem Wechsel der Zeit unterworfen ist. Gott gab ihr Beständigkeit. Sie steht über dem Veränderlichen der Welt, weil sie im ewigen Gott gründet.

Weiter trägt sie einen Kranz von 12 Sternen. Kranz ist das Zeichen des Sieges, des Erfolges und Triumphes. Die 12 Sterne weisen auf die 12 Stämme Israels und die 12 Apostel hin. Das zeigt auch, wer die Frau ist: Sie ist das Volk Gottes, die Kirche.

Die strahlende Frau schreit in schmerzlichen *Geburtswehen*. Das weist darauf hin, dass die Weitergabe des Glaubenslebens immer unter Schmerzen vor sich geht. Durch Schmerzen werden der Kirche Nachkommen und neue Mitglieder geschenkt. Das sind z.B. die Sorgen und Leiden der Eltern um den Glauben, um den richtigen Weg ihrer Kinder, die Leiden und Mühen um die Glaubensförderung, um das Leben aus dem Glauben. Vielfältig können diese Ängste, Mühen und Leiden sein.

Diese Frau, die als strahlende Himmelskönigin dargestellt ist, wurde später auch auf Maria, die Mutter Jesu gedeutet.[13] Maria ist mit der Sonne bekleidet, weil sie nichts aus sich heraus hat. Sie erhält ihre ganze Ausstrahlung und Herrlichkeit von der Sonne, die Christus symbolisiert. Durch ihre unbefleckte Empfängnis und ihr sündenloses Leben spiegelt sie mit ihrer ganzen Person das Licht der Sonne wider. Sie hat den Mond als Symbol der Vergänglichkeit unter den Füssen, weil sie bereits jetzt ganz in den Sieg Jesu Christi ihres Sohnes hineingenommen ist. Der Kranz mit den 12 Sternen bedeutet, dass Maria in der Mitte des Gottesvolkes und aller Heiligen steht. Die *Frau, mit der Sonne bekleidet (12,1b)* stellt somit gleichzeitig die Kirche und die Gottesmutter Maria dar.

Ein anderes Zeichen erschien am Himmel und siehe, ein Drache, groß und feuerrot, mit sieben Köpfen und zehn Hörnern und mit sieben Diademen auf seinen Köpfen. Sein Schwanz fegte ein Drittel der Sterne vom Himmel und warf sie auf die Erde herab (12,3-4a).

Der Drache wird in den antiken Mythen als dämonisches Wesen bezeichnet. Dieses dämonische Wesen ist *groß und feuerrot (12,3b),* fürchterlich unheimlich. Dies flösst Angst ein. Die *sieben* Köpfe zeigen, dass seine Fähigkeit zum Zupacken versiebenfacht ist. Die *zehn* Hörner bezeichnen die Fülle der Kraft. Es besitzt ein gewaltiges Angriffspotenzial. Die *sieben* Diademe drücken den universalen Herrschaftsanspruch aus. Der Drache will alles beherrschen. Wer ihm widersteht, soll vernichtet werden.

In seiner Vernichtungswut fegt er gleich einen Drittel der Sterne weg. Da sich die Nomaden und Seefahrer nachts an den Sternen orientieren, könnte

[13] Im Johannes-Evangelium wird Maria nie mit ihrem Namen genannt, sondern immer als *Mutter Jesu* oder als *Frau.* Maria ist Mutter und Frau. Diese apokalyptische Frau wie auch Maria haben beide eine Mutteraufgabe nicht nur für Jesus, sondern auch im Hinblick auf die ganze Kirche. Dies, nachdem Jesus am Kreuz Seine Mutter dem Apostel Johannes und in ihm allen Jüngerinnen und Jüngern und damit der ganzen Kirche geistlicher Weise als Mutter anvertraut hat (vgl. Joh 19,27).

dies darauf hinweisen, dass der Drache einen Teil der göttlichen Orientierung wegnimmt und so Desorientierung und Verwirrung bewirkt. Paulus bezeichnet ihn als *Gott dieser Weltzeit*, der das Denken der Ungläubigen verblendet (vgl. 2 Kor 4,4). So erkennen die Menschen nicht mehr, wer sie eigentlich sind und was der Sinn ihres Lebens ist.

Der Drache stand vor der Frau, die gebären sollte; er wollte ihr Kind verschlingen, sobald es geboren war. Und sie gebar ein Kind, einen Sohn, der alle Völker mit eisernem Zepter weiden wird. Und ihr Kind wurde zu Gott und zu seinem Thron entrückt (12,4b-5).

In seiner ganzen Machtfülle stellt sich der Drache bedrohlich vor die Frau, aus der der Messias hervorgeht. Das erste Ziel ist das Kind der Frau. Im mörderischen Hass wendet sich der Drache zunächst gegen den Sohn, weil er im Sohn eine für sich selbst todbringende Gefahr sieht. Denn dieser Sohn ist nach Psalm 2 der Gesalbte Gottes, der berufen ist, über *alle Völker mit eisernem Zepter* zu herrschen. Zuerst will der Drache *ihr Kind verschlingen, sobald es geboren war (12,4c).* Das kann auf Herodes hinweisen, der das Jesuskind gleich nach der Geburt töten wollte. Doch Gott greift ein und beschützt es durch die ganze Zeit des irdischen Lebens.[14]

Nach dem Kind wird die Frau das Ziel der Vernichtung des Drachen: *Die Frau aber floh in die Wüste, wo Gott ihr einen Zufluchtsort geschaffen hatte; dort wird man sie mit Nahrung versorgen, zwölfhundertsechzig Tage lang (12,6).* Wie das Volk Israel auf seinem Weg durch die Wüste von Gott beschützt und versorgt wurde, so gilt dies nun für die Kirche. *Gott* hat *ihr einen Zufluchtsort geschaffen* und so wird sie nie untergehen. Auch hier ist die Bedrohung (1260 Tage, 3 ½ Zeiten) eine begrenzte Zeit. Sie dauert solange, wie Gott es zulässt und wird ein sicheres Ende haben.

Der Kampf im Himmel

Da entbrannte im Himmel ein Kampf; Michael und seine Engel erhoben sich, um mit dem Drachen zu kämpfen. Der Drache und seine Engel kämpften, aber sie hielten nicht stand und sie verloren ihren Platz im Himmel. Er wurde gestürzt, der große Drache, die alte Schlange, die Teufel oder Satan heißt und die ganze Welt verführt; der Drache wurde auf die Erde gestürzt und mit ihm wurden seine Engel hinabgeworfen (12,7-9).

Michael ist im Judentum der Schutzpatron des Volkes Gottes. Das bezeugt Daniel: *In jener Zeit tritt Michael auf, der große Fürst, der für die Söhne deines Volkes eintritt (Dan 12,1).* Der Name Michael bedeutet „Wer ist wie Gott?" D.h. Gott ist einzig, und niemand kann sich über Ihn erheben und gegen Ihn

---

[14] Von Jesus Christus ist hier nur die Geburt und die Himmelfahrt erwähnt. Vielleicht deswegen, weil hier vor allem bezeugt werden will, dass der Drache das Leben Jesu Christi nicht vernichten kann und die Himmelfahrt die Thronbesteigung Jesu, das heisst Seine Einsetzung in Macht und Herrlichkeit, und Er nun regiert!

bestehen. Dafür kämpft im Himmel Michael erfolgreich mit seinen Engeln. Der Drache mit seinen Engeln (Dämonen) kann seinen Platz nicht mehr halten. Er wird mit den Engeln auf die Erde hinabgeworfen.

Ins Leben gebracht – Mythos oder Realität?

„Dieser Generation und vielen anderen wurde eingeredet, der Teufel sei ein Mythos, die Idee des Bösen. Aber der Teufel existiert und wir müssen gegen ihn kämpfen!“ (Papst Franziskus). Rechne ich mit einem personalen geistigen Wesen, (Teufel) das mich von Gott abbringen und mein Leben zerstören will?

Der Sturz Satans

Auch Jesus erwähnt diesen Sturz Satans. *Ich sah den Satan wie einen Blitz aus dem Himmel fallen (Lk 10,18).* Dreimal heisst es hier *gestürzt, gestürzt* und *hinabgeworfen.* Beim Sturz werden einige Namen für den Widersacher Gottes genannt. Ein Name ist in der Bibel nicht Schall und Rauch, sondern beschreibt das Wesen. Der Name drückt das innere Sein aus.

Der grosse Drache, wie er meist in der Offenbarung genannt wird, bezeichnet seine bedrohliche Macht und die Absicht, die Menschen zu verderben.

Die alte Schlange erinnert an Gen 3 von der Verführung von Eva und Adam. Die Schlange versinnbildlicht Doppelzüngigkeit, Unberechenbarkeit, List und Verführungskunst. Sie will uns einreden, dass es nicht schade, Gott ungehorsam zu sein und Gott ein Spielverderber sei, der uns Gutes vorenthalte. Sie sagt: Wenn ihr ungehorsam seid und vom verbotenen Baum die Frucht esst, dann *werdet ihr sein wie Gott (Gen 3,5).* Wie Gott sein und selber bestimmen wollen, was gut und böse ist, ist auch heute die Grundversuchung des Menschen.

Teufel griechisch *Diabolos* bedeutet Durcheinanderwerfer und Verwirrer. Gemeint ist eine geistige Macht, die alles durcheinanderwirft und verwirrt, sodass wir uns oft nicht mehr verstehen und in Familie, Gesellschaft und Kirche keine Klarheit mehr besteht.

Das hebräische Wort für Teufel *Satan* bedeutet: Gegner, Ankläger und Beschuldiger. Seine Beschäftigung besteht im Anklagen, Verdächtigen und Zerstören. Er klagt uns wegen unserer vergangenen Fehler, Versäumnisse und Sünden an und will uns dadurch entmutigen.

... und die ganze Welt verführt (12,9d). Verführen bezeichnet seine Haupttätigkeit (vgl. Offb 20,3.8.10), die er auch durch seine Helfer verwirklicht. Es geht ihm darum, den Menschen das Gespür und die Wahrnehmung für die Realität zu nehmen. Sie zu blenden, zu täuschen, ihnen falsche Werte vorzugaukeln. Die Liebe Gottes, die sich gerade auch

in Seinen Geboten zeigt, zu vernebeln, damit sie sich selbst, den Sinn des Lebens und Gott falsch sehen. Solche Vernebelung und Verblendung führen unweigerlich von Gott weg in Chaos und Elend.

Ins Leben gebracht – … *die ganze Welt verführt*

Verführen, d.h. Misstrauen gegen Gott säen, verwirren, die göttliche Orientierung wegnehmen, das Denken verblenden, lügen, ... sind die Hauptwaffen des Feindes. Als *Gott dieser Weltzeit* verblendet er das Denken der Menschen und nimmt ihnen den Blick auf den Himmel. Folglich wissen die Menschen nicht mehr, was sie eigentlich sind und wozu sie leben. Diese Verwirrung prägt das Denken der Gesellschaft, den Mainstream. Deshalb mahnt Paulus: *Gleicht euch nicht dieser Welt an, sondern lasst euch verwandeln durch die Erneuerung des Denkens, damit ihr prüfen und erkennen könnt, was der Wille Gottes ist: das Gute, Wohlgefällige und Vollkommene! (Röm 12,2)*

Was für ein Geschenk ist da der Geist der Wahrheit: *Wenn aber jener kommt, der Geist der Wahrheit, wird er euch in der ganzen Wahrheit leiten (Joh 16,13).* Doch vorerst sind Widerstände gegen die Wahrheit da! *Noch vieles habe ich euch zu sagen, aber ihr könnt es jetzt nicht tragen (Joh 16,12).* Wo nehme ich Widerstände wahr? Wie gehe ich damit um?

Was für ein Geschenk ist da das Lehramt der Kirche! Was für ein Geschenk sind Menschen, welche die Wahrheit lehren! Schätze ich die Menschen, welche die Wahrheit Gottes lehren und erklären?

Jubel im Himmel

Der Sturz Satans löst im Himmel einen kosmischen Jubel aus: *Da hörte ich eine laute Stimme im Himmel rufen: Jetzt ist er da, der rettende Sieg, die Macht und die Königsherrschaft unseres Gottes und die Vollmacht seines Gesalbten; denn gestürzt wurde der Ankläger unserer Brüder, der sie bei Tag und bei Nacht vor unserem Gott verklagte (12,10).*

Jetzt ist er da, der rettende Sieg (12,10b). Das ist der Wendepunkt der Menschheitsgeschichte! Im Opfertod des Lammes und Seiner Auferstehung geschah der Sieg über die alte Schlange. Dieser Sieg zeigt sich in der *Königsherrschaft* Gottes. Diesen Sieg feiert der Himmel.

Ankläger unserer Brüder (12,10c) erinnert an das Buch Jiob, wo der Teufel noch als Gesprächspartner Gottes geduldet wird. Nun ist das jedoch endgültig vorbei. Der Himmel wird von der Macht befreit, die die Menschen ständig schlecht macht und einen Keil zwischen Gott und die Menschen treiben wollte. Das heisst: Das Ja Gottes zum Menschen steht fest und sicher. Keine Macht beeinträchtigt die hundertprozentige Liebe Gottes zu den Menschen. Es gibt im Himmel keinen Miesmacher und Ankläger des Menschen mehr.

Mit dem Schlechtmachen, Vermiesen und Wertlosmachen des Menschseins und des menschlichen Lebens ist es nun endgültig vorbei. Das zeigt weiter: Wo heute menschliches Leben als wertlos dargestellt wird, wo die Menschenwürde und Menschenrechte nicht ernst genommen und übergangen werden, da ist der Einfluss des Drachen präsent.

Die *laute Stimme im Himmel* sagt weiter: *Sie haben ihn besiegt durch das Blut des Lammes und durch ihr Wort und ihr Zeugnis. Sie hielten ihr Leben nicht fest, bis hinein in den Tod (12,11). Durch das Blut des Lammes,* kraft der Gnade Christi, haben die Menschen die Fähigkeit erhalten, Herr zu werden über den Bösen. So wird der Sieg Christi zum Sieg aller. Den Beweis für diesen Sieg bringen die Christen mit ihrer Treue bis zum Tod. In ihrem Martyrium offenbaren sie die Macht Gottes. Dieser Sieg ist als bleibende Realität für alle möglich.

Das erfüllt den Himmel mit einem grenzenlosen Jubel: *Darum jubelt, ihr Himmel und alle, die darin wohnen. Weh aber euch, Land und Meer! Denn der Teufel ist zu euch hinabgekommen; seine Wut ist groß, weil er weiß, dass ihm nur noch eine kurze Frist bleibt (12,12).* Der Jubel im Himmel zeigt, dass jetzt endgültig die Heilszeit angebrochen ist. Satan hat keine Möglichkeit mehr, die Heilsherrschaft Gottes und Seines Gesalbten Jesus Christus zu verhindern.

Doch die 7 Gemeinden und die Kirche leben noch nicht dort. Erst die Märtyrer, die in Treue dem Lamm folgten und ihr Leben hingaben. So steht diesem Jubel im Himmel das *Weh* in der Welt gegenüber. Der Satan weiss, dass es für ihn keine Zukunft, kein Ziel mehr gibt. Er ist grundsätzlich entmachtet und besiegt, aber noch bleibt ihm als Wirkungskreis die Erde. So richtet er seine verzweifelte *Wut* gegen die ihm verhassten Geschöpfe Gottes, die ganze Menschheit. Deshalb ist in der Welt oft im wahrsten Sinn des Wortes "der Teufel los", weil er weiss, dass ihm nur noch eine kurze Zeit bleibt.

Der Kampf auf der Erde

Als der Drache erkannte, dass er auf die Erde gestürzt war, verfolgte er die Frau, die den Sohn geboren hatte. Aber der Frau wurden die beiden Flügel des großen Adlers gegeben, damit sie in die Wüste an ihren Ort fliegen konnte. Dort wird sie eine Zeit und zwei Zeiten und eine halbe Zeit lang ernährt, fern vom Angesicht der Schlange (12,13-14).

Nun kämpft der Drache auf der Erde gegen die Frau, gegen das Volk Gottes, gegen die Kirche. Er sucht sie zu vernichten. Doch Gott gibt ihr Flügel, schützt und ernährt sie in der *Wüste.* Die Kirche lebt in der Weltzeit in der Bedrängnis und in der Wüste. Das ist und bleibt die Situation des Volkes Gottes in der Welt! Es ist gut, das zu wissen.

Doch mitten in der Bedrängnis, mitten in den Strapazen und Härten und dem Ausgeliefertsein in der Wüste wird sie von Gott beschützt und ernährt.

Er gibt ihnen *beide Flügel des großen Adlers (12,14a),* um sie gegen die Anfechtungen des Widersachers durchzutragen, ein wunderbares Bild!

Die Schlange gibt aber noch nicht auf und startet noch einen Angriff: *Die Schlange spie einen Strom von Wasser aus ihrem Rachen hinter der Frau her, damit sie von den Fluten fortgerissen werde. Aber die Erde kam der Frau zu Hilfe; sie öffnete ihren Mund und verschlang den Strom, den der Drache aus seinem Rachen gespien hatte. (12,15-16).* Durch einen reissenden Strom aus ihrem Mund will Satan bewirken, dass die Kirche den Stand verliert, mitgerissen und davongeschwemmt wird. Aber der Strom erreicht die Frau, die Kirche nicht. So scheitert auch ihr letzter Versuch, die Kirche zu vernichten.

Die Frau, das Volk Gottes, die Kirche kann nicht als Ganzes den Stand, den Boden unter den Füssen verlieren, fallen und untergehen, wie dies Jesus Petrus verheisst: *Du bist Petrus und auf diesen Felsen werde ich meine Kirche bauen und die Pforten der Unterwelt werden sie nicht überwältigen (Mt 16,18).* Gott wird die Kirche in ihrer Gesamtheit in der Wahrheit bewahren.

Die Kirche ist nun durch Gottes wunderbare Hilfe in Sicherheit. Das heisst aber nicht, dass sie in der Welt auch unbehelligt bleibt: *Da geriet der Drache in Zorn über die Frau und er ging fort, um Krieg zu führen mit ihren übrigen Nachkommen, die die Gebote Gottes bewahren und an dem Zeugnis für Jesus festhalten (12,17).*

Unsere Situation

Der Satan kann das Volk Gottes nicht überwältigen, aber er versucht unablässig, es zu verfolgen und zu schädigen. Die *Nachkommen* der Frau erkennt man in der Welt an ihrem Glauben, weil sie *die Gebote Gottes bewahren und an dem Zeugnis für Jesus festhalten (12,17).* Das ist unsere jetzige Situation! Wir stehen im Kampf. Der Drache ist voll *Zorn über die Frau,* über die Kirche, über Maria. Auch heute! Er fährt *fort, um Krieg zu führen.* Da will uns die Schau des Johannes Mut machen! Worin? Schauen wir systematisch die Angriffe des Bösen an:

1. Drache gegen den Sohn – und das Resultat? Er ist gescheitert!

2. Drache gegen Michael und seine Engel – und das Resultat? Er ist gescheitert!

3. Drache gegen die Frau – und das Resultat? Er ist gescheitert!

4. Drache mit Wasserstrom gegen die Frau – und das Resultat? Er ist gescheitert!

Diese vier Angriffe betreffen die Vergangenheit. Viermal scheiterte der Drache. Die Macht Gottes hat sich als stärker erwiesen. Damit will Johannes den bedrängten Christen Mut machen im fünften Angriff, wo wir heute drinstehen und der sich in der Gegenwart abspielt: Der Kampf des Drachen gegen die Nachkommen der Frau. Diese Nachkommen sind die Gläubigen der 7 Gemeinden, der Kirche heute und zu allen Zeiten.

Die Erfahrung, dass der Drache viermal gescheitert ist, will in den jetzigen Bedrängnissen das Vertrauen stärken, dass sie heute in der Kraft des Lammes siegen können, wie dies von den ersten Zeugen gilt, die bereits im Himmel sind: *Sie haben ihn besiegt durch das Blut des Lammes und durch ihr Wort und ihr Zeugnis. Sie hielten ihr Leben nicht fest, bis hinein in den Tod (12,11).*

Ins Leben gebracht – Die Situation der Kirche

Ich kann nun verinnerlichen, was diese Aussagen über die Kirche für mich bedeuten: Wenn das Volk Gottes, die Kirche einen schlechten Ruf hat, verspottet wird und viele ihr keine Zukunft mehr geben, so ist dies nur die weltliche Sicht. Denn dieses schwache, ja manchmal unansehnliche und mickrige Volk Gottes ist mit der Sonne, dem Strahlendsten, was die Erde kennt, bekleidet. Sie leuchtet und strahlt unsichtbar in diese Welt hinein.

Und nicht die Kirche, sondern die Völker und Nationen kommen und vergehen. Die Kirche bleibt im Wandel aller Zeiten bestehen, weil Gott sie hält und trägt. Folglich ist es ein Geschenk, zu ihr gehören zu dürfen.

Die Kirche, das Volk Gottes lebt in der Weltzeit in der Wüste, d.h. sie ist vielfältigen Schwierigkeiten und Bedrängnissen ausgesetzt. Doch Gott schützt Sein Volk. Er nährt es und führt es sicher durch die Zeiten.

Die Schau des mächtigen und gefährlichen Drachen zeigt, dass eine aggressive und starke Macht gegen das Heil der Menschen kämpft und ihr Verderben bewirken will. So ist das Leben mit Gott kein Spaziergang auf dem alle automatisch ans Ziel kommen, im Gegenteil: Die Treue zu Gott ist gefährdet und stark umkämpft. So braucht es in diesem Kampf von mir Mut, Einsatz, Mühe, Festigkeit und Entschiedenheit, um in der Treue zu dem so schwach aussehenden Lamm festzubleiben.
Was heisst das für mich? Ich kann den Heiligen Geist um Seine Hilfe im Standhalten in allen Bedrängnissen bitten und Jesu Zusage annehmen: *Siehe, ich bin mit euch alle Tage bis zum Ende der Welt (Mt 28,20).*

Werkzeuge des Drachen (12,18-13,18)

Nachdem Satan schon vier Niederlagen einstecken musste, hat er es jetzt auf die einzelnen Menschen abgesehen. In besonderer Weise kämpft er gegen die Christen. Wie greift er ein? Wie kann er seinen Einfluss und seine Macht zur Geltung bringen?

Der Drache tritt nicht in eigener Person auf. Er bedient sich der Geschöpfe Gottes, der Menschen. Der Drache ist ein reines Geistwesen und darum unsichtbar. In der sichtbar irdischen Welt braucht er für sein Wirken Geschöpfe mit freiem Willen. Die Menschen sind seine Helfer und Helfershelfer, durch die er wirkt. Sie sind seine Werkzeuge, durch die er Druck und Verlockung ausübt.

Und der Drache trat an den Strand des Meeres. Und ich sah: Ein Tier stieg aus dem Meer, mit zehn Hörnern und sieben Köpfen. Auf seinen Hörnern trug es zehn Diademe und auf seinen Köpfen Namen, die eine Gotteslästerung waren. Das Tier, das ich sah, glich einem Panther; seine Füße waren wie die Tatzen eines Bären und sein Maul wie das Maul eines Löwen (12,18;13,1-2a). Vor dem Drachen, der am Meer, das heisst vor der Völkerwelt steht, steigt ein Tier auf. Wer ist dieses Tier?

Diese Verse lehnen an das Buch Daniel an (vgl. Dan 7,3-8). Dort steigen nacheinander vier grosse Tiere aus dem Meer: Sie gleichen einem Löwen, einem Bären, einem Panther, und das vierte Monstrum hat zehn Hörner und ist besonders schrecklich. Diese vier Tiere werden auf vier Königreiche gedeutet. Wegen ihrer Brutalität und Macht werden diese Reiche in wilden Tieren dargestellt.

Hier sieht Johannes nur ein Tier. In diesem Tier sind jedoch alle vier zusammengefasst, d.h. die Ausdehnung, die Macht und Brutalität der vorausgehenden Reiche sind in diesem Reich übertroffen. Mit diesem Tier ist das Römerreich gemeint.

Die *sieben Köpfe* werden in Offenbarung 17,9 auf die sieben Berge – das ist Rom, welches auf sieben Hügeln erbaut wurde – und sieben Könige (Kaiser) gedeutet. Diademe sind Zeichen der Macht. Die gotteslästerlichen Namen sind Titel, die im Kaiserkult den jeweiligen Herrschern gegeben wurden wie: "Göttlicher", "Sohn des Göttlichen", "Herr und Gott", ... Damit wird sterblichen Menschen Göttlichkeit zugesprochen.

Und der Drache übergab ihm seine Gewalt, seinen Thron und seine große Macht (13,2b). Wie das Lamm durch Gott in Seine Herrschaft eingesetzt wurde, so überträgt hier der Drache dem Tier *seine Gewalt, seinen Thron und seine große Macht.* Das römische Imperium wird dadurch mit hoher Intelligenz, mit brutalter Gewalt und grosser Herrschermacht ausgestattet. Damit wird die Macht Roms als satanisch charakterisiert, welche die Menschen von Gott trennen will.

Nachäffung

Damit ist ein wesentliches Kennzeichen des Dämonischen angesprochen: Es ist nicht kreativ, sondern ahmt, äfft Gott nach. Wie das Lamm in Offenbarung 5,6-7 durch Gott in Seine Herrschaft eingesetzt wurde, so wird hier das Tier durch den Drachen eingesetzt.

Einer seiner Köpfe sah aus wie tödlich verwundet; aber die tödliche Wunde wurde geheilt. Und die ganze Erde sah dem Tier staunend nach. Die Menschen warfen sich vor dem Drachen nieder, weil er seine Macht dem Tier gegeben hatte; und sie beteten das Tier an und sagten: Wer ist dem Tier gleich und wer kann den Kampf mit ihm aufnehmen? (13,3-4) Wie das Lamm geschlachtet wurde und auferstanden ist, so war auch das Tier an einem Kopf tödlich verwundet und lebt dennoch, was das Staunen der Menschen über das Tier erhöhte.[15]

Wie das Lamm in Offenbarung 5,8-14 angebetet und gefeiert wird, so beten die Menschen das Tier an. Heute geschieht diese Nachäffung und die Anbetung Satans in verschiedenen Satanskulten und schwarzen Messen. Das Ziel ist die Macht und Kraft Satans soll sich in der Welt ausdehnen.

Die Macht des römischen Reiches ist so gross und macht einen so gewaltigen Eindruck, dass dies zur gotteslästerlichen Frage führt: *Wer ist dem Tier gleich und wer kann den Kampf mit ihm aufnehmen? (13,4)* Was für eine Anmassung dieser Frage: Der aus dem Himmel Gestürzte und bereits Besiegte erscheint *in* seinen Helfern als der Unbesiegbare. Da sollen die Gläubigen klar erkennen: das ist "Bluff"! Denn die Machtfrage ist bereits für alle Zeit entschieden! Was sich als unbesiegbar gibt, sind die letzten Kämpfe eines bereits Besiegten.

Wer ist dieses Tier?

Die historische Deutung sieht im wiederkommenden Nero mit seinen Machtstrukturen als Tier Kaiser Domitian, der 81-96 brutal regierte. Doch nicht alle Züge des Tieres scheinen in ihm voll auf. Das Tier hat typischen Charakter für alle zukünftigen, diktatorischen Herrscher und Machtstrukturen. Man kann sagen: Der Drache tritt in immer neuen Personen und Diktaturen der Geschichte auf. Und diese Mächte sind gross, bedrohlich und machen einen gewaltigen Eindruck.

---

[15] Dahinter steht die Legende vom wiederkehrenden Nero. Im Jahre 68 n. Chr. begeht Kaiser Nero auf rätselhafte Weise mit 32 Jahren Selbstmord. Nach der Legende ist er aber nicht wirklich tot, sondern flieht zu den Parthern. Von dort her erwartete man seine Rückkehr, um Rache zu nehmen. Der Kopf der geheilten Wunde ist somit der wiederkehrende Nero, der im jetzigen brutalen Herrscher Domitian wiedergeboren sein soll. Darin wird der Tod und die Auferstehung Jesu nachgeäfft.

Nachdem zunächst die satanische Macht und die gotteslästerliche Art des Tieres beschrieben wurde, wird nun sein tatsächliches Handeln gezeigt. Gegen Gott selber kann das Tier nicht mit Taten, sondern nur mit dem Maul kämpfen: *Und es wurde ermächtigt, mit seinem Maul anmaßende Worte und Lästerungen auszusprechen; es wurde ihm Macht gegeben, dies zweiundvierzig Monate zu tun. Das Tier öffnete sein Maul, um Gott und seinen Namen zu lästern, seine Wohnung und alle, die im Himmel wohnen (13,5-6).*

Das Erste, was das Tier tut ist: Es spricht a*nmaßende Worte und Lästerungen* aus. Es lästert *Gott, … seinen Namen … seine Wohnung und alle, die im Himmel wohnen.* Wie sieht das bei uns aus? In der Antike war es undenkbar an keine höhere Macht, an keine Götter oder einen Gott zu glauben. Heute zeigt sich dies in der bei uns immer grösser werdenden Ablehnung Gottes. Der Mensch will autonom sein. Er bekämpft Gott nicht direkt, sondern lehnt sich gegen Seine Schöpfungsordnung und Gebote auf. Er fragt nicht nach Ihm. Da zeigt sich: Das Gegenteil von Liebe ist nicht Hass, denn im Hass beschäftige ich mich noch mit einer Person, sondern Gedankenlosigkeit und Gleichgültigkeit, die Gott und den Himmel als Illusion benennt.

Kampf gegen die Heiligen

Das Tier lästert nicht nur, sondern bekämpft die Gläubigen. Wie? Wie damals die Situation um 95 n.Chr. in Kleinasien aussah, zeigt ein Brief des Statthalters in der Kleinasiatischen Provinz Bithynien von Plinius dem Jüngeren (61-113 n.Chr.) an Kaiser Trajan (95-117 n.Chr.). Er stellt dem Kaiser Fragen, wie er sich den Christen gegenüber verhalten solle. Er nennt drei Gruppen: 1. Diejenigen, die standhaft blieben, 2. Diejenigen, die behaupten nie Christen gewesen zu sein, und 3. Diejenigen, die behaupten Christen gewesen zu sein.

„Vorläufig habe ich bei denen, die mir als Christen angezeigt wurden, folgendes Verfahren beobachtet. Ich fragte sie, ob sie Christen seien. Gestanden sie dies, so legte ich ihnen eine Frage unter Androhung der Todesstrafe ein zweites und drittes Mal vor. Blieben sie verstockt, liess ich sie hinrichten.

Denn für mich bestand kein Zweifel: Was es auch sein mochte, was sie zu gestehen hatten, ihr Starrsinn und unbeugsamer Trotz verdiente unbedingt Strafe. Einige andere, die vom gleichen Irrwahn ergriffen waren, liess ich zur Verschickung nach Rom vormerken, da sie römische Bürger waren. Schon dieses gerichtliche Einschreiten hatte, wie gewöhnlich, bald eine weitere Ausbreitung der Beschuldigungen zur Folge, und so gelangten noch mehr Fälle zur Anzeige.

Es lief eine anonyme Anklageschrift ein, die eine Menge Namen enthielt. Einige der Beschuldigten bestritten, Christen zu sein oder je gewesen zu sein. Ich sprach ihnen darauf die Schwurformel vor: Wenn sie danach die Götter anriefen, zu deinem Standbild (das ich für diesen Zweck nebst den

Götterbildern eigens hatte bringen lassen) unter Wein- und Weihrauchopfern beteten und ausserdem Christus lästerten, so waren sie meines Erachtens freizulassen; denn zu all dem lassen sich wahre Christen, wie es heisst, nicht zwingen.

Andere, die auf der Liste dieses Angebers standen, bekannten sich wohl als Christen, nahmen aber ihr Geständnis gleich wieder zurück, sie seien es einmal gewesen, dann aber abgefallen, und zwar manche vor drei Jahren, manche vor noch längerer Zeit, einige sogar schon vor zwanzig Jahren. Auch sie haben ausnahmslos deinem Bilde und den Götterstatuen ihre Verehrung bezeigt und Christus gelästert. Ihre Aussage aber lautete:

'Unser ganzes Vergehen oder Versehen lag darin, dass wir uns regelmässig an einem bestimmten Tag vor Sonnenaufgang zusammenfanden; dabei sangen wir im Wechselvortrag ein Loblied auf Christus als unseren Gott und verpflichteten uns durch einen feierlichen Eid nicht etwa zu verbrecherischem Tun, sondern zur Unterlassung von Diebstahl, Raub, Ehebruch, Treulosigkeit und Unterschlagung anvertrauten Gutes. Hierauf trennten wir uns immer und trafen uns erst wieder zur Einnahme eines Mahles, das jedoch gewöhnlicher und harmloser Art war.'

Doch auch dies hätten sie nach Erscheinen meiner Verordnung unterlassen, in der ich deinem Befehl zufolge alle Vereine verboten hatte. Daher erachtete ich es für eine dringende Notwendigkeit, aus zwei Mägden, die man dort "Dienerinnen" (Diakonissen) nannte, die Wahrheit auch noch durch die Folter herauszubringen. Doch ich konnte nichts finden als einen verschrobenen, grenzenlosen Aberglauben.

Darum habe ich die Untersuchung vertagt, um erst deinen Rat einzuholen. Mir schien eine Anfrage gerechtfertigt, besonders wegen der grossen Zahl von Angeklagten. Sind es doch zahlreiche Personen jeden Alters und Standes, ja sogar beiderlei Geschlechts, die gegenwärtig und späterhin auf die Anklagebank kommen. Und nicht allein Städte, nein, auch Dörfer und das flache Land hat die Seuche dieses bösen Aberglaubens befallen; indes scheint ihre Eindämmung und Austilgung möglich. Jedenfalls zieht jetzt, wie sich deutlich feststellen lässt, in die fast schon verödeten Tempel ein neues Leben ein, die üblichen, aber lange unterlassenen Opfer kommen wieder in Brauch, und das Fleisch der Opfertiere, wofür sich bisher nur ganz selten ein Käufer meldete, findet allenthalben Absatz. Daraus darf man schliessen, dass eine grosse Anzahl besserungsfähig wäre, wenn man ihrer Reue stattgäbe." (EP, 96 aus: Plinius d.J.: Briefe. Ausgewählt, übersetzt und mit einem Nachwort versehen von Mauriz Schuster, [Reclam Universal-Bibliothek 7787], Stuttgart 1987)

Dieser Text zeigt, wie schwierig die Situation für die Christen war. Nicht wenige sind durch den Druck abgefallen oder in der Gefahr dazu. Von dieser Verfolgung der Heiligen, die an Christus festhalten und im Lebensbuch des Lammes aufgeschrieben sind, handelt nun unser Text: *Und es wurde ihm* (dem Tier) *erlaubt, mit den Heiligen zu kämpfen und sie zu besiegen. Es wurde ihm auch Macht gegeben über alle Stämme, Völker, Sprachen und Nationen. Alle Bewohner der Erde fallen nieder vor ihm: alle, deren Name nicht seit der Erschaffung der Welt geschrieben steht im Lebensbuch des Lammes, das geschlachtet wurde. Wer Ohren hat, der höre! Wer zur Gefangenschaft bestimmt ist, geht in die Gefangenschaft. Wer mit dem Schwert getötet werden soll, wird mit dem Schwert getötet. Hier muss sich die Standhaftigkeit und die Glaubenstreue der Heiligen bewähren (13,7-10).* Was wird hier gesagt:

1. Die dämonische Macht des Tieres ist gewaltig. Dem Tier wurde *Macht gegeben über alle Stämme, Völker, Sprachen und Nationen (13,7b).* Die Folge dieser weltumspannenden (globalen) Machtstruktur zeigt sich darin, dass *alle Bewohner der Erde (13,8a)* sich vor dieser Macht beugen und niederfallen. Das heisst: Sie fügen sich bereitwillig der Forderung des Tieres, weil für sie das Irdische das Erste und Wichtigste ist.

2. Die Heiligen jedoch, deren Namen *im Lebensbuch des Lammes (13,8c)* eingetragen sind, unterwerfen sich nicht der Anerkennung dieses Tieres, weil sie in der Gewissheit leben, dass der Herr wiederkommt.

3. In diesem Kampf trägt das Tier (scheinbar) den Sieg über die Heiligen. Denn auf der Ebene der irdischen Macht werden die Getreuen Gottes besiegt und getötet. Sie müssen ihren Weg zu Ende gehen. Dies zeigt auch der abschliessenden Satz: *Hier muss sich die Standhaftigkeit und die Glaubenstreue der Heiligen bewähren (13,10c).*

Das Verlieren der Standhaftigkeit und Glaubenstreue wollen die gottfeindlichen Mächte dadurch erreichen, dass sie die Christen ihre brutale Gewalt spüren lassen und den Eindruck verbreiten, dass das Böse uneingeschränkt und ungestraft wirken kann. Denn die Übermacht des römischen Reiches und das äusserlich nicht sichtbare Eingreifen Gottes führt zur Frage: „Wo ist da Gott? Warum greift Er nicht ein und lässt die irdischen Mächte so ungehindert schalten und walten? Warum bewahrt Er Seine Getreuen nicht vor dem Tod? Wo bleiben denn Sein Schutz und Seine Hilfe?“ Solche schmerzlichen Fragen können zu Zweifeln führen, die innerlich am Glauben und an der Treue nagen. Das ist eine grosse Gefahr, auch heute!

Warum greift Gott nicht endlich ein? Bereits der Psalmbeter kennt diese Not: *Das ist mein Schmerz, dass die Rechte des Höchsten so anders handelt (Ps 77,11).* In diesen Fragen, Leiden und Zweifeln gilt es zu bestehen, zu bestehen, ohne an Gott irre zu werden.

Eine erste Antwort darauf besteht in der viermaligen Aussage: *Es wurde ermächtigt … es wurde ihm erlaubt … es wurde ihm Macht gegeben* (vgl. Offb 13,7). Vom wem? Von Gott! Da, wo die Macht des Tieres so offensichtlich ist, wird unerbittlich die Oberherrschaft Gottes eingehämmert. So sehr das Tier auch gegen den Willen Gottes handelt, so sind ihm doch Grenzen gesetzt.

Es bleibt umgriffen von der Verfügungsmacht Gottes. Dies 42 Monate lang. Dies ist die Grenze der Zeit, die Gott festgesetzt hat.

Der Weckruf: *Wer Ohren hat, der höre! (13,9)* weist die Christen darauf hin, dass sie ihren Weg in Gefangenschaft und in den Tod nicht als Schwäche Gottes, sondern als geheimnisvollen Ratschluss Gottes sehen sollen. So ist die äusserliche Niederlage in Verfolgung und Martyrium nur scheinbar eine Niederlage. In Tat und Wahrheit offenbart sich im Martyrium die Kraft und der Sieg Gottes. Doch dazu braucht es den rechten Blick. Gottes Siegeskraft zeigt sich nicht immer in der Rettung vor Verfolgung, Martyrium und Tod. Seine Siegeskraft zeigt sich noch mehr in der Kraft und Treue, dies durchstehen zu können.

4. *Sie haben ihn besiegt durch das Blut des Lammes und durch ihr Wort und ihr Zeugnis. Sie hielten ihr Leben nicht fest, bis hinein in den Tod (12,11).* Da zeigt sich der Sieg Gottes in den Gläubigen! Es ist der Sieg, der sich in der Haltung des russischen Bischofs zeigt, der zum Erschiessungskommando sagt: „Lebt wohl ihr Toten, ich gehe ins Leben." Diese innere Sicht will Johannes stärken, damit die Christen unbeirrt am Glauben festhalten und befähigt werden, Leiden und Martyrium durchzustehen.

Ins Leben gebracht – Der Sieg Gottes im Leiden

Wenn ich diese Situation der Märtyrer betrachte kommt mir (Leo Tanner) die Frage: Wie leidensfähig und leidenswillig bin ich? In meinem Studium stellte ich mir oft die Frage: Bist du bereit, als Märtyrer für den Glauben zu sterben und bist du fähig, die körperlichen Leiden durchzustehen. Einerseits spürte ich: Ich möchte bereit sein, ja ich bin bereit mein Leben zu geben, aber ich habe Angst vor den Schmerzen. Kann ich die Schmerzen ertragen und durchhalten?

Diese Unsicherheit beschäftigte mich, denn ich weiss von meiner grossen Wehleidigkeit. Im Blick auf mich selbst muss ich sagen: Nein, das kann ich nicht, nie! Dann aber hat mir der Gedanke geholfen: Das Martyrium, die Leidensfähigkeit ist eine Gnadengabe. D.h. wenn Gott mich in diese Situation geraten lässt, dann gibt Er mir Seine Stärke, Seine Treue und Seinen Trost. Es werden Kräfte sein, von denen ich jetzt noch gar keine Ahnung habe.

Paulus, der viel Leiden durchlitten hat schreibt aus Erfahrung: *Alles vermag ich durch den, der mich stärkt (Phil 4,13).* Dietrich Bonhoeffer, der im KZ gestorben ist: „Ich glaube, dass Gott uns in jeder Notlage so viel Widerstandskraft geben will, wie wir brauchen, aber er gibt sie nicht im Voraus, damit wir uns nicht auf uns selbst, sondern allein auf ihn verlassen. In solchem Glauben müsste alle Angst vor der Zukunft überwunden sein."

Allerdings weiss ich auch, damit die Gabe der Leidensfähigkeit wachsen kann, braucht es mein Ja und die Bereitschaft, mich dem jetzigen Leiden ganz zu stellen und daran zu wachsen. Dieses Leiden kann vielfältige Formen haben wie körperliche, geistliche, psychische Leiden und apostolische Leiden, die Folge der Nachfolge Jesu sind.

Diese enthalten die Einladung, an der Passion Jesu teilzuhaben. Paulus schreibt: *Jetzt freue ich mich in den Leiden, die ich für euch ertrage* (Kol 1,24). Und Petrus: *...freut euch, dass ihr Anteil an den Leiden Christi habt; denn so könnt ihr auch bei der Offenbarung seiner Herrlichkeit voll Freude jubeln. Wenn ihr wegen des Namens Christi beschimpft werdet, seid ihr seligzupreisen; denn der Geist der Herrlichkeit, der Geist Gottes, ruht auf euch (1 Petr 4,13-14).*

Jesus kann im Leiden eine tief innerliche Freude schenken, die menschlich gesehen völlig unvorstellbar ist. So heisst es von den Aposteln, die ausgepeitscht wurden: *Sie aber gingen weg vom Hohen Rat und freuten sich, dass sie gewürdigt worden waren, für seinen Namen Schmach zu erleiden (Apg 5,41).* Sie freuten sich!

Ich denke an Ignatius von Antiochien. Um 110 wurde er unter Kaiser Trajan wegen seines Glaubens verhaftet und nach Rom gebracht. Auf der mühsamen Reise schrieb er sieben Briefe, die seine glühende Christusliebe und seine Sorge um die Einheit der Gemeinden unter ihrem Bischof bezeugen. An die Gemeinde von Rom schickte er einen Brief voraus, in dem er flehentlich darum bat, man möge nichts für seine Freilassung unternehmen:

„Lasst es geschehen, dass ich den wilden Tieren zum Frass diene; durch sie wird es mir vergönnt sein, zu Gott zu gelangen. Ich bin ein Weizenkorn Gottes; ich muss von den Zähnen der wilden Tiere zermahlen werden, um ein reines Brot Christi zu werden ... Feuer, Kreuz, ein Haufen wilder Tiere mögen über mich kommen, nur damit ich zum Herrn Jesus Christus gelange... Gönnt es mir, die Leiden meines Gottes nachzuahmen!" Unglaublich – was die Gnade kann!

Ich darf die Gewissheit haben, dass Jesus mir in den Leiden, die Er mir zumutet, Seine Kraft schenkt, um darin bestehen zu können. Ich kann Ihn darum bitten, mir (und uns) die Gnade der Leidensbereitschaft in dem Mass, wie Er sie für mich (uns) vorgehsehen hat, zu schenken. Ich kann um Treue beten, damit die Gnade Gottes stärker werde in all meiner (unserer) Ängstlichkeit und menschlichen Schwachheit. Ich kann Ihm auch dafür danken, dass Er dies tun wird!

Verführung durch Wunderzeichen

Und nun wieder zurück zum Text. Wir lesen weiter: *Und ich sah: Ein anderes Tier stieg aus der Erde herauf. Es hatte zwei Hörner wie ein Lamm und redete wie ein Drache. Die ganze Macht des ersten Tieres übte es vor dessen Augen aus. Es brachte die*

Erde und ihre Bewohner dazu, das erste Tier anzubeten, dessen tödliche Wunde geheilt war. Es tat große Zeichen; sogar Feuer ließ es vor den Augen der Menschen vom Himmel auf die Erde fallen. Es verwirrte die Bewohner der Erde durch die Zeichen, die vor den Augen des Tieres zu tun ihm gegeben war; es befahl den Bewohnern der Erde, ein Standbild zu errichten zu Ehren des Tieres, das die Schwertwunde trug und doch wieder zum Leben kam. Es wurde ihm Macht gegeben, dem Standbild des Tieres Lebensgeist zu verleihen, sodass es auch sprechen konnte und bewirkte, dass alle getötet wurden, die das Standbild des Tieres nicht anbeteten (13,11-15).

Das erste Tier repräsentiert die staatliche Gewalt. Das zweite Tier stellt eine organisierte geistlich-religiöse Macht dar, welche die staatliche Macht unterstützt. Es tritt als Lamm auf. Auch hier wieder eine Nachäffung des geschlachteten Lammes. Doch nur dem äusseren Anschein nach ist es zart und harmlos. Denn in seinem ganzen Reden und Tun unterstützt es die Ziele des Drachen. Es steht im Dienst des ersten Tieres und ist sein grosser Propagandist. Es ist sein Lügenprophet. Später wird es auch der falsche Prophet genannt (vgl. Offb 16,13; 19,20; 20,10). So erinnert es an die falschen Propheten, die in Schafskleidern daherkommen, inwendig aber reissende Wölfe sind (vgl. Mt 7,15).

Mit dem Auftreten des zweiten Tieres ist die satanische Dreifaltigkeit vollständig: Der Drache, das Tier und hier der Lügenprophet. Zweimal wird hervorgehoben, dass das Tier eine Todeswunde erhalten hat und doch lebt. Diese Überlebenskraft des Tieres, in welcher Tod und Auferstehung des Lammes nachgeäfft werden, ist ein besonderes Thema der Propaganda. Seine Überlebenskraft soll die Menschen zutiefst beeindrucken und sie zur Anerkennung des Tieres führen. Ein weiteres Mittel der Verführung sind die Wunderzeichen, die der falsche Prophet vollbringt.

Auf die historische Situation bezogen ist hier nicht an eine Einzelperson zu denken. Weil keine Einzelperson sich für die weltweite Verehrung des Kaiserkultes einsetzen kann, steht das Lamm hier für die Propaganda, für die Priesterschaft des Kaiserkultes. Dazu wurden im ganzen römischen Reich Standbilder errichtet, die wegen der Zeichen und Wunder auch auf Christen anziehend wirkten.[16]

[16] *Es wurde ihm Macht gegeben, dem Standbild des Tieres Lebensgeist zu verleihen, sodass es auch sprechen konnte (13,15).* Vielleicht ist das ein historischer Hinweis auf die imposanten, in vierfacher Lebensgrösse errichtete Kaiserstandbilder wie z.B. in Ephesus. Der Clou war nämlich: Diese Standbilder konnten sprechen. Weil sie hohl waren, konnten Priestergehilfen in die Standbilder hineinschlüpfen und z.B. durch präparierte Kranichhälse hindurch Götterstimmen imitieren. So wurden die Standbilder mit Lebensgeist gefüllt. Auch konnte man im Dunklen brennende Wolle an Vogelfüsse binden, und die Vögel, von Panik getrieben, durch die Nacht fliegen lassen. Wo sie landeten, konnte Feuer vom Himmel fallen. Ein schönes Schauspiel! Da musste doch Göttliches dahinter sein.

Das Standbild steht für das Tier. Es will die Denkart und Urteilskraft der Menschen beeinflussen und immer mehr beherrschen. Es will bewirken, dass der Geist des Tieres immer mehr die verbindliche Grundeinstellung in der Gesellschaft wird und die Öffentlichkeit sich damit identifiziert. Für den, der sich dagegen wehrt, ist kein Platz mehr in der Gemeinschaft. So zwingt das zweite Tier die Menschen dazu, Farbe zu bekennen. Die Macht des Tieres *bewirkte, dass alle getötet wurden, die das Standbild des Tieres nicht anbeteten (13,15)*. Wer damals bei den Römern das Standbild des Kaisers nicht anbetete, wurde getötet.

Das geschah und geschieht bis heute in vielen Diktaturen. Wer sich nicht dem Geist der Diktatoren beugt, wird eliminiert. So hat neben dieser historischen Situation die Verführung durch Wunderzeichen und die Anbetung von Standbildern typischen Charakter. Illustriert wird das z.B. durch die Tatsache, dass bestimmte Diktatoren wie Hitler, Lenin, Saddam Hussein usw., überall ihre Standbilder aufstellen liessen. Diese sollten ihre allgegenwärtige Macht dauernd im Bewusstsein der Menschen wachhalten.

Ins Leben gebracht – Heute bei uns?!

Wir können dies auch heute erleben, dass der Mainstream, der durch die Medien und Politik gesteuert wird, eine immer grössere Macht hat. Er scheint sich immer mehr in der Frage von Gender (Geschlechtervielfalt, Selbstbestimmung des Geschlechtes, Sinn der Sexualität, ...), von Abtreibung als Menschenrecht, Ausbildung im Gesundheitswesen mit esoterischen Elementen, Exit ... durchzusetzen.

Wie und wo erlebe ich den Einfluss des Mainstreams? Welche Bereiche berühren mich? Wie erlebe ich das in der Kirche (vor Ort)? Wie gehe ich damit um?

Zugehörigkeit durch Kennzeichen

Das Tier übt aber noch mehr Druck aus: *Die Kleinen und die Großen, die Reichen und die Armen, die Freien und die Sklaven, alle zwang es, auf ihrer rechten Hand oder ihrer Stirn ein Kennzeichen anbringen zu lassen. Kaufen oder verkaufen konnte nur, wer das Kennzeichen trug: den Namen des Tieres oder die Zahl seines Namens. Hier ist die Weisheit. Wer Verstand hat, berechne den Zahlenwert des Tieres. Denn es ist die Zahl eines Menschennamens; seine Zahl ist sechshundertsechsundsechzig (13,16-18).*
Ein Kennzeichen anbringen kommt vom Brauch den Soldaten und Sklaven den Stempel des römischen Kaisers aufzudrücken. Dadurch gehören sie dem Kaiser und stehen unter seinem Schutz. Ein Kennzeichen macht die Zugehörigkeit sichtbar.

Wer dazugehörte, dem brachte dies wirtschaftliche Vorteile, Aussenseitersein hingegen Nachteile. So konnte derjenige, der den Kaiserkult verweigerte, keinen Handel treiben und kein Handwerk ausüben. Denn ein Händler oder Handwerker musste einer Berufsgilde, einer Berufsgenossenschaft angehören und in dieser Vereinigung mitmachen. Dazu gehörten auch kultische Feste. Diese waren religiös geprägt und mit dem Kaiserkult verbunden. Da konnte der überzeugte Christ nicht mehr mitmachen. Dadurch mussten Christen materielle Nachteile in Kauf nehmen. Vielleicht ist das gemeint mit dem Satz: *Kaufen oder verkaufen konnte nur, wer das Kennzeichen trug (13,17a).* Für den, der *das Kennzeichen* nicht trägt, ist kein Platz mehr in der Gemeinschaft. Denn er kann ohne das eingeprägte Kennzeichen nichts mehr kaufen und verhungert. Er spricht sich sozusagen selbst das Todesurteil.

Der Mensch ist im materiellen Bereich, wo es ums nackte Überleben geht, besonders anfällig. Denn "Geld regiert die Welt" heisst ein geflügeltes Wort. Jesus nennt das Geld oft den bösen Mammon. Vor nichts warnt Er so sehr, wie vor der geheimen Macht des Geldes.

Johannes sagt klar, dass es hier keine Kompromisse für den Christen gibt. Entweder trage ich das Kennzeichen des Tieres, des Profites, oder das Siegel des Lammes. Entweder kommt das Lamm zuerst oder der Profit. Ihr könnt nicht Gott und dem Mammon dienen, sagt Jesus. Etwas kommt zuerst. Täuscht euch da nicht!

Auch heute gibt es im Wirtschaftsleben Bereiche, wo der Christ nicht mehr mitmachen kann. Er muss sich quer stellen oder aussteigen. Auch das ist ein Martyrium. So z.B., wenn der Zweck die Mittel heiligen soll, wenn der Profit vor dem Menschen kommt, wenn Arme und Wehrlose ausgebeutet werden, wenn auf Betrug, Lüge und Korruption aufgebaut wird, wenn Mithilfe zur Tötung von wehrlosem Leben erwartet wird, wenn ... da stehen wir unter dem Kennzeichen des Tieres, des Profites. Ebenso ist die wirtschaftliche Ungerechtigkeit die Ausnützung von Schwächeren und Unwissenden, die strukturelle Sünde, in der wir leben, ein Werk des Tieres!

Die Zahl 666

Das Kennzeichen des Tieres ist 666. Die Adressaten wussten damals, wer damit gemeint war. Aber es brauchte dazu Weisheit und Berechnung. Das deswegen, weil die Buchstaben im Hebräischen mit Zahlen und Zahlenwerten wiedergegeben werden können. Wie schwierig diese Entschlüsselung war, zeigt sich daran, dass schon Irenäus von Lyon (135-200) die ursprüngliche Deutung nicht mehr bekannt war.

Die meisten Fachleute sehen in der Zahl 666 die Quersumme des Namens "Kaiser Nero" in hebräischer Umschrift. Der Zahlenwert des griechischen

Wortes für Tier in hebräischer Umschrift ist auch 666. Somit wäre mit 666 nicht der historische Nero, sondern das "Tier" Nero, der nach der Legende wiederkehrende Nero, also der zur damaligen Zeit herrschende Kaiser Domitian (81-96 Kaiser) gemeint.

Die Symbolik der Zahl 666 weist darauf hin, dass nicht ein konkreter Gewaltherrscher gemeint ist, sondern dass sich darin das Wesen des Tieres verkörpert, das zu allen Zeiten in immer neuen Personen zutage tritt. Wenn man z.B. diese Zahl auf Plattenhüllen und Werbeträgern sehen kann, kann dies auch eine Botschaft sein und zeigen, welche Macht dahintersteht.[17]

Ins Leben gebracht – mein Kennzeichen?

Das Kennzeichen zeigt eine innere Haltung. Ich kann mich fragen: Was bete ich an? Anbetung heisst, innerlich auf etwas schauen, innerlich auf etwas ausgerichtet sein oder jemand die Ehre geben. Für wen oder was lebe ich bewusst? Für mehr Macht, Geld, Wohlstand oder für Sein Reich?

Im Gespräch sagte mir eine Frau und Mutter, dass sie nun mit einer Nebenarbeit beginne und sofort beteuerte: „Ich mache es nicht wegen dem Geld.“ Ich glaubte es ihr. Doch welches ist das innere Kriterium? Am liebsten hätte ich gefragt: „Kannst du dir vorstellen, alles, was du dadurch verdienst, den Armen zu geben?“ Und auf ein Ja hin: „Was hindert dich, dies jetzt zu tun?“ Vielleicht sind wir – ohne es zu wissen – mehr vom Kennzeichen des Profites geprägt als wir denken.

Das Kennzeichen zeigt eine innere Haltung. Da können wir uns auch fragen: Was trage ich für ein Zeichen um den Hals? Ein Kreuz, eine Marienmedaille, ein Schmuckstück, ein Sternzeichen... oder nichts. Warum trage ich es? Ist es ein Kennzeichen für meine Einstellung? Ist es ein Schmuckzeichen, das ich jederzeit wechsle oder richte ich mich nach dem, was "in" ist? Auch sich nach dem richten, was "in" ist, könnte ein Kennzeichen meiner Haltung sein.

---

17 Eine andere Deutung sagt: 6 ist die Zahl des Menschen. 666, wo auch in den Zehnern und Hundertern die Zahl 6 erscheint, verstärkt nach der Zahlensymbolik die 6. Das könnte heissen: Hier ist der Mensch mit seinem Können, seinen Leistungen und Ideen ganz im Zentrum. So könnte man sagen: Wo der Mensch sich, seine Leistungen, seine Möglichkeiten, seine Vorstellungen zum Mittelpunkt macht, wo er um sich kreist, da ist das Tier und seine verführerische Macht am Werk. Denn so löst und koppelt sich der Mensch ganz von seinem Ursprung, dem Schöpfer ab. Auf sich allein gestellt sucht er notgedrungen nach Wegen, sich selber zu erlösen. Die Botschaft der Zahl 666 hiesse dann weiter: Wo sich alles um den Menschen dreht, gelangt dieser nie zur Vollendung, zur Fülle seines Menschseins. Denn er erreicht nicht die 7, die Zahl der Fülle.

Welche Heilskraft wirkt?

Das zweite Tier, das wie ein Lamm auftritt, verführte die Menschen. Leicht verführbar ist der Mensch dort, wo es um Steigerung der Lebenskraft, um Gesundheit und Wohlbefinden geht. So haben wir haben in Offb 13,12b.14 gelesen: Das zweite Tier *brachte die Erde und ihre Bewohner dazu, das erste Tier anzubeten, dessen tödliche Wunde geheilt war. … es befahl den Bewohnern der Erde, ein Standbild zu errichten zu Ehren des Tieres, das die Schwertwunde trug und doch wieder zum Leben kam.* Gleich zweimal ist von der lebensbedrohlichen Wunde die Rede, die geheilt wurde und so die sensationelle Überlebenskraft des Tieres offenbart.

Der Blick des Menschen wird hier auf die irdische Lebenskraft gelenkt. Das irdische Leben und körperliche Wohlergehen stehen im Vordergrund. Was tut der Mensch nicht alles, um vitaler und gesund zu werden, keine Schmerzen mehr zu haben oder noch älter zu werden?

Je weniger der Mensch aufs ewige Leben hinlebt, umso mehr muss er im irdischen Leben haben So kann die Gesundheit als eines der wichtigsten Lebensgüter zugleich auch ein Ort der Gefährdung sein. Gesundheit um jeden Preis kann für einen Christen nicht gelten. Denn das höchste Gut ist nicht dieses irdische, sondern das ewige Leben.

Auf der Suche nach Hilfe …

Menschen, die leiden, nehmen schnell jede Hilfe an, die verspricht ihre Beschwerden baldmöglichst zu lindern. Gerade da gilt es zu beachten, dass heute von vielen Seiten Hilfen angeboten werden, die nach der christlichen Sicht dem Menschen nicht dienen, sondern letztlich schaden. So können im Bereich der Esoterik und zum Teil der Alternativmedizin bei sogenannten Geistheilern Kräfte und Erkenntnisse ins Spiel kommen, die nicht von Gott, sondern letztlich vom Widersacher kommen.

Elisabeth Kurath erzählt: „Kurz bevor ich abends zur Arbeit fuhr, stürzte ich mit dem Fahrrad und verstauchte mir den Fuss. Und so begann ich die Nachtschicht in einem Alters- und Pflegeheim. Dort bin ich aus Sicherheitsgründen immer zu Fuss unterwegs. So war jeder Schritt schmerzhaft und da ich alleine im Dienst war, gab es keine Entlastung.

Ich betreute Pensionäre, unter denen auch ein Heilpraktiker war. Er blickte auf eine lange Praxiszeit zurück, und kannte verschiedenste Heilmethoden. Wir sprachen schon oft über Gott und die Welt, und ich wusste um seine gutgemeinten Heilabsichten.

So fragte mich dieser Herr nach dem Grund meines Hinkens. Er bot mir dann an, mich über Gedanken, also durch den Geist zu heilen. Bevor ich das Zimmer verliess, sagte er noch, er werde sofort damit beginnen.

Schon nach kürzester Zeit merkte ich tatsächlich eine Wirkung: Mein Fuss schmerzte augenblicklich nicht mehr. Darüber bin ich sehr erschrocken und war zugleich auch enttäuscht über mich, dass ich mich nicht gegen diese Heilmethode gewehrt hatte. So begann ich zu beten: „Herr, nur wenn Du es bist, der nun heilt, ist es gut, sonst will ich diesen Schmerz ertragen." Und noch einmal erlebte ich eine sofortige Wirkung. Der Schmerz kehrte zurück und liess mich diese Nacht jeden Schritt ganz fest spüren. Ich habe dann gegen Morgen eine Schmerztablette genommen, und für die kommende Nacht eine Kollegin um den Dienst gebeten. Den Schmerz im Fuss spürte ich noch einige Wochen..."

Quellen der Kräfte

Wie kommen Menschen zu solchen Kräften? In Offenbarung 13,2 lesen wir, dass *der Drache* dem Tier *seine Gewalt, seinen Thron und seine große Macht* übergab. Kraft und Macht werden übertragen. Nehmen wir z.B. Geistheilung durch Reiki. Reiki kennt keinen Glauben an einen persönlichen Schöpfergott. Die Quelle der sogenannten universellen Energie ist verborgen. Während wir Christen unser Leben Jesus Christus anvertrauen (weihen) und Ihn bitten, in uns zu leben und durch den Heiligen Geist durch uns zu wirken, gibt es bei Reiki verschiedene Einweihungsrituale an verborgene (okkulte) Kräfte und Mächte.

In Reiki gibt es verschiedene Grade mit insgesamt neun Einweihungsritualen. Reiki-Meister der höheren Grade können auch Fernbehandlungen durchführen. So können Menschen z.B. zu einem Reiki-Meister gehen, haben dann keine Kopfschmerzen mehr und meinen, dass dies gut sei. Das kann jedoch problematisch sein. Ich muss richtig fragen: Mit welcher Kraft tut er es?

Jesus ruft immer wieder zur Wachsamkeit auf. *Denn es wird mancher falsche Christus und mancher falsche Prophet auftreten und sie werden Zeichen und Wunder wirken, um, wenn möglich, die Auserwählten irrezuführen (Mk 13,22).* Zeichen, wunderbare Heilungen sind nach Jesus nie das Zeichen, dass hier auf jeden Fall Gott am Wirken ist. Auch durch okkulte und magische Kräfte können Wunder und Heilungen geschehen. Paulus bestätigt dies: *Der Gesetzwidrige aber wird bei seiner Ankunft die Kraft des Satans haben. Er wird mit großer Macht auftreten und trügerische Zeichen und Wunder tun (2 Thess 2,9).*

Folgen

Die *Kraft des Satans* kann auch Schauwunder und Heilungswunder wirken, aber er verlangt immer einen Preis. Satan weiss: *Wer arbeitet, ist seines Lohnes wert (Mt 10,10).* Die Währung, in der er sich bezahlen lässt, ist in Joh 10,10 aufgelistet: stehlen, schlachten, vernichten. Dies kann sich darin zeigen, dass

sich das Phänomen der Krankheit verschiebt und es anderswo neue Schmerzen gibt. Wenn böse Mächte im materiell-irdischen Bereich etwas scheinbar Positives geben, binden oder blenden solche Kräfte oft im geistig-ewigen Bereich.[18] Das kann heissen, dass z.B. mein Kopfweh weg ist, aber dafür habe ich mehr Angst, oder ich kann nicht mehr recht an Jesus glauben. Wer sich vom Bösen (auch unwissentlich) helfen lässt, wird meist gebunden. Eine Art innere Blockierung, Widerstand, Unfreiheit ... vor allem gegen Gott und Seine Wahrheit, entsteht. Solche Bindungen können sehr subtil, sehr fein sein. Etwas Neues wird einfach interessanter und wichtiger. Dadurch wird Gott mehr und mehr aus dem Gesichtsfeld verdrängt. Man "braucht" ihn nicht mehr. So wird der Glaube immer schwächer, unsicherer, verwischter, verschwommener, bis er ganz geschwunden ist.
Darum muss ich prüfen, wo ich Hilfe suche und aus welchem Geist heraus diese Person handelt. Was sind seine verborgenen Quellen? Woher kommt seine Macht? Schwierig ist dabei oft zu unterscheiden, was von Gott und Seinen Gaben und Kräften, die Er in die Schöpfung hineingelegt hat kommt, oder wo noch ein anderer "Geist" mitwirkt. Paulus schreibt: *Prüft alles, und behaltet das Gute! (1 Thess 5,21).*[19]

---

[18] Eine Legende erzählt: Bischof Nikolaus traf einen Kaufmann, der sehr reich war. Tag und Nacht dachte er nur daran, wie er noch reicher werden könnte. Eines Tages trat der Teufel an ihn heran und fragte: „Möchtest du der reichste Mann auf der ganzen Welt werden und mehr besitzen als andere anderen zusammen? Ich gebe dir alles Geld unter einer Bedingung, dass du mir dein Herz gibst."
Unermesslich reich sein, davon hatte der Kaufmann immer geträumt und so ging er – wie er meinte – auf dieses beste Geschäft seines Lebens ein. Und wirklich: Er wurde reicher als alle anderen Menschen auf der Welt. Doch statt seines Herzens trug er nun einen harten Stein in seinem Leib. Nun wollte keiner mehr mit ihm reden, so wie man von Mensch zu Mensch redet. Er wurde einsamer und unglücklicher. Er konnte nicht mehr lieben, denn in ihm war ein harter schwerer Klumpen.
Eines Tages begegnete ihm der Bischof Nikolaus und frage: „Warum bist du so traurig und so unglücklich?" Der reiche Kaufmann erzählt ihn seine Geschichte. Da lächelte Nikolaus und sagte: „Tu Gutes, verschenke deinen Reichtum an die Armen und du wirst dein Herz wiederbekommen." Der Kaufmann befolgt den Rat und siehe da: Bei jedem gute Werk, das er tat schmolz der harte Stein in seinem Leib und verwandelte sich, bis er schliesslich ein menschliches Herz hatte und glücklich war.

[19] Wenn ich (oder andere für mich) an "falschen Orten" Hilfe gesucht haben. Selbst wenn mir dies nicht bewusst war oder in der Kindheit geschah, können sich widergöttliche Belastungen auf mich gelegt haben. Ich kann davon frei werden, wenn ich im Namen Jesu allem Widergöttlichen absage, mich davon distanziere und Gott um Verzeihung bitte. Am wirksamsten geschieht dies im Busssakrament verbunden mit einem Befreiungsgebet des Priesters. Diese Schritte sind Hilfen zur Unterscheidung, ausführlich beschrieben im Buch: *Willst du gesund werden. Gottes Wege zum Heil. Mit Unterscheidungshilfen zu alternativen Heilpraktiken.* WeG Verlag. S. 138-140.

Das Lamm auf dem Berg Zion (14,1-5)

Nach den erschreckenden Bildern und inmitten des auf der Erde noch tobenden Kampfes, sieht Johannes das tröstliche Bild des Sieges, das Lamm mit Seinem Gefolge. Dieses Bild gibt Antwort auf die Frage, ob bei diesem mörderischen Kampf gegen die Kirche Gottes überhaupt noch etwas von ihr auf Erden übrigbleibt. Die Antwort lautet: Unter dem Schutz des Lammes, das in ihrer Mitte ist, können die Auserwählten sich mitten im Kampf sicher und geborgen wissen. Der Blick auf das Lamm lässt eine grosse Ruhe aufkommen, auch für die Gläubigen heute.

Und ich sah und siehe, das Lamm stand auf dem Berg Zion und bei ihm waren hundertvierundvierzigtausend; auf ihrer Stirn trugen sie seinen Namen und den Namen seines Vaters geschrieben (14,1). Zweimal sieht Johannes das stehende Lamm: Vor dem Throne Gottes (5,6) und hier auf dem Berg Zion (14,1). Wie Gott in Seiner verborgenen Gegenwart im Tempel auf dem Berg Zion in Jerusalem der Mittelpunkt des alttestamentlichen Gottesvolkes war, so ist das Lamm mitten unter Seinen Treuen gegenwärtig, der Mittelpunkt und der Bezugspunkt ihrer Gemeinschaft.

Sie alle tragen als Kennzeichen den Namen des Lammes und des Vaters. Das heisst: Sie haben ihr Leben ganz Jesus und Seinem Vater übergeben. In allem wollen sie sich ungeteilt von Ihm leiten und führen lassen. Sie wollen Ihm gehören, Gottes Volk sein.

Dann hörte ich eine Stimme vom Himmel her, die dem Rauschen von Wassermassen und dem Rollen eines gewaltigen Donners glich (14,2a). Das Dröhnen gewaltiger Donner ist Ausdruck der Majestät Gottes und der Erhabenheit der himmlischen Welt. Seine Stimme jedoch ist zart und lieblich. *Die Stimme, die ich hörte, war wie der Klang der Harfe, die ein Harfenspieler schlägt. Und sie sangen ein neues Lied vor dem Thron und vor den vier Lebewesen und vor den Ältesten. Aber niemand konnte das Lied lernen außer den hundertvierundvierzigtausend, die von der Erde weg freigekauft sind (14,2b-3).*

Hundertvierundvierzigtausend – eine unzählbare grosse Zahl der Auserwählten sind bereits jetzt auf Erden durch das Lamm in ihrer Mitte mit den seligen Scharen im Himmel verbunden. Sie hören ihr Siegeslied und dürfen es jetzt schon mitsingen. Sie besingen den vorausgeschauten Endsieg des Lammes und die Vollendung des Reiches Gottes und beten das Lamm an. Sie, die im irdischen Bereich unbedeutend, wenig, machtlos und an den Rand gestellt waren, sind eine gewaltig grosse, unvorstellbar grosse Schar. Nur sie, die das Lamm befreit hat, können voll Freude das neue Lied der Erlösung singen.

Sie sind es, die sich nicht mit Frauen befleckt haben; denn sie sind jungfräulich. Sie folgen dem Lamm, wohin es geht. Sie allein unter allen Menschen sind freigekauft als

Erstlingsgabe für Gott und das Lamm. Denn in ihrem Mund fand sich keinerlei Lüge. Sie sind ohne Makel (14,4-5). Drei Kennzeichen haben sie:

1. Sie sind es, die sich nicht mit Frauen befleckt haben; denn sie sind jungfräulich (14,4a). In der Sprache der Bibel, besonders bei den Propheten wird Untreue Gott gegenüber als Ehebruch und Hurerei bezeichnet. So ist hier gemeint: Sie haben Gott die Treue gehalten. Ihre Jungfräulichkeit ist Zeichen der ungeteilten Hingabe an den Herrn und Seine Sache. Zu dieser Treue Gott gegenüber gehört natürlich auch die sexuelle Reinheit.

2. Sie folgen dem Lamm, wohin es geht (14,4b), d.h. sie orientieren sich in allem an Jesus und sind bereit, das Kreuz der Ablehnung, des Spottes und des seelischen oder körperlichen Martyriums zu tragen.

3. Sie allein unter allen Menschen sind freigekauft als Erstlingsgabe für Gott und das Lamm (14,4c). Sie haben sich erlösen und befreien lassen von allem Bösen und sind frei geworden von Fesseln und Zwängen. Sie sind freigeworden von jeder Form von Unwahrhaftigkeit. *Denn in ihrem Mund fand sich keinerlei Lüge. Sie sind ohne Makel (14,5).* Sie haben zum vollen Menschsein und zu Ihrem Schöpfer zurückgefunden, für den sie zur *Erstlingsgabe* wurden. Ursprünglich war die Erstlingsgabe die ersten Fürchte zu Beginn der Ernte, die Gott gehörten und dem Priester und dem Tempel gespendet wurden. Hier wird damit angedeutet, dass Gott mit der Kirche den Anfang gemacht hat mit der Verheissung einer heilen Zukunft für die gesamte Schöpfung Gottes.

Aspekte des geistlichen Kampfes

Ob wir es wollen oder nicht, wir stehen in einem geistlichen Kampf. Vom geistlichen Kampf sprach auch das Zweite Vatikanische Konzil: „Die ganze Geschichte der Menschheit durchzieht ein harter Kampf gegen die Mächte der Finsternis, ein Kampf, der schon am Anfang der Welt begann und nach dem Wort des Herrn bis zum letzten Tag andauern wird. Der einzelne Mensch muss, in diesen Streit hineingezogen, beständig kämpfen für seine Entscheidung für das Gute." („Gaudium et spes" Nr. 37).

Das ist die Realität. Wir können ihr nicht ausweichen. Darum die Frage: Wer ist der Feind? Wie ist Seine Taktik? Worin genau besteht der Kampf? Wie können wir darin siegreich bestehen?

Zum Feind

Zuerst: Wie kommt es zu den Mächten der Finsternis, den bösen Geistern? Zusammen mit der sichtbaren Welt der Materie hat Gott die *unsichtbare* Welt geschaffen, zu der die Engel gehören. Sie sind reine Geister, Lichtwesen, mit Verstand und Willen begabt, unermesslich an Zahl, alle voneinander verschieden, nach Macht- und Lichtwesenheit hierarchisch geordnet.[20] Als reine Geister können sie miteinander in Beziehung treten.

Gott gab den Engeln und Menschen die Freiheit, die ihnen zugedachte Rolle mit den entsprechenden Aufgaben und Diensten anzunehmen oder abzulehnen, d.h. sich für oder gegen Ihn zu entscheiden. Fasziniert von seinem eigenen Licht, weigerte sich Luzifer, der grösste und machtvollste Engel, sich Gottes Plan zu unterwerfen. Er zog sehr viele Engel in diesen Aufstand gegen Gott mit hinein.

Die Engel, die treu blieben und sich Gott unterordneten, gelangten nach ihrem Ja zur unmittelbaren Anschauung Gottes und zur ewigen Seligkeit. So sagt Jesus von den Kindern: *Hütet euch davor, einen von diesen Kleinen zu verachten! Denn ich sage euch: Ihre Engel im Himmel sehen stets das Angesicht meines himmlischen Vaters (Mt 18,11).* Die anderen, die sich auflehnten, erstarrten auf ewig in ihrer Empörung, ihrem Hass gegen Gott. Sie verloren ihre Identität und ihren Platz im Himmel (vgl. Offb 12,7-9).

Der Neid auf die Erwählung des Menschen als Bild und Liebling Gottes sowie der Wunsch Rache an Gott zu nehmen, sind die Ursache seines abgrundtiefen Hasses. Satan verfolgt nur ein Ziel: Die Zerstörung des Werkes Gottes, vor allem des Lebens, der Identität und der Würde des Menschen.

Wir haben bereits einige Namen für den Widersacher in der Offenbarung kennengelernt, die sein Wesen, sein Wirken beschreiben. Dazu noch eine Ergänzung: Jesus selbst sagt über ihn: *Er steht nicht in der Wahrheit; denn es ist keine Wahrheit in ihm. Wenn er lügt, sagt er das, was aus ihm selbst kommt; denn er ist ein Lügner und ist der Vater der Lüge (Joh 8,44).* Das heisst: Er belügt uns über Gott, über die Bedeutung Jesu, über uns, über den Sinn des Lebens, über sich selbst, kurz, über alles.

Jesus nennt den Teufel auch den *bösen Feind,* der raffiniert, gemein und durch und durch böse ist und überall, wo er nur kann, uns reinlegen will. So sind die bösen Geister immer auf der Lauer. Ihre Angriffe und Attacken sind äusserlich nicht sichtbar, denn der Satan ist eine Macht der *Finsternis.* So arbeitet er im Dunkeln, will überraschen, täuschen und benutzt jede Gelegenheit und alle Mittel, um das Wirken Gottes im Menschen zu durchkreuzen.

---

[20] Die Fähigkeiten, Macht und Kompetenzen, die Gott ihnen zum Heil gegeben hat, setzen die gefallenen Engel nun gegen Gott und die Menschen ein.

Taktiken und Ziele des Feindes

Dabei kommt Satan immer unter dem Schein von etwas Gutem daher. Er benützt für seine Täuschungen die Neigungen und Wünsche des Menschen. Diese umgibt das Böse mit dem Schein des Guten, mit dem, wonach sich der Betreffende sehnt. So tarnt sich *der Satan als Engel des Lichts (vgl. 2 Kor 11,14).* Seine Strategie ist täuschen, vorgaukeln, lügen, übertreiben…

Das zeigt die Geschichte vom Sündenfall (vgl. Gen 3,1 ff). Gott ist Liebe und weil es Liebe nur in Freiheit gibt, gab Gott dem Menschen die Freiheit! Diese Freiheit machte Er an einem Punkt fest. Damit Er die Mitte der Menschen bleibe und Er sie vor Schaden bewahre kann, gab Er den Menschen das Gebot: *Von allen Bäumen des Gartens darfst du essen, doch vom Baum der Erkenntnis von Gut und Böse darfst du nicht essen; denn am Tag, da du davon isst, wirst du sterben (Gen 2,16b-17).* Gott informiert über die möglichen Konsequenzen.

Nun erscheint der Böse in der Gestalt der Schlange. Von ihr heisst es: *Die Schlange war schlauer als alle Tiere des Feldes, die Gott, der HERR, gemacht hatte (Gen 3,1a). Schlauer* weist darauf hin, dass Satan uns intelligenzmässig haushoch überlegen ist. Dann sagte die Schlange zu Eva: *Hat Gott wirklich gesagt: Ihr dürft von keinem Baum des Gartens essen? (Gen 3,1b)* Stimmt dies? Nein! Gott hat nicht gesagt "von keinem", sondern "von dem einen" Baum, das ist ein grosser Unterschied. Wir sehen: Seine erste Massnahme ist es, Zweifel in uns zu wecken und Gottes Wort zu verdrehen. An den Methoden des Satans hat sich bis heute nichts geändert. Noch immer will er Zweifel in uns wecken: „Hat Gott wirklich gesagt, dass dies oder jenes falsch ist? So kann doch Gott nicht sein!“

Als Nächstes leugnet er die Folgen des Ungehorsams: *Nein, ihr werdet nicht sterben (Gen 3,4),* sagt er. Er will uns einreden, dass es nicht schadet, Gott ungehorsam zu sein. Er will uns glauben machen, dass Gott im Grunde ein Spielverderber ist, der uns Gutes vorenthält. So sagt die Schlange weiter: *Ihr werdet wie Gott und erkennt Gut und Böse (Gen 3,5).*

Machtvoll wie Gott zu sein, ja Gott selbst (oder zumindest göttlich) zu sein und selbst zu entscheiden, was "Gut und Böse" ist löste einen Reiz aus und führt zum Zweifel: Vielleicht gibt Gott mir doch nicht alles. Vielleicht wäre es doch besser, wenn ich auch von diesem Baum essen würde, wenn ich *mich* selbst in die Mitte stellen würde und so handle, wie *ich* es möchte und wie es *mir* passt. Die Schlange sät Misstrauen und Zweifel gegen Gottes Güte, verwirrt das Denken und lügt. Täuschen, vorgaukeln, lügen, …ist ihre Strategie, bis der Mensch sich von Gott und Seinen Geboten trennt.

Die Versuchung des Feindes

Das Ziel des bösen Feindesbesteht nicht darin, uns zu dieser oder jener kleinen Sünde zu verführen. Da dürfen wir gelassen sein. Wir sind schwache Menschen und bleiben das ganze Leben lang auf Vergebung angewiesen und Gott vergibt uns sehr gerne, immer wieder. Das Ziel des Feindes greift tiefer.

Gott hat von uns, von jedem Menschen einen Traum. Er sieht unsere Sendung im Reich Gottes. Er möchte, dass wir wachsen und reifen. Er möchte, dass wir Frucht bringen für Zeit und Ewigkeit und ein grosser Segen werden. Dazu hat Er uns mit Gaben und Fähigkeiten ausgestattet, vertraut uns Aufgaben an und lässt uns wachsen und reifen. Im Reich Gottes beschenkt Er uns zusätzlich mit geistlichen Gaben und Charismen, damit wir mit Begeisterung und Kraft unsere Sendung leben können.

Genau an diesem Punkt greift Satan an. Sein Ziel ist unsere Sendung im Reich Gottes zu verhindern oder soweit wie möglich zu behindern. Er will uns mit allem Möglichen blenden, verwirren, täuschen, belügen, um uns von unserer unersetzlichen Sendung im Reich Gottes, abzubringen oder diese zu blockieren. Dafür wendet er verschiedene Methoden an.

Verführung geschieht in der Regel nicht so, dass wir aufgefordert werden, uns direkt gegen Gott zu stellen. Verführung ist viel raffinierter. Der Feind bewirkt, dass uns anderes als Gott wichtiger wird: Die Arbeit, die Familie, die Freizeit, der Sport, das Hobby, der Verein, das Haus, der Garten, der Hund, das Pferd, das Vergnügen, das Fernsehen, der Computer, usw. ziehen uns mehr und mehr an und werden immer wichtiger. Schliesslich nehmen sie so viel Platz in unserem Leben ein, dass wir keine Zeit mehr haben, täglich Gemeinschaft im Gebet mit Gott zu haben, den sonntäglichen Gottesdienst treu zu besuchen und nach Seinem Willen zu fragen.

So kann mich der Feind so sehr mit guten Aufgaben überhäufen, dass ich nicht dazu komme, meine Hauptaufgaben (Standespflichten) gut zu erfüllen. Weil immer so viel Dringliches da ist, komme ich nicht dazu, mich dem eigentlichen Problem meines Lebens zu stellen und diesem auf den Grund zu gehen. Weil wir dauernd mit dem Dringlichen beschäftigt sind, verlieren wir das Wesentliche aus den Augen und können unsere eigentliche Berufung nur halbherzig oder oberflächlich leben.

Der Feind kennt uns. Er ist ein guter Analytiker und weiss, was meine Bedürfnisse und geheimen Wünsche sind. Bei Kriegen im Mittelalter wurden bei einer Belagerung einer Stadt vom Feind die schwächsten Punkte in der Verteidigung ausspioniert. Dann wurde überraschend mit aller Kraft dort angegriffen, um in die Stadt hineinzukommen. Genauso sucht der Widersacher bei Menschen und in Gemeinschaften die schwächsten Punkte.

Das sind in der Regel Bereiche, in denen der Mensch verletzt wurde; Bereiche, wo er eine Art Hunger hat, wo er im Leben Mangel hat und unerfüllt ist; Bereiche, wo er nachlässig ist usw.[21]

Wie auf Angriffe, auf Versuchungen des Feindes reagieren? Jesus ist unser Vorbild: Nach 40 Tagen Fasten hatte Er Hunger. Da sagte der Teufel zu Ihm: Du bist doch Gottes Sohn, mach es Dir doch einfacher: Befiehl doch diesem Stein, Brot zu werden! (vgl. Lk 4,3). Jesus hätte auf die Gedanken des Versuchers eingehen können: Ja, warum eigentlich nicht? Das könnte doch auch eine Möglichkeit sein? Doch genau das tut Jesus nicht, denn Er weiss: Wer sich mit den Reizen der Verführung beschäftigt, wird von ihnen mehr und mehr umgarnt und gefangen.

Jesus lässt sich keinen Moment auf die Gedanken des Versuchers ein. Sofort kehrt Jesus dem Teufel den Rücken zu. Dreimal hält Jesus dem Versucher das Wort Gottes entgegen und sagt damit: „Gott ist mein Herr. Auf Ihn kommt es an. Ihm vertraue ich."

Möglichkeiten und Mittel des Feindes

Welche Mittel und Möglichkeiten hat der Feind? Um zu erkennen, was der Feind kann und was nicht, müssen wir zuerst einen Blick auf uns selbst werfen. Teresa von Avila unterscheidet zwei seelische Bereiche.[22] Stichwortartig und verkürzt können sie beschrieben werden.

Zonen des menschlichen Seins – Struktur der Seele

1. Der niedere Seelenteil: Dazu gehören die äusseren *Sinne* wie sehen, hören, berühren, schmecken, riechen. Dann die *Vorstellungskraft (Fantasie),* die Bilder erzeugt und unstet umherschweift. Wir sprechen manchmal von Menschen, die eine blühende Fantasie haben. Dann der menschliche

---

[21] So hat der Feind auch Jesus nach 40 Tagen des Fastens mit dem Hunger versucht. Wir lesen bei Lukas von der Versuchung Jesu: 40 Tage war Jesus in der Wüste und *wurde vom Teufel versucht. In jenen Tagen aß er nichts; als sie aber vorüber waren, hungerte ihn. Da sagte der Teufel zu ihm… (Lk 4,1–3).* Jesus hat Hunger und beim Hunger greift der Teufel an. Dort wo wir im Leben Hunger haben, dort sind wir am leichtesten verführbar. Hunger, vielleicht nach Brot, vielleicht nach Liebe, Hunger nach Ansehen, Hunger nach Sicherheit, Hunger nach Erfolg, Hunger nach Macht und Einfluss, Hunger nach Wissen, nach Freude, nach Zärtlichkeit, nach sexueller Erfüllung, nach Glück usw. Leicht verführbar sind wir auch, wo wir im Leben verletzt wurden, wo wir Defizite in uns haben und bei unseren Schwachstellen.

[22] Diese Unterscheidung der zwei seelischen Bereiche sowie viele weitere Impulse in diesem Abschnitt zum Thema Geistlicher Kampf habe ich von Vorträgen von Pater Markus Vogt, Gemeinschaft der Seligpreisungen erhalten und übernommen.

Verstand, der nachdenkt, erforscht und Schlussfolgerungen zieht. Dazu kommt das *Gedächtnis* mit den schönen und schmerzlichen Erinnerungen.

Diese Seelenkräfte sind immer in Bewegung. Gedanken, innere Bilder und Vorstellungen hüpfen bei uns dauernd herum und kommen kaum je zur Ruhe.

2. Der höhere Seelenteil ist das Herz des Geistes, die innerste Zone der Seele. Der menschliche Geist besitzt drei grosse Fähigkeiten: Das *Erkenntnisvermögen,* der geistliche Verstand ermöglicht uns die Weisheit Gottes zu erkennen. Der *Wille* ist der Ort unserer Freiheit und der Liebe. *Das Gedächtnis des Herzens* ist kein Erinnern an etwas Geschehenes, sondern vermittelt das Bewusstsein, wer ich in den Augen Gottes bin: Ein wunderbares Bild, Sein geliebtes Kind!

Der höhere Seelenteil, die Tiefe meines Wesens ist der Ort der Freiheit, der ganz rein und unangreifbar ist. Meine Würde und mein Leben sind hier unberührbar. In diesen Tiefen handelt Gott. Da teilt Er Seinen Willen und Seinen Geist mit. Hier begegne ich Ihm. Diese Begegnung findet nicht an der Oberfläche, d.h. im niederen Teil der Seele statt. Gott teilt sich auf dieser Ebene (Gefühle...) nur am Anfang des geistlichen Lebens stärker mit.

Einwirken Satans auf das geistliche Leben

Der Feind kann nur auf den niederen Seelenteil einwirken. Der Teufel kann auf unseren Leib einwirken, auf die Sinne, die Vorstellungskraft, das Gedächtnis und die Leidenschaften (Gefühle), die im sinnlichen Empfindungsvermögen liegen.

So kann er ein Bild verführerisch aufleben lassen, einen Eindruck wachrufen, eine Lust entfachen, einen Wunsch so unwiderstehlich und aufreizend machen in der Fantasie, dass das Gewissen betäubt wird und der Wille schliesslich seine Zustimmung gibt. Satan kann sogar Gefühle wie Verliebtheit, ... bewirken. So kann er indirekt auf den Willen einwirken. Der Wille bleibt jedoch stets frei in einen Gedanken einzuwilligen oder nicht. Wir reden in diesem Zusammenhang auch vom "Kampf der Gedanken".

Der Feind kann aber nie auf den höheren Teil der Seele einwirken, auf die Freiheit des Menschen und das tiefe geistliche Leben. Er kann nicht in die höheren Seelenkräfte eindringen, wenn man sie ihm nicht willentlich zugänglich macht. Er kann weder die Gedanken des Verstandes lesen noch direkt auf sie einwirken.

Beispiel Angst

Schauen wir das am Beispiel der Angst an: Es gibt zwei Arten von Angst, die in der deutschen Sprache in Angst und Furcht unterschieden werden.

Angst ist ein nach innen gerichtetes, unerklärliches Gefühl von Unbehagen, das bewirkt, das man auf Distanz geht. Die *Furcht* hingegen ist nach aussen gerichtet auf ein konkretes Objekt, welches angstmachend ist.

Die Angst ist eines der Hauptmittel des Feindes. Der Böse wirkt immer von aussen auf die Sinne und die Fantasie ein. Seine Mittel sind der Fantasie aufgedrängte Schreckbilder, unbegründete Ängste, ... Dies kann Lähmungserscheinungen bewirken. Wir sind dann "gelähmt vor Angst", was uns handlungsunfähig macht. Dann hat er sein Ziel erreicht.

Darum sagt Petrus: *Seid nüchtern und wachsam!* Durchschaut die Sache! *Euer Widersacher, der Teufel, geht wie ein brüllender Löwe umher und sucht, wen er verschlingen kann (1 Petr 5,8).* Der Teufel brüllt wie ein Löwe, aber er ist kein Löwe. Er bauscht seine Macht nur auf und will einschüchtern und uns so die Kraft nehmen.

Im nächsten Vers sagt Paulus: *Leistet ihm Widerstand in der Kraft des Glaubens! (1 Petr 5,9).* Der Glaube ist die wichtigste Waffe der Selbstverteidigung: *Vor allem greift zum Schild des Glaubens! Mit ihm könnt ihr alle feurigen Geschosse des Bösen auslöschen (Eph 6,16).* Mit dem *Schild des Glaubens* überschreiten wir den sinnlichen Bereich, über den der Teufel Einfluss und Macht besitzt. Wir treten in den Bereich des Übernatürlichen ein, wohin er keinen Zugriff mehr hat. Hier im Bereich des Glaubens ist die Seele für den Feind unerreichbar und vor seinen Angriffen und Schlägen sicher.

Glauben heisst: Nicht auf die Angst zu schauen, sondern auf Jesus, der uns mitten in der Angst an der Hand nimmt und – wie ein Kind an der Hand des Vaters durch den dunklen Wald, so – mit uns durch die Angst hindurchgeht. *In der Welt seid ihr in Bedrängnis; aber habt Mut: Ich habe die Welt besiegt (Joh 16,33).* Glauben bedeutet immer sich in allen Situationen auf Ihn auszurichten, auch in der Angst! Sich nicht von der Angst, sondern vom Glauben leiten zu lassen. Trotz Angst weiter gehen und die guten und notwendigen Dinge tun.

Eingangstüren des Feindes

Verwirren, verblenden, durch Menschen, Stimmungen, Gefühle, ... Druck und Macht auszuüben ist die Stärke des Feindes. Doch der Teufel hat nur so viel Macht, wie wir ihm geben. Wenn alle Menschen Gottes Gebote befolgen und Ihm vertrauen würden, dann könnte er keinen Einfluss mehr nehmen auf der Welt. Schauen wir die Türen an, durch die der Teufel Einfluss im Leben von Menschen bekommen kann:

1. Die Haupttüre ist die persönliche Sünde: Wenn Menschen sündigen, bewusst oder unbewusst von Gott weggehen, erhalten die bösen Geister Raum zu wirken.

2. Sünden anderer an uns: Sünden anderer an uns können nicht nur zu Verletzungen führen, sondern auch zu einer offenen Türe für das Wirken des Feindes werden. So können durch böse Wünsche (Flüche, Verwünschungen, ...) die Mächte der Finsternis (Dämonen) Einfluss bekommen und mithelfen, dass die bösen Wünsche in Erfüllung gehen. Zum sündhaften Verhalten anderer Menschen gehört auch ungesühnte Schuld, wodurch geistliche Belastungen weitergehen können.

3. Sündhafte verkehrte Reaktion auf Verletzungen: Auf Verletzungen, die uns zugefügt werden, können wir unterschiedlich reagieren. Während verzeihen die gute Reaktion ist, verstärkt der Feind unsere sündhaften Haltungen wie Rechthaben wollen, sich verschliessen, verhärten, ... Dazu kann er uns Gedanken eingeben wie: Du hast ein Recht auf Rache, oder dich so oder so zu benehmen. Sündhafte Reaktionen benutzt der Feind, um uns im Negativen zu verfestigen und Heilung zu verhindern.

4. Bewusst wegschauen: Es kann in unserem Leben Dinge geben, die im Dunkel begraben sind und die wir nicht anschauen wollen. Wir reden manchmal von sogenannten "Leichen im Keller". Dinge, die wir bewusst nicht anschauen wollen können Einfluss auf uns haben.

5. Bewusste Zusammenarbeit mit bösen Mächten: Offene Eingangstüren sind überall dort, wo Menschen bewusst mit bösen Mächten zusammenarbeiten oder zusammengearbeitet haben. Dazu gehören Satanskulte. Aber auch, wenn Menschen Flüche oder Verwünschungen aussprechen, weisse und schwarze Magie, Wahrsagerei, Zauberei, ... betreiben. Sie geben durch ihre Sünde dem Feind die Möglichkeit Böses und Negatives zu bewirken. Dies kann auch dann der Fall sein, wenn sie dies in ihrer Absicht zum Wohl der Menschen taten.

Aspekte des geistlichen Kampfes

Im geistlichen Kampf geht es um den rechten Umgang mit unseren Gedanken und Empfindungen. Durch sie versucht der Feind Einfluss in unserem Leben zu erhalten. Dazu nun einige von vielen Aspekten bei denen es gut ist in Bezug auf das eigene Leben genauer hinzuschauen.

Entmutigung – Resignation

Die Entmutigung ist der Hauptfeind im geistlichen Leben. Resignation kann entstehen im Blick auf sich selbst. Man hat versagt, vielleicht sogar grosse Schuld auf sich geladen oder fühlt sich den Problemen nicht mehr gewachsen.

Petrus und Judas Iskariot haben beide in ihrem Leben versagt. Beide haben ihre Schwachheit erlebt. Petrus hat Jesus verleugnet. Er hat sich durch dieses

Versagen nicht abhalten lassen, sich vertrauensvoll in die Arme Gottes zu werfen und die Vergebung von Jesus anzunehmen. So konnte er umkehren, über sein Versagen weinen und das Herz des Vaters in tiefer Weise erfahren.

Judas Iskariot, der Jesus verraten hatte, ist bei sich selbst stehen geblieben. Er glaubte nicht, dass Gott ihm seine Schuld verzeihen könnte. Er resignierte. So ist er in seiner Selbstverurteilung von Jesus weggegangen in die Absurdität, in die Leere, ins Nichts.

Schwäche und Versagen gehören zu unserem Leben. Nur wenige Ausnahmemenschen eilen von Sieg zu Sieg. Viele von uns erleiden Niederlagen, manchmal eine nach der anderen. Dann sind wir der Lüge ausgesetzt: „Jetzt hast du versagt. Es bringt nichts mehr. Gib auf. Du bist nicht zu einem solchen Leben berufen. Das schaffst du nicht!“ Der Feind will, dass wir resignieren und aufgeben. Zur Resignation gehört: Wir schauen nicht auf Gott, auf Sein Wirken, Sein Dasein, Seine Möglichkeiten, der alles (trotz allem!) in Seiner Hand hat, sondern auf uns selbst, auf unsere begrenzten Möglichkeiten.

Was tun? Mit einem "heiligen Nein" dieser Versuchung widerstehen, den Blick auf den himmlischen Vater richten, der uns Seine Arme entgegenstreckt und sagt: „Komm zu mir, ich helfe dir da heraus.“ Denn Gott ist immer grösser als alle Schuld und grösser als alle Probleme. Immer, selbst nach der schlimmsten Vergangenheit hat Er einen guten Weg bereit, immer![23] Es gilt immer wieder aufzustehen und zwar so schnell wie es geht. Paulus schreibt: *Gott hat uns nicht einen Geist der Verzagtheit gegeben, sondern den Geist der Kraft, der Liebe und der Besonnenheit (2 Tim 1,7).*

Einschläfern, verharmlosen, verdrängen, verschieben …

Das Gesetz Gottes ist jedem Menschen durch sein Gewissen *ins Herz geschrieben (Röm 2,15)*. Es ist der Kompass für unser Handeln. Das Gewissen muss aber ständig geformt und gereinigt werden, um uns klare Orientierung an der Wahrheit und am Willen Gottes zu geben. Der Satan versucht diesen Kompass in uns zu zerstören, d.h. unser Gewissen durch Vernebelung oder Verdunkelung (Manipulation) einzuschläfern. Seine bevorzugten Instrumente sind dabei heute die Medien und der immer grösser werdende Druck der Öffentlichkeit, des Mainstreams.

---

[23] Ich kann mich mit meiner Schuld, meinen Entmutigungsgefühlen und meiner Beschämung in die Arme des Vaters werfen, der an Seiner Liebe zu mir festhält und beten: „Lieber Vater, lass diese Sünde, dieses Versagen zu einer Stufe noch grösserer Fruchtbarkeit und grösserem Segen werden. Erbarme Dich meiner und richte mich, Dein Kind, neu auf. Ich vertraue Dir.“

Dabei werden die Wertmassstäbe von Gut und Böse unbemerkt verdreht. Es besteht ein Gewöhnungseffekt durch Gewohnheitssünde. Das machen die anderen auch! Bei Frauen und Männern kann dies im Fall der Abtreibung geschehen. Sie verharmlosen oder verdrängen diese Schuld, weil sie nicht mit diesem Bewusstsein leben wollen, ihr Kind getötet zu haben. Doch frei werden wir nur durch die Wahrheit!

Eine andere Methode besteht in der Ablenkung. Manchmal spüren wir: „Das wäre jetzt richtig. Das könntest du tun." In dem Moment, in dem der Heilige Geist uns den guten Gedanken eingibt, schenkt Er uns auch die Kraft, dies sofort zu tun. Doch dies passt dem Widersacher nicht. So gibt er uns ein, die Entscheidung auf später zu verschieben.

Doch je länger wir eine Entscheidung zum Guten vor uns herschieben, umso mehr nimmt die Lust, dies zu tun, ab und manchmal haben wir später auch keine Zeit mehr dazu. Deshalb gilt: Das als richtig Erkannte dürfen wir nie aufschieben. Es braucht die sofortige Entscheidung, dies umzusetzen und gleich den ersten Schritt zu tun.

Entfremdung von der Realität

Gott wirkt in der Gegenwart, im Jetzt. Wir haben nur den gegenwärtigen Augenblick, um Ihm zu begegnen. Im Jetzt will Er zu uns sprechen, an uns handeln und uns für unsere Sendung vorbereiten. Der Teufel will uns von der Realität entfremden. Er versucht unsere Gedanken auf die Vergangenheit, auf die Zukunft oder in eine Traumwelt zu lenken.

Manche Menschen leben wie in einem Museum, indem sie in Gedanken ihre Vergangenheit immer neu durchleben. Eine andere Gefahr besteht in einem Leben, das ganz auf die Zukunft, auf das Morgen fixiert ist. Die Betrachtung der Zukunft kann zu einer ständigen Bedrohung werden, die in mir unnötige Sorgen und Befürchtungen wachsen lässt. Das kann schnell zur Versuchung führen, die unangenehme Gefühle, Sorgen, usw. durch Alkohol, Drogen und Ablenkung zu betäuben.

Heute ist die Versuchung gross, sich eine Traumwelt aufzubauen, um aus meiner jetzigen Situation zu fliehen. So leben heute immer mehr Menschen durch ihr Smartphone in einer Scheinwelt.

Isolierung – Spaltung

Das sicherste Zeichen für den Heiligen Geist ist die Einheit, die Einheit mit Gott und als Folge davon die Einheit untereinander. Glaube braucht Gemeinschaft. Jesus geht davon aus, dass wir Ihm gemeinsam nachfolgen. Der Einsame ist immer in besonderer Weise der Versuchung ausgesetzt. Darum brauchen wir Gemeinschaft mit anderen Gläubigen.

Das einzige Kirchengebäude, von dem das Neue Testament spricht, ist ein Gebäude aus Menschen. Paulus schreibt an die Christen in Korinth: *Wisst ihr nicht, dass ihr Gottes Tempel seid und der Geist Gottes in euch wohnt? Wer den Tempel Gottes zerstört, den wird Gott zerstören. Denn Gottes Tempel ist heilig und der seid ihr (1 Kor 3,16-17).* Paulus bezeichnete die Christen weiter als Leib Christi: *Ihr aber seid der Leib Christi und jeder Einzelne ist ein Glied an ihm (1 Kor 12,27).* Es ist die Absicht Jesu Christi, uns in einer geheimnisvollen Weise untereinander zu verbinden. Er will uns in unseren Schwestern und Brüdern begegnen und uns durch sie stärken, bereichern, inspirieren, ermutigen, korrigieren, trösten, …

In der christlichen Gemeinschaft werden wir uns unserer Ecken und Kanten, unserer Fehler und Schwächen, aber auch derer unserer Schwestern und Brüdern bewusst. Das ist unangenehm und kann sehr schmerzhaft sein. Etwas in uns will dem ausweichen. Schnell kann die Versuchung zum Rückzug, zur Verurteilung oder zur Rechthaberei da sein. Oder man sucht eine andere, bessere Gemeinde. Paulus ermutigt dieser Versuchung zu widerstehen: *Wir müssen als die Starken die Schwäche derer tragen, die schwach sind, und dürfen nicht für uns selbst leben. Jeder von uns soll dem Nächsten zu Gefallen leben, zum Guten und zur Auferbauung (Röm 15,1-2).* Warum?

1. Wenn ich mit Fehlern, Schwächen und Sünden konfrontiert werde, wenn ich von meinen Mitmenschen angegriffen und schlecht behandelt werde, dann wird mein Glaube und meine Liebe geprüft. Wenn ich mich darin bewähre, dann wächst durch solche Bedrängnisse in mir die selbstlose Liebe, die Treue, die Geduld, die Hoffnung, die innere Stabilität und vieles mehr. Deshalb schreibt Paulus: *… wir rühmen uns … der Bedrängnisse; denn wir wissen: Bedrängnis bewirkt Geduld, Geduld aber Bewährung, Bewährung Hoffnung (Röm 5,3-4).* Solche Situationen sind immer Wachstumschancen. Jede in der Kraft Jesu bestandene Schwierigkeit und Prüfung macht uns stärker.

2. Wenn kein Mit- und Füreinander da ist, wenn der Leib Christi uneins in Konfliktparteien gespalten ist, verliert dieser seine Wirkung und Kraft! Das Zusammenspiel aller Dienste und Gaben ist entscheidend für die Wirksamkeit und Ausstrahlung der Kirche.[24]

---

[24] Hier kann ein Blick auf die Kirchensituation ernüchternd wirken. Wie oft wird in der Kirche um interne Angelegenheiten, um Struktur-, um Ämterfragen, … diskutiert und gestritten. Eine Kirche, die vor allem um sich selber kreist und sich selbst in ihren internen Auseinandersetzungen schwächt, kann dem Feind nur gelegen kommen.
Geistlicher Kampf heisst, die eigenen Anteile, wo Bereiche in uns selbst mit dem Feind unbewusst zusammenarbeiten, zu erkennen und dort Ordnung zu schaffen. Was das heissen kann, bezeugt die folgende Erfahrung einer Gemeinschaft: „Wir merken auch, wie Gott Seinen Finger auf noch mehr Transparenz in all unseren Beziehungen gelegt hat. Dabei wurde uns deutlich, wie kleinste Unstimmigkeiten, Nachtragen, verletztes

3. Der Feind versucht immer die Schwächen der Menschen zu missbrauchen, um Missverständnisse, Streit, Spannungen und Chaos zu bewirken. Er greift vor allem die Einheit an, die Einheit in der Familie, in der Gruppe, in der Pfarrgemeinde und in der Kirche. Deshalb der Impuls: „Spürt jede Uneinigkeit unter euch auf“. Denn: *Jedes Reich, das in sich gespalten ist, wird veröden und eine Stadt und eine Familie, die in sich gespalten ist, wird keinen Bestand haben (Mt 12,25).*

Komplizenschaft

Ein Komplize ist ein Mittäter bzw. Gehilfe bei einer Straftat. Wir können im geistlichen Leben auch in die Rolle eines Komplizen des Bösen geraten. Paulus schreibt: *Gebt dem Teufel keinen Raum! (Eph 4,27)*. Wir geben dem Teufel immer dann Raum, wenn wir auch nur kleinste Kompromisse mit dem Bösen in uns eingehen. Denn so kann das Böse unbemerkt wachsen und früher oder später wird es Macht in unserem Leben gewinnen. Wir müssen wachsam sein![25]

Komplizenschaft kann verschiedene Formen annehmen. Wenn ich eine Sünde vor mir selbst rechtfertige, so setze ich mich an die Stelle Gottes und entscheide an Seiner Stelle, was gut und böse ist. Durch bewusst nicht gebeichtete schwere Sünden wird dem Satan eine Tür geöffnet, durch die er bei passender Gelegenheit eintreten wird, um zu zerstören.

Ein Problem ist der sogenannte gute Rat von "Freunden", wie dies ein Beispiel aus dem Leben Jesu zeigt. Als Jesus von der Erfüllung Seiner Sendung, von Seinem Leiden, Sterben und Auferstehen in Jerusalem spricht, nahm ihn Petrus beiseite und begann, Ihm Vorwürfe zu machen: *Das soll Gott verhüten, Herr! Das darf nicht mit dir geschehen! (Mt 16,22).* Petrus meint es nur gut und gerade in diesem menschlichen "Gut meinen" wird er für Jesus

---

Schweigen, Rückzug und das Festhalten an "alten Geschichten" und Rechthaberei, das Miteinander schwächen und die Gegenwart des Heiligen Geistes in Seiner ganzen Kraft hindern.“

[25] Wenn wir ehrlich mit uns selbst sind, dann wissen wir, wo bei uns der Wurm drinsteckt, wo unsere Schwächen, Wunden und ungelösten Probleme sind. Da gilt es, jedes Spiel mit dem Feuer zu vermeiden und weise zu handeln. Es dient niemandem, wenn wir uns freiwillig auf Bereiche einlassen, die uns durcheinanderbringen. Wenn ich weiss, dass gewisse Orte, Bücher, Fernsehsendungen, Filme, Themen, Personen, Gruppen … mich in Bereiche verwickeln, die mir zur Versuchung werden, dann gilt es, diese zu meiden. Jesus ist da, gerade weil Er uns liebt, ganz radikal: *Wenn dir deine Hand Ärgernis gibt, dann hau sie ab; es ist besser für dich, verstümmelt in das Leben zu gelangen, als mit zwei Händen in die Hölle zu kommen, in das nie erlöschende Feuer (Mk 9,43).* Jesus macht deutlich, dass unsere jetzigen Entscheidungen Folgen haben, für Zeit und Ewigkeit. Deshalb müssen wir uns unter Umständen von Dingen trennen, auch wenn es schmerzlich ist.

zum Versucher, der Ihn mit diesen Worten von Seiner Sendung abbringen will. Deshalb reagiert Jesus scharf: *Tritt hinter mich, du Satan! Ein Ärgernis bist du mir, denn du hast nicht das im Sinn, was Gott will, sondern was die Menschen wollen (Mt 16,23).*

Hier braucht es Wachsamkeit! Viele gutmeinende Menschen können mich dazu verleiten, oberflächlich, lau und bequem (wie es eben die meisten Menschen tun) Gottes Wege zu gehen. Ich selber kann andere auch dazu verleiten, indem ich sie in ihren Erwartungen und Vorstellungen bestärke, obwohl sie nicht Gottes Wunsch und Willen entsprechen. Wir sind stets in Gefahr, uns bei anderen beliebt machen zu wollen. Dann sind wir geneigt, eher für den Moment unangenehme Wahrheiten, die den anderen herausfordern, zu verschweigen als sie in Liebe und aller Freiheit darzulegen.

Drei Ergänzungen

Der Geistliche Kampf hat viele Aspekte. Dazu noch drei Ergänzungen:

1. Am falschen Ort kämpfen: Bei frommen Menschen kann die Gefahr bestehen, das Problem am falschen Ort zu bekämpfen. Dies kann sich darin zeigen, dass wir dem Teufel die Schuld in die Schuhe schieben, wo wir verantwortlich sind. Johannes Chrysostomus sagte: *Es ist nicht der Teufel, sondern die eigene Nachlässigkeit der Menschen die Ursache aller ihrer Versagen und aller Übel, die sie beklagen.*

Das heisst: Zuerst gilt es immer die Realität anzuschauen, nach möglichen natürlichen Ursachen für ein Problem zu suchen und nicht gleich dem Teufel die Schuld in die Schuhe zu schieben, wo unsere Verantwortung und unser Engagement gefragt sind. Es gibt Probleme, die auf natürlicher Weise und mit psychologischen Hilfen angegangen werden müssen. Das Gebet löst nicht die Probleme, sondern hilft, die Ursachen zu entdecken und gibt Kraft, diese anzugehen, auch wo dies unangenehm und schwierig für uns ist und unser Inneres sich auflehnt, weil dies nicht unseren Vorstellungen entspricht.

2. Übertreibung des Guten: Eine andere Methode der Versuchung besteht in der Übertreibung des Guten. Ein Sprichwort heisst: „Wen der Teufel nicht bremsen kann, den treibt er an." Noch mehr und noch mehr, was schnell zu Überforderung, zu Druck und in eine unerlöste Leistungsfrömmigkeit führt. So wird das Christentum verfälscht und verliert an Ausstrahlung.

3. Demut: Der Satan ist durch seine Auflehnung gegen Gott in seiner stolzen Haltung erstarrt. Er kann nicht demütig sein und versteht diese Tugend nicht. Nichts fürchtet Satan so sehr, wie Christen, die sich ihrer Schwäche bewusst und demütig sind.

Laut Definition bedeutet Demut, dass man die äusseren Gegebenheiten hinnimmt ohne darüber zu klagen und sich selbst nicht zu wichtig zu nehmen. Demut beinhaltet Belehrbarkeit: Ich will hören und Kritik annehmen. Ich bin bereit zu dienen, den zweiten Platz einzunehmen, auf etwas zu verzichten. Ich ehre andere und kann andere in den Mittelpunkt stellen.[26]

Petrus schreibt: *Ordnet euch den Ältesten unter! Alle aber begegnet einander in Demut! Denn Gott tritt Stolzen entgegen, Demütigen aber schenkt er seine Gnade. Beugt euch also in Demut unter die mächtige Hand Gottes, damit er euch erhöht, wenn die Zeit gekommen ist! (1 Petr 5,5-6)*. Gehorsam sich ein- und unterordnen auch in die Lehre der Kirche ist der grösste Schutz.

Den Siegespreis vor Augen

Unsere Aufgabe ist geistlich kämpfen zu lernen. Das heisst erstens: Sobald wir eine Versuchung zum Bösen bemerken, uns sofort klar und entschieden mit einem heiligen Nein, einem klaren „Im Namen Jesu widersage ich …“, von der Versuchung abwenden. Und zweitens: Sofort den Blick auf Gottes Liebe und Sein Wort zu lenken.

Dieser Doppelschritt ist der Kern des Taufgelübdes, wo wir dreimal die Entscheidung aussprechen: *Ich widersage – ich glaube.* So beginnt die Erneuerung des Taufversprechens in der Osternacht mit der Frage: *Widersagt ihr dem Bösen, um in der Freiheit der Kinder Gottes leben zu können?* Es geht bei diesem geistlichen Kampf um die Freiheit, als *Kinder Gottes* frei unsere Berufung leben zu können.

Dem Bösen widersagen bedeutet zu erklären, dass ich nie mehr mit einer Beeinflussung des Bösen zu tun haben will. Das ist endgültig vorbei! Ich sage entschieden nein zu allem, was mich unfrei macht.[27] Wer das Taufgelübde voll Glauben ausspricht, in dem wird Gottes Kraft wirksam.

---

[26] Demut ist nicht schlecht über sich zu denken. Demut ist Freude am Leben, am Schönen, … Teresa von Avila sagt: „Demütig sein heißt: In der Wahrheit sein.“ In der Wahrheit ist ein Mensch, der weiss, wer er ist und was er kann und gleichzeitig aber auch zu seinen Grenzen und Schwächen steht. Es geht nie darum, sich klein zu machen oder minderwertig von sich zu denken. Es geht vielmehr darum, sich nicht stolz über andere zu erheben, sie auch nicht im Herzen zu kritisieren. Demut lebt, wer sich Gottes Liebesordnung einordnet, die kein Oben und Unten kennt.

[27] So kann ich z.B. laut aussprechen: „Im Namen Jesu widersage ich der Resignation, der Mutlosigkeit, der Lüge, dem Stolz, dem Hass, der Bitterkeit, der Begierde, der Angst, der Feigheit, der Selbstablehnung, … Jesus Christus, ich vertraue Dir voll und ganz. Denn Du liebst mich über alles. Du führst mich die besten Wege, auch jetzt. Ich danke Dir dafür. Amen“

Wir stehen in dieser Welt in einem geistlichen Kampf. Doch die Zeit des Kampfes wird ein definitives Ende haben. Vor uns liegt die Ewigkeit. Wir werden kein zweites Leben haben, keine zweite Möglichkeit, um Gott unsere Liebe zu zeigen. Was wir in diesen kurzen Jahren leben, hat Auswirkungen für die Ewigkeit. Darum ist jeder Tag unseres Lebens wertvoll und unwiederholbar. Deshalb hat Papst Johannes Paul II. auf die Frage, ob er sich nicht endlich ausruhen wolle, regelmässig geantwortet: *Ich werde eine Ewigkeit Zeit haben auszuruhen.*

In diesem Leben sind wir gezwungen einen geistlichen Kampf zu führen, Da ist uns Paulus ein Vorbild: *Das Ziel vor Augen, jage ich nach dem Siegespreis: Der himmlischen Berufung Gottes in Christus Jesus (Phil 3,14).* Bei diesem Kampf geht es darum, den *unvergänglichen Siegeskranz zu gewinnen (1 Kor 9,25).*

Dazu hilft auch das Gebet zum Hl. Erzengel Michael: „Heiliger Erzengel Michael, verteidige uns im Kampfe; gegen die Bosheit und die Nachstellungen des Teufels sei unser Schutz. "Gott gebiete ihm", so bitten wir flehentlich; du aber, Fürst der himmlischen Heerscharen, stosse den Satan und die anderen bösen Geister, die in der Welt umhergehen, um die Seelen zu verderben, durch die Kraft Gottes in die Hölle.“[28]

Ins Leben gebracht – den Siegespreis vor Augen

Geistlicher Kampf „bedeutet, dem Bösen in uns ins Gesicht zu blicken und sich dafür zu entscheiden, gegen seine Wirkungen zu kämpfen, vor allem gegen seine Ursachen bis hin zur letzten Ursache, die Satan ist“ (Papst Benedikt XVI).

Ich kann für mich diese Gedanken über den geistlichen Kampf bedenken und mich fragen: Was ist für mich neu? Was hilft mir?

Dann: Wo sind meine Schwachpunkte, die der Feind missbraucht? Wie könnte der Plan des Feindes aussehen? Wo greift er an, um meine Sendung im Reich Gottes zu schwächen, zu stören, …? Welchen Türspalt in meinen Gedanken, … muss ich ganz schliessen? Ich kann den Heiligen Geist bitten, mir dies aufzuzeigen.

Hilfreich ist es bei Anfechtungen klar Position zu beziehen. Dazu kann das Taufgelübde-Gebet eine Hilfe sein. (Vgl. S. 59).

[28] Verfasst im Jahr 1880 von Papst Leo XIII. Ursprünglich war das Gebet am Ende jeder heiligen Messe vorgesehen, 1960 stellte Papst Johannes XXIII. dies in das Belieben des Priesters, nach dem Zweiten Vatikanischen Konzil fand es in der Liturgie kaum mehr eine Verwendung. Papst Franziskus hat es neu allen Gläubigen empfohlen.

IV. Gericht – Gott beendet das Treiben des Bösen (16,6-20,5)

Sieben Kapitel der Offenbarung handeln vom Gericht Gottes. Gericht heisst einerseits: Gott wird dem Treiben des Drachen und der Tiere, dem Treiben des Bösen ein Ende setzen. Gericht heisst andrerseits: Gott erlöst und befreit Seine Schöpfung. Er holt sie aus aller Versklavung, Verderbnis und Verwüstung heim und stellt sie herrlich und wunderbar wieder her. Dieser zweite Aspekt geht in die Vollendung hinein.

So markiert das Gericht das Ende der alten Welt, in der die bösen Kräfte weitgehend das Sagen hatten, und den Beginn des vollendeten Reiches Gottes, wo Er als der allein Heilige und Heilbringende herrscht und gefeiert wird. Wir beschränken uns hier auf die grossen Linien anhand einiger ausgewählten Textpassagen.

Kurze Beschreibung von Kapitel (14,6-16,26)

Kurze Beschreibung von Kapitel 14,6-20

In 14,6-13 hören wir vier verschiedene Botschaften, über das Gericht.

14,6-7: Die erste Botschaft hat universale Gültigkeit. Der Engel, der sie verkündet, fliegt hoch am Himmel, weithin sichtbar und ruft mit lauter Stimme. Er wendet sich an alle Erdenbewohner aus allen Nationen, Stämmen, Sprachen und Völkern. Selbst unmittelbar vor dem letzten Gericht bietet Gott allen nochmals das Heil an. Alle werden zur Umkehr eingeladen. Der Engel verkündet, wie es möglich ist, das Gericht Gottes zu bestehen: *Fürchtet Gott und erweist ihm die Ehre! … Betet ihn an, der den Himmel und die Erde, das Meer und die Wasserquellen geschaffen hat! (14,7).*

14,8: Die zweite Botschaft betrifft Babylon, dessen Sturz so sicher ist, dass er als bereits geschehen verkündet wird: *Gefallen, gefallen ist Babylon, die Große.* Die Christen der neutestamentlichen Zeit bezeichnen mit *Babylon* die Stadt Rom und das römische Reich (vgl. 1 Petr 5,13), das alle Völker mit dem Wein ihrer Unmoral verführte. Babylon steht hier aber auch für jede von Gott abgefallene Gesellschaft, welche mit Druck die Menschen von Gott und Seinen Geboten wegführt und sich selbst an die Stelle Gottes setzt.

14,9-12: Die beiden Tiere agierten mit Verführung und Zwang, um zwei Ziele zu erreichen: Erstens, dass die Menschen nicht Gott, sondern die Geschöpfe anbeten und dass sie zweitens zur Überzeugung kommen, dass es nur Vorteile bringe, wenn sie dem Druck der Tiere nachgeben. Nun erfahren alle, die das Tier und sein Standbild anbeteten und sein Kennzeichen tragen, dass sie den Becher voll des ungemischten Weines des

Zornes Gottes trinken müssen, mit Feuer und Schwefel gepeinigt werden und in alle Ewigkeit keine Ruhe haben werden. Feuer und Schwefel versinnbildlichen einen besonders intensiven Schmerz, den sie *vor den Augen der heiligen Engel und des Lammes (14,10c)* erleiden. Mit diesem Bild wird ausgedrückt, dass sie schmerzlich erkennen, welche Gemeinschaft und welches Leben sie durch ihre Abkehr von Gott verloren haben.

14,13: Die vierte Botschaft bezieht sich auf die Vollendung. Hier werden die Toten seliggepriesen, die in der Treue zum Herrn und in der Verbindung mit dem Herrn sterben. *Ihre Taten folgen ihnen nach.* Nichts von dem Guten, dass sie getan haben, wird vergehen.

14,14-20: Nachdem die vier Stimmen verklungen sind erscheint der Menschensohn, der in der Hand die Erntesichel, das Symbol des Richteramtes hält. Die Visionen von der Getreideernte und Weinlese unterstreichen noch einmal, dass das irdische Treiben nicht endlos andauern wird. Wie auf das Wachsen von Getreide und Trauben die Ernte folgt, so wird auf das jetzige irdische Geschehen das Gericht folgen.

Das Bild der Ernte bedeutet sowohl das Sammeln der Menschen ins Königreich Gottes hinein wie das Sammeln der Gottlosen zum Gericht. 14,19 hat nicht die Rettung, sondern das Gericht im Blick. In 14,20 wechselt das Bild vom Wein zum Blut, das bis *an die Zügel der Pferde* also ein Meter hoch und *eintausendsechshundert Stadien weit* also 300 Kilometer weit strömt. Unfassbar!

Kurze Beschreibung von Kapitel 15

Nach der mehrfachen Ankündigung des Gerichts kommt zuvor noch die Schau der sieben letzten Plagen. Diese sind verbunden mit dem Ausgiessen der sieben goldenen Schalen, die mit dem Zorn Gottes angefüllt sind. In 15,1-8 schaut Johannes, wie dieses Geschehen im Himmel vorbereitet wird.

15,1: Johannes sieht in der Offenbarung drei grosse und wunderbare Zeichen am Himmel: Die Frau, die mit der Sonne bekleidet ist, den grossen, feuerroten Drachen und hier die sieben Engel mit den sieben Schalen. Die Frau (Maria) steht für alle, die Gott unter Seinen Schutz genommen hat und die dem Lamm die Treue halten. Der Drache kämpft mit aller Macht gegen sie an und will sie von Gott trennen. Die sieben Engel zeigen, wie Gott in diesen Kampf eingreift und zu welchem Ende Er ihn bringt.

15,2-4: Nun sieht Johannes den Thronsaal Gottes und ein Ereignis, das sich erst nach dem Gericht ereignen wird. *Die Sieger über das Tier,* die Märtyrer, die vom Tier getötet wurden, stehen über dem *gläsernen Meer*, was darauf hinweist, dass in Gott alles klar und durchsichtig ist. Mit den Harfen Gottes singen sie das *Lied des Mose … zu Ehren des Lammes.*

Wie einst das Volk des Alten Bundes aus der Macht des Pharaos gerettet wurde und sie über einen gefahrvollen Weg durch das Schilfmeer das rettende Ufer erreichten, haben die Sieger über das Tier einen gefahrvollen Weg hinter sich und das rettende Ufer erreicht: Sie stehen nun vor dem Thron Gottes und preisen das rettende Handeln Gottes. Ihr Lied ist zugleich das Lied des Lammes, weil sie durch das Blut des Lammes freigekauft und gerettet wurden: *Gross und wunderbar sind deine Taten, Herr und Gott, du Herrscher über die ganze Schöpfung (15,3b) … Alle Völker kommen und beten dich an; denn offenbar geworden sind deine gerechten Taten (15,4).* Denn zur grossen Gemeinschaft derer, die dem Lamm folgen, gehören Menschen aus allen Nationen.

Der letzten Aufforderung zur Umkehr in den Versen 15,6-11 folgt nun die letzte Mahnung Gottes in den Schalenplagen. Auch diese Siebener-Reihe der Zuchtmittel Gottes will nicht die Bestrafung, sondern die Umkehr. Auch hier sind die Zuchtmittel weitgehend Folgen des menschlichen Handelns. Gott überlässt den Menschen seinem eigenen Tun. Er nimmt die Gnade weg, die das ausgleicht, was durch die Sünde verloren wurde. Der Mensch soll die Folgen seines Tuns spüren, dadurch zur Einsicht kommen, umkehren und die Erlösung in Anspruch nehmen.

15,5-8: Feierlich treten die sieben Engel auf, die die Schalen ausgiessen sollen. Sie kommen aus dem himmlischen Offenbarungszelt, d.h. aus der unmittelbaren Gegenwart Gottes. Sie treten auf in grosser Würde. Ihr Gewand ist aus reinem Leinen wie das Gewand der Priester, und wie Könige sind sie mit einem goldenen Gürtel gegürtet. Sie kommen als souveräne Vollstrecker des göttlichen Willens.

Die goldenen Schalen erhalten sie von einem der vier Lebewesen, welche die Schöpfung vor Gott vertreten. Das sichtbare Zeichen für die Anwesenheit der Macht des Allerhöchsten ist der Rauch der Herrlichkeit, der jeglichen Zutritt für Menschen unmöglich macht. So konnte bei der Einweihung des Tempels unter Salomo kein Mensch in den Tempel eintreten, solange die Rauchsäule im Tempel war (vgl. Ex 40,34-35). Das weist darauf hin, dass nun – nachdem den Menschen noch eine letzte Möglichkeit zur Umkehr gewährt wurde, keine Fürbitte mehr Gottes Strafgerichte abwenden kann.

Kurze Beschreibung von Kapitel 16

In 16,1-21 schaut Johannes, welche Plagen die Anbeter des Tieres treffen. Die siebte Plage ist ein grosses Erdbeben, das die Stadt Babylon und die Städte der Völker zum Einsturz bringt. Damit tritt von neuem jenes Geschehen in den Mittelpunkt, welches in 14,8 schon angekündigt wurde, das die nächste Visionenreihe ausfüllt (17,1–18,24) und den ersten Akt des endgültigen Gerichts darstellt.

Die vier ersten Plagen (16,2-9) haben Ähnlichkeit mit jenen, die aus dem Blasen der vier ersten Posaunen hervorgingen. In beiden Fällen ist das Land, das Meer, die Flüsse und Quellen und schliesslich die Sonne vom Handeln der Engel betroffen. Bei den Posaunenplagen ist dies jeweils auf ein Drittel des Landes eingeschränkt, während bei den Schalen das ganze Land von der Plage getroffen wird. So liegt hier eine Steigerung vor.

Die meisten Schalenplagen haben Vorbilder in den Plagen, die den Pharao und die Ägypter trafen, als sie sich gegen den Willen Gottes stellten und das Volk Israel nicht ziehen liessen. Das gilt für die Geschwüre (vgl. Offb 16,2; Ex 9,8-10), für die Verwandlung der Gewässer in Blut (vgl. Offb 16,3f; Ex 7,14-25), für die Finsternis (vgl. Offb 16,10; Ex 10,21-23), und auch für die Frösche (vgl. Offb 16,13; Ex 7,27-29) sowie für den Hagel (vgl. Offb 16,21; Ex 9,22-26).

Die Bedeutung der sieben Schalenplagen liegt darin, dass die Gotteslästerer und die Verfolger der Gläubigen schon vor dem endgültigen Gericht die Macht Gottes zu spüren bekommen. Bis jetzt hatte man eher den Eindruck, dass sie in dieser Welt fast ungehindert herrschen können. Hier wird klar gezeigt, dass Gott die Verfolger Seines Volkes spürbar an ihre Grenzen anstossen lässt, und sei es nur die Grenze von Krankheit, Schmerz und Tod.

Die Erfahrung der eigenen Ohnmacht sollte sie zur Umkehr, und zur Anerkennung Gottes führen. Doch dies geschieht nicht, im Gegenteil! Solange sie Macht haben und sie die Gläubigen ihre Macht spüren lassen können, machen sie sich lustig über den Gott, der nicht eingreift. Sobald sie selber von Schmerz und Not getroffen werden, beklagen sie sich über Gott, und werfen Ihm ihre Schmerzen und Leiden vor.

16,1: Der Zorn Gottes, der in diesen Plagen offenbar wird, bezieht sich nicht in erster Linie über die Sünde der Menschen. Er richtet sich vor allem gegen den Widersacher Gottes und dessen Helfer (das Tier), welche die Heilspläne Gottes mit den Menschen und der Welt zerstören wollen. Die *laute Stimme aus dem Tempel* ist Gott selbst, der mit dem Ausgiessen der Schalen den Endprozess für die endgültige Verwandlung Seiner Schöpfung einleitet.

16,2-11: Die ersten fünf Plagen gehören zusammen. Sie treffen die Anbeter des Tieres. Sie betreffen die Erde, das Meer, das Süsswasser und die Sonne und sie rufen unmittelbare Reaktionen hervor. Unterbrochen werden die Plagen von zwei Gebeten. Zuerst bestätigt der Engel, dem die Sorge für die Gewässer anvertraut waren und dann die Märtyrer, dass die Zerstörung und somit die *Gerichtsurteile* Gottes gerecht seien.

Bei der vierten Plage (vgl. 16,8-9) erkennen die Menschen, dass Gott der Urheber der Plage ist, doch statt umzukehren, *lästerten sie den Namen Gottes.* Selbst hier gibt Gott mitten in den Plagen noch eine Chance zur Umkehr. Doch wie beim Pharao, der durch die Plagen sein Herz nicht änderte, bleiben die Herzen der Menschen hart. Die fünfte Plage richtet sich direkt gegen das Tier im Dienste Satans. Die Weltmacht muss erfahren, dass trotz aller noch so ausgeklügelten Überlegungen und Planungen ihr Glanz erlischt. Die zu ihr gehörenden zerbeissen *sich vor Angst und Schmerz die Zunge*

16,12-20: Die beiden letzten Schalen künden das an, was später ausführlich beschrieben wird: Den Endkampf gegen den Drachen und seine Helfer (vgl. Offb 19,11-20,10) und den Sturz Babylons.

Die sechste Schale trocknet den Fluss *Euphrat* aus. Euphrat ist hier ein Symbol für einen Strom, den man nicht so leicht überqueren konnte. Nun ist er ausgetrocknet. Somit ist das Hindernis weg und er kann überquert werden. Das nutzen der Drache, das Tier und sein falscher Prophet, um die Könige *der ganzen Erde für den Krieg* gegen Gott und gegen die, die Ihm treu geblieben sind, zu sammeln. Alle Macht der Welt vereinigt sich zum Kampf. Der Einschub in 16,15 ruft zur Wachsamkeit auf und ermutigt, *sein Gewand,* das Taufgewand treu zu bewahren. Der Ort des Endkampfes heisst *auf Hebräisch Harmagedon.*

Die siebte Plage bringt die Zerstörung Babylons. Die widergöttliche Weltmacht bricht auseinander. Nun wird Babylon bestraft, denn aus ihm geht jeglicher Götzendienst hervor. Babylon hatte die Völker verführt, vom Kelch seiner Unmoral zu trinken. Das hat die Stadt reich gemacht. Nun wird die Stadt gezwungen den Wein des rächenden Zornes Gottes zu trinken. Nun wird Babylon zur Rechenschaft gezogen. Alles ist zertrümmert. Dennoch bleiben die Menschen verstockt und lästerten Gott wegen dieser Plage, … denn die Plage war über die Massen gross.

Gericht über die Hure Babylon (17,1-18)

In der Offenbarung gibt es drei gottfeindliche Mächte: Der Drache (Satan), die beiden Tiere (das römische Reich und die Priesterschaft des Kaiserkultes) und die Hure Babylon (Rom). Alle drei können vor Gott nicht bestehen. In umgekehrter Reihenfolge zu ihrem Auftreten werden sie gestürzt. Zuerst lesen wir in Offenbarung 18 vom Sturz der Hure. Doch vorher wird sie in Kapitel 17 beschrieben.

Was ist mit Hure gemeint?

Die Propheten Hosea, Jeremia und Ezechiel beschreiben die Beziehung zwischen Gott und dem Volk Israel als eine Ehe. Deshalb bezeichnen sie die Abwendung von Gott und die Verehrung fremder Götter als Ehebruch und Hurerei. Solche Untreue muss nicht immer nur der spezifisch religiöse Abfall von Gott sein. So bezeichnet Jesaja Jerusalem als Dirne (vgl. Jes 1,21-23), weil es die soziale Gerechtigkeit vernachlässigt, indem es Bestechung und Ausbeutung der sozial Schwächeren und Mord zulässt.[29]

Das Gegenstück von Hure ist in der Offenbarung die Braut des Lammes. Schauen wir diese zwei Bilder genauer an, um die beiden Grundhaltungen zu verstehen, die für Braut und Hure stehen. Es geht dabei nicht um die Bewertung eines Menschen, der aus welchen Gründen auch immer in das Elend der Prostitution geraten ist.

Die Braut bindet sich ganz an das Lamm, an Jesus Christus. Sie gehört Ihm und folgt Ihm in ungebrochener Treue. Sie liebt Ihn und lebt mit und für Ihn. Die Braut ist ganz auf das Du, das sie liebt, ausgerichtet. Sie verfolgt die Interessen des Lammes.

Die Hure hingegen lebt frei und ungebunden. Sie lebt für sich selber. Sie gehört sich selber. Sie ist auf das aus, was ihr Vorteile bringt. Für solche Vorteile, sei es Macht, Ehre, Geld oder Genuss, stellt sie ihren Körper zur Verfügung. Sie verführt und benützt die Menschen solange es ihr passt. Es geht ihr um sich selber.

Johannes sieht diese Haltung der Hure in Rom verwirklicht. Darum ist sie die "Hure Babylon". Zugleich ist sie das Sinnbild für ein luxuriöses, gottloses, egoistisches Leben zu allen Zeiten, wo man auf die eigenen Vorteile aus ist. Ihre Bekleidung in Purpur und Scharlachrot steht in starkem Gegensatz zu dem strahlend reinen Leinen der Braut.

Kurze Beschreibung von Kapitel 17,1-14

17,1-2: *Die an den vielen Gewässern sitzt* ... ist ein Bild für die Macht und den grossen Einflussbereich der Hure. Im Alten Testament finden wir oft das Bild von *Hure*. Damit ist Götzendienst gemeint, Untreue gegenüber dem mit Gott geschlossenen Bund. Johannes sieht Rom als Beispiel und Symbol für dieses gottlose Leben. Die zügellose, unverbindliche, egoistische Lebensweise *wirkt wie berauschender Wein* und steckt *die Bewohner der Erde* damit an.

---

[29] In der Bibel werden nur zwei heidnische Städte, Tyrus und Ninive (Nah 3,4), als Huren bezeichnet. Der Grund liegt darin, dass sie bedenkenlos eigene wirtschaftliche Interessen verfolgen.

17,3-6: Jetzt erscheint die Hure als Frau, die auf einem *scharlachroten Tier* sitzt. Scharlachrot ist die Farbe der Königswürde, von Pracht und Prunk, Sinnbild für Luxus. Der Glanz soll Eindruck machen, blenden und verblenden. Kleidung und Schmuck sind von kostbarsten Materialien. In der Hand hält sie *einen goldenen Becher*, der mit ihrer abscheulichen Lebensart gefüllt ist und Verderben bewirkt. Während in 17,1 schon das Strafgericht über sie angekündigt wird, schwelgt sie zunächst noch in Reichtum und Prunk.

Wie früher die römischen Dirnen, trägt sie auf der Stirn ihren eigenen Namen, während die Auserwählten den Namen des Lammes auf der Stirn tragen. Das zeigt: Die Hure gehört sich selber. Zu ihrer berauschenden Lebensart kommt hinzu, dass sie alle tötet, die ihrer Lebensart nicht folgen. So ist die Frau trunken *vom Blut der Heiligen*. Die Hure macht auch auf Johannes einen tiefen Eindruck.

17,7-14: Der Engel enthüllt das Geheimnis der Frau und des Tieres. Die Hure sitzt auf dem Tier wie Rom über dem römischen Reich. Die nun folgenden Zahlen der Könige sind symbolisch zu deuten. Sieben ist die Zahl der Fülle. Auch wird darauf hingewiesen, dass die *zehn Könige* nur *Macht für eine einzige Stunde* erhalten. Ihre Macht ist von Gott eingeschränkt.

Die Könige *werden mit dem Lamm Krieg führen, aber das Lamm wird sie besiegen (17,14)*. Damit wird auf den kommenden Sieg des Lammes hingewiesen.

Gericht über die Hure Kapitel 17,15-18

Ein Engel zeigt Johannes das Strafgericht und damit die Entmachtung der grossen Hure: *Dann kam einer der sieben Engel, welche die sieben Schalen trugen, und sprach mit mir. Er sagte: Komm, ich zeige dir das Strafgericht über die große Hure, die an den vielen Gewässern sitzt (17,1)* Wie geht das Gericht vor sich?

In Offb 17,15 sagt er weiter: *Du hast die Gewässer gesehen, an denen die Hure sitzt; sie bedeuten Völker und Menschenmassen, Nationen und Sprachen. Du hast die zehn Hörner und das Tier gesehen; sie werden die Hure hassen, ihr alles wegnehmen, bis sie nackt ist, werden ihr Fleisch fressen und sie im Feuer verbrennen. Denn Gott lenkt ihr Herz so, dass sie seinen Plan ausführen: Sie sollen einmütig handeln und ihre Herrschaft dem Tier übertragen, bis die Worte Gottes erfüllt sind. Die Frau aber, die du gesehen hast, ist die große Stadt, der die Herrschaft gehört über die Könige der Erde (17,15-18).*

Wer vollzieht das Gericht? Greift Gott mit grosser Macht ein? Schlägt Er zu? Nein! Völlig überraschend verwüsten das Tier und die zehn Hörner, das sind zehn verbündete Könige, die Hure. D.h. sie vollstrecken aneinander unbewusst das Gericht Gottes. Gott braucht gar nicht aktiv einzugreifen. Das Böse vernichtet sich selber gegenseitig. Totalitäre Mächte gehen oft an sich selbst zugrunde.

Das zeigt: Gott hat auch Seine Feinde so sehr in der Hand, dass diese in ihren bösen Absichten Seinem Plan dienen müssen, wenn die Zeit gekommen ist. Am Ende sind sie eingebunden in den Willen Gottes. *Denn Gott lenkt ihr Herz so, dass sie seinen Plan ausführen (17,17a).* So gross ist Gottes Souveränität!

Wir können auch sagen: Die Menschheit richtet sich selber. Das zeigt sich z.B. an der Umweltzerstörung: Wenn wir in unserem Wohlstandswahn noch einige Jahrzehnte weiter so rücksichtlos die Rohstoffe der Erde ausbeuten und die Natur zerstören, führen wir uns selber in die Katastrophe, in die Selbstzerstörung, ins Gericht.

Das Tun des Menschen fällt auf ihn zurück. Dieser Unerbittlichkeit des Gerichtes kann keiner in seinem Leben ausweichen. Was der Mensch sät, wird er ernten. Wer Böses sät, wer Zwiespalt, Verleumdung, Gegnerschaft... sät, wird selber die Ernte davon erfahren. Das Böse holt den Menschen immer ein. Wer Böses tut, bestraft immer auch sich selber.

Kurze Beschreibung von Kapitel 18,1-25

18,1: Die Wichtigkeit der Botschaft sehen wir an der Grösse, Herrlichkeit und Macht des Engels, der mit gewaltiger Stimme ruft. Wer die leise Stimme der Gnade nicht hören will, der muss nun die laute Stimme des Gerichts hören. Sie kündet den bereits geschehenen Sturz der Stadt an, weil sie zum Ort aller unreinen Wesen geworden ist.

18,2-8: *Gefallen, gefallen ist Babylon, die Große! (18,2).* Der Untergang der Stadt wird auf vielfache Weise angekündigt in Offb 18,1.4.10.16.19.21. Damit wird zum Ausdruck gebracht, dass es keinen Zweifel am Untergang dieser gottfeindlichen Lebensart gibt.

Verlass die Stadt, mein Volk, damit du nicht mitschuldig wirst an ihren Sünden und von ihren Plagen mitgetroffen wirst! (18,4). Der zweite Engel fordert dazu auf, denn die Gemeinschaft mit der Sünde zieht die Strafe mit sich. Gott ruft Sein Volk zu einem radikalen Bruch mit der Gottlosigkeit Roms auf. Sie sollen sich von ihr distanzieren, aus der Stadt ausziehen, um nicht in den Untergang mit hineingezogen zu werden.

Zahlt ihr mit gleicher Münze heim, gebt ihr doppelt zurück, was sie getan hat! Mischt ihr den Becher, den sie gemischt hat, doppelt so stark! (18,6). Das Doppelte bedeutet vollständig oder überströmend. Die Verdoppelung der Vergeltung bringt zum Ausdruck, dass das Festhalten an der Ablehnung Gottes und dem gottlosen Leben in ein schreckliches Verderben führt. Dagegen nützt auch die Überheblichkeit nichts: *Ich throne als Königin, ich bin keine Witwe und werde keine Trauer kennen (18,7).*

18,9-24: Wer bis jetzt von der Stadt profitiert hat, klagt über ihren Untergang. Das sind diejenigen die dem System angehörten, die Könige, Kaufleute und Seefahrer. Sie betrauern nicht die Zerstörung der Stadt, sondern den Verlust der eigenen Macht. Dazu gehörten *sogar Menschen mit Leib und Seele (18,13),* was auf Sklavenhandel hinweist. Ihre Klagen bezeugen, dass Gott die Macht hat, sich Seinen Feinden gegenüber durchzusetzen. Deshalb der Jubel im Himmel, dem Gegenstück Gottes zum Wehklagen auf Erden.

Der Klage über den Untergang steht die Aufforderung derer gegenüber, die unter der Stadt gelitten haben und von ihr getötet wurden: *Freu dich über ihren Untergang, du Himmel - und auch ihr, Heilige, Apostel und Propheten, freut euch! Denn den Urteilsspruch zu euren Gunsten hat Gott an ihr vollstreckt (18,20).* In einer Symbolhandlung drückt ein *gewaltiger Engel* aus, wie vollständig Babylon verschwunden sein wird. Er wirft einen gossen Mühlstein ins Meer, der gleich darauf nicht mehr zu sehen ist. Totenstille, alles Leben ist verschwunden, die Stadt wird zur Wüste.

Was die Offenbarung für Rom und ihre Kaiser ankündigt, gilt für alle vergleichbaren Mächte, die im Lauf der Geschichte auftreten werden.

Die Hochzeit des Lammes (19,1-10)

Die Hure geht unter, und die Braut geht der Hochzeit mit dem Lamm entgegen. So kann dieser Abschnitt überschrieben werden: *Danach hörte ich etwas wie den lauten Ruf einer großen Schar im Himmel, sie sprachen: Halleluja! Das Heil und die Herrlichkeit und die Macht sind bei unserm Gott. Seine Urteile sind wahr und gerecht. Er hat die große Hure gerichtet, die mit ihrer Unzucht die Erde verdorben hat. Er hat Rache genommen für das Blut seiner Knechte, das an ihren Händen klebte. Noch einmal riefen sie: Halleluja! Der Rauch der Stadt steigt auf in alle Ewigkeit. Und die vierundzwanzig Ältesten und die vier Lebewesen fielen nieder vor Gott, der auf dem Thron sitzt, beteten ihn an und riefen: Amen, halleluja! Und eine Stimme kam vom Thron her; sie sagte: Preist unsern Gott, all seine Knechte und alle, die ihn fürchten, Kleine und Große! (19,1-5).*

Mit dem Ruf *Halleluja!,* der aus den Psalmen genommen ist und sich im Neuen Testament nur hier in der Offenbarung findet, fordert eine grosse *Schar im Himmel* zum Lob Gottes auf.[30] Der himmlische Chor nennt zwei

[30] Das Wort Halleluja kommt aus dem Hebräischen. Es ist zusammengesetzt aus dem Verb *hillel,* was preisen, verherrlichen, loben, ausrufen bedeutet und dem Substantiv *Jah,* eine verkürzte Form der hebräischen Bezeichnung für Gott. Es heisst also: *verherrlicht Gott, preist Gott, lobt Gott.* Ursprünglich war das Wort ein Ausruf des Staunens und der Begeisterung über Gott. Es war ein Jubelruf, ein Freudengesang, ein kraftvolles Wort.

Gründe für den Sturz der grossen *Hure*. Ihr Sturz ist die gerechte Strafe Gottes für ihr gottwidriges Wirken und die Vergeltung dafür, dass sie diejenigen, die sich von ihr nicht verführen liessen verfolgt und getötet hat. Was die grosse Schar voll Begeisterung und Freude ausgesprochen hat, erhält die Bestätigung durch das *Amen, Halleluja!* der *vierundzwanzig Ältesten* und der *vier Lebewesen.* Am Anfang galt der Lobpreis der vierundzwanzig Ältesten und der vier Lebewesen Gott dem Schöpfer (vgl. Offb 4,8-11) und dem Lamm als dem Erlöser (vgl. Offb 5,8-10). Jetzt gilt der Lobpreis Gott als dem gerechten Richter, der die feindlichen Mächte überwindet und den endgültigen Triumph Seiner Herrschaft herbeiführt.

Da hörte ich etwas wie den Ruf einer großen Schar und wie das Rauschen gewaltiger Wassermassen und wie das Rollen mächtiger Donner; die Worte waren: Halleluja! Denn König geworden ist der Herr, unser Gott, der Herrscher über die ganze Schöpfung. Wir wollen uns freuen und jubeln und ihm die Ehre erweisen. Denn gekommen ist die Hochzeit des Lammes und seine Frau hat sich bereit gemacht. Sie durfte sich kleiden in strahlend reines Leinen. Das Leinen bedeutet die gerechten Taten der Heiligen (19,6-8).

Nun erklingt zum vierten Mal das *Halleluja* durch eine grosse Schar, deren Lautstärke mit grossen Wassermassen und starken Donnern verglichen wird, was ihre Begeisterung zum Ausdruck bringt. Ihr Jubel wird damit begründet, dass Gott Seine Herrschaft angetreten hat und sie überall durchsetzen wird. Dies führt zur *Hochzeit des Lammes*, die mit Freude und Jubel begrüsst wird.[31] Sie besteht in der liebevollen, herzlichen, gegenseitigen Gemeinschaft mit dem Lamm.

---

31 Ein Blick auf die jüdischen Hochzeitsriten: Die Mädchen lebten bis zur Hochzeit bei den Eltern und wurden meist vor dem 15. Lebensjahr verlobt. Die Verlobung war ein rechtlicher Vertrag zwischen dem Vater der Braut und dem zukünftigen Ehemann. Der Vater bestimmte, wen seine Tochter heiratet. Ab dem Zeitpunkt der Verlobung galt das Mädchen als Eigentum ihres zukünftigen Ehemannes. Nach der Verlobung lebte das Mädchen noch etwa ein Jahr bei den Eltern bis zur Hochzeit, der Heimholung der Braut. In dieser Zeit wurde das Mädchen auf die Ehe vorbereitet und der Bräutigam bezahlte den Brautpreis an den Vater der Braut (vgl. Gen 34,12).

Danach kam es zum grossen Hochzeitsfest. Die Braut bereitete sich vor und schmückte sich festlich. Der Bräutigam geht in Begleitung seiner Freunde zum Haus seiner Verlobten. Dort nimmt er die festlich geschmückte Braut in Empfang und zieht zusammen mit ihr und den Brautjungfrauen in einer feierlichen Prozession zu seinem Haus (vgl. Mt 9,15; Mt 25,1ff). Dann findet das Hochzeitsfest statt, das in der Regel mehrere Tage dauerte.

Im Alten Testament wird die Beziehung zwischen Gott und Seinem Volk Israel mit dem Eheverhältnis von Mann und Frau verglichen (vgl. Hos 2,18.21; Jes 54,5; Jer 3,1-4; Ez 16,8). Das Neue Testament zeigt Jesus als Bräutigam (vgl. Mk 2,19-20; Joh 3,29; Eph 5,23-25.32). Die ewige Vollendung wird mit einem Hochzeitsmahl verglichen (vgl. Mt 22,1-14). Paulus hat die Gemeinde mit Christus verlobt und will sie als Braut Christi dem Bräutigam zuführen (vgl. 2 Kor 11,2). Jesus hat den Brautpreis durch Seinen Tod am Kreuz bezahlt.

Jemand sagte zu mir: Schreib auf: Selig, wer zum Hochzeitsmahl des Lammes eingeladen ist! Dann sagte er zu mir: Das sind zuverlässige Worte Gottes. Und ich fiel ihm zu Füßen, um ihn anzubeten. Er aber sagte zu mir: Tu das nicht! Ich bin ein Mitknecht wie du und deine Brüder, die das Zeugnis Jesu festhalten. Gott bete an! Das Zeugnis Jesu ist der Geist prophetischer Rede (19,9-10).

Wir wollen uns freuen und jubeln … (19,7) dieses Jubellied der Kirche, in das die vierundzwanzig Ältesten mit Dank einstimmten, ist für sie noch Zukunft. Für die Gläubigen ist dies ein Ziel, für das es sich zu leben und zu sterben lohnt. Von diesem Ziel hören wir in der Eucharistiefeier, wenn vor dem Empfang der Heiligen Kommunion mit dem Lamme die Einladung ausgesprochen wird: *Selig, wer zum Hochzeitsmahl des Lammes eingeladen ist! (19,9).* Hier auf Erden wird sakramental die Gemeinschaft mit dem Lamm vorweggenommen im Blick auf das letzte Ziel. Dann wird es zu einem unüberbietbaren Höhepunkt der Freude und des Jubels bei der Hochzeit des Lammes kommen.
Dies muss Johannes unbedingt aufschreiben und weitergeben. Er selbst ist davon so überwältigt, dass er vergisst, wen er vor sich hat. Er will anbeten, doch die Person sagt, dass sie mit ihm im prophetischen Dienst stehe, der darin besteht, für *das Zeugnis Jesu* einzutreten.

Ins Leben gebracht – Als Braut Jesu, des Lammes leben …

Unsere konkreten Lebenswege, unsere körperliche Konstitution, unsere Begabungen und Einschränkungen, unser Charakter, unsere Lebenssituationen, … sind verschieden. Die Zeit unseres irdischen Weges ist unterschiedlich lang. Doch entscheidend ist nicht, was wir alles an Freud und Leid erlebt haben, sondern der Zustand unserer geistlichen Schönheit. Jesus will uns durch alle Wege, die Er uns führt, umwandeln, schön, heilig und gut machen. Das heisst: Er will uns frei machen von allem Egoismus und allem Sündhaften. Wir sollen als Seine Braut zusammen mit der Kirche in der reinen und schönen Liebe wachsen.

Die ganze Kirche, Männer, Frauen und Kinder, sind diese Braut. Dieses Bild kann schwierig zu verstehen sein, vor allem für Männer. Wie kann ein Mann Braut sein? Braut meint zuerst ein personales Gegenüber. Dieses personale Gegenüber kann auch in uns sein. Was uns allen gemeinsam ist, dass Jesus Christus in uns wohnt. Jesus kommt ins Innerste des Menschen, wie ein Liebender in die Geliebte. Er kommt, um die Fülle Seiner ewigen,

Die Zwischenzeit nach der Verlobung bis zur Hochzeit ist die Zeit zwischen Christi Himmelfahrt und Seiner Wiederkunft in Herrlichkeit. In dieser Zeit bereitet sich die Kirche auf die Hochzeit vor. Dann kommt der Bräutigam in Seiner Herrlichkeit um Seine Braut, die Kirche zu sich zu nehmen und das Hochzeitsfest, das die ganze Ewigkeit dauert, beginnt.

unzerstörbaren Liebe zu geben. Brautsein weist auf diese innere Liebesbeziehung hin. Es meint das totale Gewollt-, Begehrt-, Geliebt- und Angenommensein. Diese intime Liebe Jesu gilt allen.

Was bewegt den Bräutigam? Zuerst einmal einfach Freude! Denn: *Wie der Bräutigam sich freut über die Braut, so freut sich dein Gott über dich (Jes 62,5b).* Der Bräutigam begehrt Seine Braut und tut alles für sie! So hat sich Jesus als Lamm Gottes für Seine Braut am Kreuz hingegeben. Damit hat Er Seiner Braut gezeigt: Das tue Ich für dich! So sehr liebe Ich dich! Er hat sich für sie hingegeben, um sie schön, rein, und heilig zu machen (vgl. Eph 5,25-27), um sie in strahlend reines Leinen (vgl. Offb 19,8) zu kleiden. Er will mich, uns als schöne Braut in Gottes ewigen Liebesaustausch hineinnehmen.

Wie lebt eine Braut? Sie ist voll Sehnsucht nach dem Geliebten, dem Bräutigam. Sie bindet sich ganz an Ihn, hat nur Ihn im Blick und im Herzen. Ihm allein will sie gefallen. Sie gehört Ihm und folgt Ihm in ungebrochener Treue. Sie liebt Ihn und lebt mit und für Ihn. Die Braut ist ganz auf das Du, das sie liebt, ausgerichtet. Sie verfolgt die Interessen des Lammes.

Jesus ist der Bräutigam, die grosse Liebe, auf die wir zugehen. Wir gehen mitten in den Ereignissen unseres Lebens auf die Hochzeit mit dem Lamm Jesus zu. Der tiefste Sinn meines Lebens besteht darin, in der Vorbereitung auf das ewige Hochzeitsfest; darin eine schöne Braut für Jesus zu werden.

Kann ich mich als Braut sehen? Was löst in mir der Blick auf die Hochzeit mit Jesus aus? Kann ich im Blick darauf das Unangenehme, Widerwärtige und Leidvolle besser annehmen und durchtragen? Wenn zwei heiraten, freuen sie sich auf das Fest, auf das Miteinander. Freue ich mich auf diese ewig bleibende Hochzeit?

Gericht über die beiden Tiere (19,11-21)

Die beiden Tiere stehen hier für das mächtige Römerreich und die Priesterschaft des Kaiserkultes. Sie sind Bild für alle irdischen Mächte, Reiche und Einzelpersonen, in denen der Drache (Satan) in der Welt bis zu ihrem Ende, bis zum Gericht Gottes auftritt.

Dann sah ich den Himmel offen … Bis jetzt sah Johannes nur durch eine offene Türe in den Himmel. Jetzt sieht er den ganzen Himmel. Was sieht er? … *und siehe, da war ein weißes Pferd und der, der auf ihm saß, heißt: Der Treue und Wahrhaftige; gerecht richtet er und führt er Krieg. Seine Augen waren wie Feuerflammen und auf dem Haupt trug er viele Diademe; und auf ihm stand ein Name geschrieben, den er allein kennt. Bekleidet war er mit einem blutgetränkten Gewand; und sein Name heißt: Das Wort Gottes. Die Heere des Himmels folgten ihm auf weißen Pferden; sie waren in reines, weißes Leinen gekleidet. Aus seinem Mund kam ein scharfes Schwert;*

mit ihm wird er die Völker schlagen. Und er weidet sie mit eisernem Zepter und er tritt die Kelter des Weines, des rächenden Zornes Gottes, des Herrschers über die ganze Schöpfung. Auf seinem Gewand und auf seiner Hüfte trägt er den Namen geschrieben: König der Könige und Herr der Herren (19,11-16).

Jetzt tritt Jesus Christus als Richter auf. Bis jetzt haben wir Jesus als den Menschensohn gesehen, der mitten in den Gemeinden für sie lebt. Dann wurde Jesus als Lamm gesehen, das durch Seinen Tod die Menschen freigekauft hat, mit Gott Vater die Herrschaft angetreten hat und durch das Lösen der Siegel über die Weltgeschichte verfügt.

Jetzt sieht Johannes das letzte gewaltige Christusbild: Jesus als Reiter auf dem weissen Pferd *aus* dessen *Mund ein scharfes Schwert* kommt, mit dem Er *die Völker schlagen wird.* Mit Ihm beginnt das Ende der Geschichte. Er ist der allen überlegene, unumschränkte Herr, der die Feinde Gottes und so die Feinde der Menschen besiegt. Wie tut Er das?

Dann sah ich einen Engel, der in der Sonne stand. Er rief mit lauter Stimme allen Vögeln zu, die hoch am Himmel flogen: Kommt her! Versammelt euch zum großen Mahl Gottes! Fresst Fleisch von Königen, von Heerführern und von Helden, Fleisch von Pferden und ihren Reitern, Fleisch von allen, von Freien und Sklaven, von Großen und Kleinen!

Dann sah ich das Tier und die Könige der Erde und ihre Heere versammelt, um mit dem, der auf dem Pferd saß, und seinem Heer Krieg zu führen. Aber das Tier wurde gepackt und mit ihm der falsche Prophet; er hatte vor seinen Augen Zeichen getan und dadurch alle verführt, die das Kennzeichen des Tieres angenommen und sein Standbild angebetet hatten. Bei lebendigem Leib wurden beide in den See von brennendem Schwefel geworfen. Die Übrigen wurden getötet mit dem Schwert, das aus dem Mund des Reiters kam; und alle Vögel fraßen sich satt an ihrem Fleisch (19,17-21).

Wie setzt Jesus Christus die Liebesherrschaft Gottes durch? Auf der einen Seite haben *das Tier und die Könige der Erde und ihre Heere versammelt, um mit dem, der auf dem Pferd saß, und seinem Heer Krieg zu führen (19,19).* Was geschieht?

Es kommt nicht einmal zu einem Kampf zwischen dem Reiter, Jesus Christus und den beiden Tieren. Diese werden einfach gepackt und hilflos wie Säcke in den Schwefelsee geworfen. So überlegen ist die Macht Jesu Christi, wenn Er sie einsetzt. Souverän muss alles Böse weichen.

Die Bilder sind vielleicht deswegen so drastisch und makaber, weil Johannes den sieben Gemeinden und der bedrängten Christenheit sagen will: Schaut genau hin, was geschehen wird. Diejenigen Mächte, die euch jetzt bedrängen, Schmerz und Elend zufügen, schaut, was mit ihnen geschehen wird: Ihre Leiber werden von den Vögeln gefressen.

Gericht über den Drachen (20,1-10)

Das Gericht über den Drachen vollzieht sich in Stufen. In Kapitel 12 hörten wir bereits von seinem Sturz aus dem Himmel. Nun lesen wir in Offenbarung 20,1-3: *Dann sah ich einen Engel vom Himmel herabsteigen; auf seiner Hand trug er den Schlüssel zum Abgrund und eine schwere Kette. Er überwältigte den Drachen, die alte Schlange – das ist der Teufel oder der Satan –, und er fesselte ihn für tausend Jahre. Er warf ihn in den Abgrund, verschloss diesen und drückte ein Siegel darauf, damit der Drache die Völker nicht mehr verführen konnte, bis die tausend Jahre vollendet sind. Danach muss er für kurze Zeit freigelassen werden (20,1-3).*

Ohne dramatischen Kampf fesselt ein Engel den Drachen. So einfach geht es, wenn Gott Seine Macht einsetzt. Schon vor der endgültigen Vollendung sind die Kräfte Satans gebunden. Das ermöglicht ein 1000-jähriges Friedensreich.

Das tausendjährige Friedensreich

Dann sah ich Throne; und denen, die darauf Platz nahmen, wurde das Gericht übertragen. Ich sah die Seelen aller, die enthauptet worden waren um des Zeugnisses für Jesus und des Wortes Gottes willen. Sie hatten das Tier und sein Standbild nicht angebetet und sie hatten das Kennzeichen nicht auf ihrer Stirn und auf ihrer Hand anbringen lassen. Sie gelangten zum Leben und zur Herrschaft mit Christus für tausend Jahre. Die übrigen Toten kamen nicht zum Leben, bis die tausend Jahre vollendet waren. Das ist die erste Auferstehung. Selig und heilig, wer an der ersten Auferstehung teilhat! Über solche hat der zweite Tod keine Gewalt. Sie werden Priester Gottes und Christi sein und tausend Jahre mit ihm herrschen (20,4-6).

Tausend Jahre sind auch hier symbolisch als langen Zeitraum zu verstehen. Während der erste Tod den leiblichen Tod bezeichnet, bedeutet der zweite Tod die endgültige Trennung von Gott.

Das tausendjährige Friedensreich wird unterschiedlich interpretiert. Doch die Botschaft ist eindeutig: Bis jetzt machte es den Anschein, dass die vielen Märtyrer nur von der Erde vertilgt, unterdrückt und an den Rand gedrängt werden. Jetzt aber wird sichtbar, dass sie, die dem eigentlichen Herrscher die Treue gehalten haben schon vor dem Anbruch der neuen Welt Anteil an Seiner Herrschaft erhalten und *mit ihm herrschen* werden. Gott vergisst die Seinen nicht. Eine weitere Ermutigung zur Treue! Nur kurze Zeit geht der Weg unten durch, dann werden sie, die jetzt unten durch gehen und auf vieles verzichten müssen, mit Jesus Christus oben sein.

Selig und heilig, wer an der ersten Auferstehung teilhat! Über solche hat der zweite Tod keine Gewalt (20,5). Das zeigt: Die Märtyrer, die Zeugen Jesu kommen nicht mehr ins allgemeine Gericht (vgl. Offb 20,11-15). Sie sind bereits jetzt *Priester Gottes* und *herrschen mit* Ihm.

Wie man sich dies vorzustellen hat, müssen wir offenlassen. Es ist gut, diese Dunkelheit auszuhalten und sich nicht Spekulationen hinzugeben. Keine Bibelstelle darf aus dem Ganzen herausgelöst werden. Denn erst im Blick auf alle Aussagen der Bibel erhalten dunkle Bibelstellen den richtigen Stellenwert. Das gilt auch hier. Ich halte mich da an Mark Twain: „Mir bereiten nicht die unverständlichen Bibelstellen Bauchweh, sondern diejenigen, die ich verstehe" und ich füge hinzu „und zu wenig lebe."

In der stufenweisen Entmachtung Satans kommt jetzt das Ende. *Wenn die tausend Jahre vollendet sind, wird der Satan aus seinem Gefängnis freigelassen werden. Er wird ausziehen, um die Völker an den vier Ecken der Erde, den Gog und den Magog, zu verführen und sie zusammenzuholen für den Kampf; sie sind so zahlreich wie die Sandkörner am Meer. Sie schwärmten aus über die weite Erde und umzingelten das Lager der Heiligen und Gottes geliebte Stadt. Aber Feuer fiel vom Himmel und verzehrte sie. Und der Teufel, ihr Verführer, wurde in den See von brennendem Schwefel geworfen, wo auch das Tier und der falsche Prophet sind. Tag und Nacht werden sie gequält, in alle Ewigkeit (20,7-10).*

Hinter diesem Text steht das Bild von Ezechiel 38. Dort führt der König Gog von Magog sein grosses Heer nach Jerusalem. Gog und Magog sind jetzt Bilder für die heidnischen Völker. Jerusalem steht für Gottes geliebte Stadt, d.h. für die Kirche.

Nach dem altorientalischen Weltbild ist die Erde viereckig. So sammelt Satan alle heidnischen Völker zum Kampf gegen das Lager der Heiligen, gegen die Christen, die Kirche. Doch es kommt zu keinem Kampf. Gott greift mit Feuer vom Himmel ein. Der Teufel wird wie eine Puppe gepackt und in den Feuersee geworfen. So überlegen ist die Macht Gottes. So souverän ist die Macht Gottes, wenn Er sie einsetzt. Mit dem Satan sind nun alle bösen Mächte ausgeschaltet. Er wurde *in den See von brennendem Schwefel geworfen, wo auch das Tier und der falsche Prophet sind. Tag und Nacht werden sie gequält, in alle Ewigkeit (20,10).* Sie erleiden die Folgen ihres Tuns.

Ins Leben gebracht – Christus souveräner Sieger und HERR!

Wie werden die beiden Tiere und Satan besiegt? Satan und die beiden Tiere bieten alle Macht gegen Jesus, den Reiter auf dem weissen Pferd auf und erwarten einen Endkampf. Doch es kommt nicht dazu: Die beiden Tiere werden gepackt und hilflos wie Säcke in den Schwefelsee geworfen. Gott greift mit Feuer vom Himmel ein und auch der Teufel wird wie eine Puppe gepackt und in den Feuersee geworfen. So überlegen ist die Macht Jesu Christi! So souverän ist die Macht Gottes, wenn Er sie einsetzt.

Gott ist so mächtig! Was bedeutet dies? Welche Hoffnung schöpfe ich daraus?

Gericht über den Menschen (20,11-15)

Dann sah ich einen großen weißen Thron und den, der auf ihm saß; vor seinem Anblick flohen Erde und Himmel und es gab keinen Platz mehr für sie. Ich sah die Toten vor dem Thron stehen, die Großen und die Kleinen. Und Bücher wurden aufgeschlagen; und ein anderes Buch, das Buch des Lebens, wurde geöffnet. Die Toten wurden gerichtet, nach dem, was in den Büchern aufgeschrieben war, nach ihren Taten. Und das Meer gab die Toten heraus, die in ihm waren; und der Tod und die Unterwelt gaben ihre Toten heraus, die in ihnen waren. Sie wurden gerichtet, jeder nach seinen Taten. Der Tod und die Unterwelt aber wurden in den Feuersee geworfen. Das ist der zweite Tod: Der Feuersee. Wer nicht im Buch des Lebens verzeichnet war, wurde in den Feuersee geworfen (20,11-15).

Erstaunlich, wie hier der Weltuntergang, das Weltende beschrieben wird. Es gibt kein Blitzen und Donnern, es gibt kein Katastrophengemälde. Jedoch eine unfassbare Offenbarung der Macht Gottes, denn *vor seinem Anblick flohen Erde und Himmel und es gab keinen Platz mehr für sie.* Raum und Zeit hören auf. Die erste Schöpfung ist nicht mehr. Nun beginnt das Neue!

Während bis 20.9 noch Menschen sterben, werden nun die Toten aus dem *Meer*, aus der *Unterwelt* (den Gräbern) herausgeholt. Sie stehen vor dem Thron Gottes und werden nun für immer den Ort ihrer Bestimmung zu geführt. Dazu werden die *Bücher aufgeschlagen.*

Beim Lebensbuch ist nicht wichtig, was über mich geschrieben ist, sondern, dass ich darin verzeichnet bin. Es zeigt, dass Gott in Jesus Christus allen Menschen Sein Leben anbietet.

In den anderen Büchern stehen die Werke. Das ganze Gewicht unseres Handelns im Guten und Bösen wird nun offenbar. Tun und Unterlassen in unserem Leben entscheiden, ob und wie der Mensch vor Gott bestehen kann. Das Gericht macht keinen schuldig. Es stellt fest, was ist und was scheidet. Da ist, wie im ganzen Neuen Testament, ein doppelter Ausgang möglich. Es gibt den *zweiten Tod, den Feuersee (vgl. Offb 20,14).*

Die Botschaft von den beiden völlig entgegengesetzten Formen des Endschicksals, will uns vor Selbsttäuschung bewahren und den Ernst unseres jetzigen Lebens und Handelns zeigen. In diesem jetzigen Leben entscheiden wir selber über unser ewiges künftiges Ziel.

Gott ist ein unantastbarer heiliger Gott, der in allem gerecht ist. Es wird eine umfassende Gerechtigkeit für alle Menschen geben. Zu dieser umfassenden Gerechtigkeit gehört auch, dass der *Tod,* der Feind des Lebens, vernichtet wird, damit das Leben für immer siegen wird.

Aspekte des Gerichtes

Ein Atheist sagt: „Im Tod fallen wir in ein dunkles Loch und dann ist alles fertig." Wenn das so wäre, dann gäbe es kein Gericht und damit keine Gerechtigkeit. Dann zählt in der Welt nur der Stärkere und Raffiniertere, der clevere Betrüger und Gauner. Dann könnten wir Menschen leben wie es uns gerade passt. Doch es gibt das Gericht. Wir alle werden über unser Leben vor Gott Rechenschaft abgeben müsse, jede und jeder! Dieses Gericht Gottes hat verschiedene Aspekte.

Gottes Zorn – Reaktion auf die Sünde

In der Offenbarung ist viel vom richtenden Zorn Gottes die Rede: *Da kam dein Zorn: Die Zeit, die Toten zu richten, … die Zeit, alle zu verderben, die die Erde verderben (11,18). Da kam dein Zorn …* Was meint *dieser Zorn?* [32]

Eine Frau war so richtig wütend und erzählte einem Priester, was passiert war: Sie hatte entdeckt, dass ihr Mann Ehebruch begangen hatte. Der Priester sagte ihr: „Gut, dass Sie so zornig sind. Das zeigt mir, dass Sie Ihren Mann im Grunde lieben." Wem Ehebruch egal ist, der wird sagen: „Okay, das war's! Lassen wir ihn eben ziehen." Es ist ein Zeichen von echter Liebe, wenn wir zornig werden und für eine Beziehung kämpfen. Zorn kann ein erster Schritt zu Heilung und Veränderung sein.

Zorn fühlt mit. Wenn ein Verbrecher ein Kind entführt und missbraucht, dann werden die Eltern und alle, die dieses Kind lieben zornig, weil sie mit ihrem Kind mitfühlen und mitleiden. Solch einen heiligen Zorn kennen alle Liebenden. So kann sich im Zorn eine gute Kraft zeigen!

Bei uns Menschen kommt der Zorn meist aus einer persönlichen Kränkung: Weil mich jemand enttäuscht oder verletzt hat. Doch Gott ist heilig. Er ist der vollkommen Reine. Diese Reinheit verträgt nicht die geringste Sünde. Alles in Gottes Wesen sträubt sich gegen die Sünde. So ist bei Gott Zorn Seine Reaktion auf Sünde.

Paulus schreibt gegen wen sich der Zorn Gottes richtet: *Denn der Zorn Gottes wird vom Himmel herab offenbart wider alle Gottlosigkeit und Ungerechtigkeit der Menschen, die die Wahrheit durch Ungerechtigkeit niederhalten (Röm 1,18).* Zuerst kommt immer die Sünde des Menschen und dann erst Gottes Zorn. Gott wird zornig, wo Menschen Ihn nicht ernst nehmen und mit Ihm und anderen Menschen, besonders den Schwachen und Wehrlosen, spielen. Gott wird zornig, wo wir anderen den Weg zu Ihm und zum Heil verschliessen. Das heisst: Gottes heiliger Zorn wird alle treffen, die Ihn nicht ehren, die Wahrheit *niederhalten* und Seinen Willen missachten. Der

---

[32] Einen Aspekt von *Zorn Gottes* haben wir bereits erwähnt S. 63-64

Zorn Gottes ist Seine machtvoll richtende Kraft. Sein Zorn ist wie Feuer, das verbrennen will, was nicht taugt.

Bei Gott ist der Zorn die Stelle im Herzen, wo Seine Liebe am heissesten brennt. Gott ist so voller leidenschaftlicher Liebe für Seine Kinder, dass Er nicht will, dass auch nur eines verloren geht! Gott wird zornig, weil wir Ihm unendlich wichtig sind![33]

Seitdem der Satan, der Ankläger des Menschen vom Himmel gestürzt ist, steht nichts mehr zwischen Gott und den Menschen. Unwiderruflich hat Gott Partei für den Menschen und die Schöpfung ergriffen. In dieser Parteinahme richtet sich Seine ganze Energie der Liebe gegen das, was den Menschen und Seine Schöpfung verdirbt. Das heisst konkret: Wenn du Unrecht erfährst, wenn Menschen sich an dir versündigen, … dann macht dies Gott zornig! Er steht an deiner Seite und fühlt mir dir, wie mit allen anderen, welche Unrecht erleiden.

Der heilige Zorn will nicht vernichten, sondern bekehren. Er richtet sich gegen die Sünde, will aber den Sünder zur Umkehr führen. Wer an der Sünde festhält, den trifft deshalb Gottes Zorn. Gott ist gerecht, und Er wird Gerechtigkeit schaffen, jetzt und bis in alle Ewigkeit. Für die Bösen wird dies sehr schlimm sein. Für sie gilt was im Hebr 10,31 steht: *Es ist furchtbar, in die Hände des lebendigen Gottes zu fallen.*

Ins Leben gebracht – "Mein" Zorn?

Was lösen diese Gedanken über den Zorn Gottes in mir aus? Kann ich sie nachvollziehen? Was macht mich *zornig?* Wie reagiere ich auf Ungerechtigkeit?

Belohnung der Treue

Umgekehrt gilt: Wer dem Lamm gefolgt ist und Ihm treu war, für den gibt es nichts Schöneres als *in die Hände des lebendigen Gottes zu fallen.* Davon spricht der zweite Teil des Verses von Offb 11,18: *Da kam dein Zorn: Die Zeit, die Toten zu richten, die Zeit, deine Knechte zu belohnen, die Propheten und die Heiligen und alle, die deinen Namen fürchten, die Kleinen und die Großen* … Nun ist *die Zeit* gekommen *deine Knechte zu belohnen.*

[33] Wenn die Offenbarung vom Zorn Gottes redet, meint sie diese totale, entschiedene Ablehnung eines Verhaltens. Der Zorn Gottes ist die Liebesenergie, die sich in aller Entschiedenheit gegen das wendet, was das Glück und Heil des Menschen zerstört. Ihm ist ganz und gar nicht gleichgültig, wie es den Menschen geht. Gott schaut nicht teilnahmslos zu, wie Menschen und die ganze Schöpfung Unrecht erfahren. Im Gegenteil, das ergreift Ihn bis ins Innerste Seines Seins und macht Ihn zornig!

Und ich hörte eine Stimme vom Himmel her rufen: Schreibe: Selig die Toten, die im Herrn sterben, von jetzt an; ja, spricht der Geist, sie sollen ausruhen von ihren Mühen; denn ihre Taten folgen ihnen nach (14,13). Selig *im Herrn sterben* die Menschen, die in Treue mit dem Herrn gelebt und sich zu Ihm bekannt haben. Die Früchte ihrer guten Werke werden sie "begleiten".

Das heisst: In der Ewigkeit wird aller Segen, den wir durch andere empfangen haben und den andere durch uns empfangen haben, offenbar werden. Das wird ein beglückendes Staunen sein. Wir werden für jede kleinste grossmütige Tat der Liebe in Ewigkeit dankbar sein.

Menschen werden in der Ewigkeit auf uns zukommen und uns für unsere Treue und Hingabe danken: „Dank dir habe ich Jesus kennengelernt." „Dank dir bin ich in den Himmel gekommen." „Dank deiner Treue, dank deinem Opfer, dank deinem Gebet wurde mir dies und jenes geschenkt." Was für ein ewiger Lohn!

Schmerz des Gerichtes

Wenn Gott eingreift, um das Böse zu vernichten, geht das nicht ohne Schmerz. Ein Bild dafür sind die sieben Schalen des Zornes Gottes. Diesen Schmerz deutet auch der Hebräerbrief an: *Denn lebendig ist das Wort Gottes, wirksam und schärfer als jedes zweischneidige Schwert; es dringt durch bis zur Scheidung von Seele und Geist, von Gelenken und Mark; es richtet über die Regungen und Gedanken des Herzens; vor ihm bleibt kein Geschöpf verborgen, sondern alles liegt nackt und bloß vor den Augen dessen, dem wir Rechenschaft schulden (Hebr 4,12-13).*

Gottes Wort *richtet über die Regungen und Gedanken des Herzens; vor ihm bleibt kein Geschöpf verborgen.* Wenn wir im Gericht vor Jesus Christus stehen, werden wir unser ganzes Leben unverhüllt sehen. Alle Regungen des Herzens und alle Gedanken werden offenbar: Es wird offenbar, wo ich mich gegen die Liebe und das Heil Gottes gewehrt habe und am Bösen festhielt. Offenbar wird mein versteckter Egoismus; offenbar die wahren Ursachen meiner Widerstände. Offenbar werden Wehleidigkeit, Feigheit und jede Lüge.

Offenbar werden auch alle negativen Folgen, die durch mein Festhalten an der Sünde und meiner Weigerung dem Heilsweg Gottes zu folgen, für mich und die anderen Menschen entstanden sind. Es wird sehr schmerzhaft sein, zu sehen, wie vieles, auf das ich mir evtl. sogar noch etwas eingebildet habe, mir und anderen Unheil gebracht hat. Nichts davon kann wiedergutgemacht werden. Die Chance ist endgültig vertan. Gott wird alles sehr genau nehmen.

Im Licht der Herrlichkeit Gottes wird uns bis in die letzten Facetten unseres Lebens bewusst, was in unserem Leben noch der Umkehr, der Reinigung, der Läuterung und der Wiedergutmachung bedarf. Denn bevor ein Mensch den himmlischen Vater in Seiner Schönheit und Heiligkeit von Angesicht zu Angesicht schauen kann, muss er ganz rein sein. Solange noch Böses, Unreinheit, Härte, Unversöhntes, Bitteres, Egoistisches in uns ist, können wir Gott in Seiner Reinheit und Herrlichkeit nicht aushalten und geniessen.

Dieser schmerzhafte Aspekt des Gerichtes wird "Fegefeuer" genannt.[34] Da geht es um eine schmerzliche Nachreinigung. Wenn wir Gott gesehen haben, sehnen wir uns danach, dass diese schmerzhafte Reinigung möglichst schnell geschieht. Denn wir möchten gut, rein und vollkommen schön sein und möglichst bald bei Jesus und dem himmlischen Vater sein.

Ein besonderer Moment des "Gerichtes" ereignet sich im Busssakrament (Beichte). Was ehrlich und mit Reue, das heisst mit dem Willen zur Umkehr gebeichtet wurde, davon weiss der Himmel nichts mehr. Es ist im Meer des Erbarmens Gottes für immer versenkt. Was für eine Freude, dieses Gericht bzw. diese Lossprechung hier und heute erfahren zu dürfen!

Sieg der Gerechtigkeit

Der Angeklagte beklagte sich beim Richter, dass das Urteil ungerecht sei. Darauf sagte der Richter: „Sie haben recht. Ich kann hier nur gemäss dem staatlichen Recht sprechen und ein Urteil fällen. Wirkliche Gerechtigkeit gibt es nur bei Gott und nicht auf der Erde!“

Gericht bedeutet einerseits Scheidung: Das Böse wird bis in Innerste der Seele vom Guten getrennt. Wenn diese Scheidung geschehen ist, dann bedeutet Gericht Richtigmachung und Wiederherstellung. Gott wendet sich im Gericht gegen alles, was durch den Teufel und die Sünde zerstört wurde.

Richten bedeutet die Gerechtigkeit wiederherstellen. Trotz allen weltlichen Gerichten gibt es in der Welt für viele Menschen keine Gerechtigkeit. Dies ändert sich. Denn: *Halleluja! Das Heil und die Herrlichkeit und die Macht sind bei unserm Gott. Seine Urteile sind wahr und gerecht (19,1).* Nun erhalten alle ihr Recht: Die von Diktatoren Beseitigten, die Verfolgten, die Misshandelten, die durch Leid Traumatisierten, die auf die eine oder andere Art Betrogenen, alle, die Unrecht erfahren haben, die abgetriebenen Kinder, ...

Wo immer Menschen Opfer von Sünden Anderer geworden sind, werden sie für immer ihr Recht, ihre Ehre und ihre ewige, unzerstörbare Würde bekommen. Auch alle Übeltäter werden Gerechtigkeit erfahren. Alle, restlos alle werden Gerechtigkeit erfahren. Niemand kann Gott entwischen! Deshalb ist das Richten nie unsere Aufgabe. Gott ist gerecht und Er wird

[34] Die offiziellen Texte der Kirche reden vom Purgatorium, was "reinigendes Wirken" besagt. Fegfeuer meint somit die Reinigung von Sünde, Egoismus und Herzensenge. Fegfeuer ist eine Weise, wie die Erlösung Jesu Christi konkret wirksam und einem Menschen zuteil wird. Die beste Art, das Fegfeuer zu vermeiden besteht darin jetzt entschieden den Weg der Hingabe, der Liebe, den Weg zur Heiligkeit zu gehen.

Gerechtigkeit schaffen. Denn nur Er allein kennt den Menschen ganz: Seine Lebensumstände, seine Prägungen, Verletzungen und die Möglichkeiten, die ihm gegeben waren, anders zu handeln.
Die Wiederherstellung der Gerechtigkeit erfüllt alle, die ein gutes Herz haben, mit Freude und Jubel. Die Knechtschaft durch das Böse und Negative ist endgültig zu Ende. Die Ketten des Egoismus sind gelöst. Gott wird für alle allumfassende Gerechtigkeit schaffen.
Dann werden alle, auch die, welche furchtbares Leid und Ungerechtigkeit erlitten haben und auch die getöteten Märtyrer in der himmlischen Welt singen: *Groß und wunderbar sind deine Taten, Herr und Gott, du Herrscher über die ganze Schöpfung. Gerecht und zuverlässig sind deine Wege, du König der Völker. Wer wird dich nicht fürchten, Herr, wer wird deinen Namen nicht preisen? Denn du allein bist heilig: Alle Völker kommen und beten dich an; denn offenbar geworden sind deine gerechten Taten (15,3-4).* In diesem Lied schwingt nichts an Bitterkeit oder Genugtuung gegenüber anderen mit. Alles ist versöhnt und geheilt. Dieses Lied ist von der Freude erfüllt, denn einst werden alle Völker die Gerechtigkeit Gottes anerkennen und Ihn anbeten! Seine Gerechtigkeit hat alle restlos überzeugt. Jedermann beugt gerne die Knie vor diesem gerechten Gott. Alle Völker kommen, um Gottes Gerechtigkeit zu rühmen.

Ins Leben gebracht – Mein Gericht?

Einmal werde ich vor dem Thron Gottes stehen: Wie geht es mir mit dieser Vorstellung?
Welcher Aspekt des Gerichtes spricht mich an? Was fordert mich heraus? Paulus schreibt: *Richtet also nicht vor der Zeit; wartet, bis der Herr kommt, der das im Dunkeln Verborgene ans Licht bringen und die Absichten der Herzen aufdecken wird! Dann wird jeder sein Lob von Gott erhalten (1 Kor 4,5).* Jesus wird meinen guten Willen lobend anerkennen. Wo tröstet mich das?

Gedanken zur Rache Gottes

Von der Rache ist in der Offenbarung mehrfach die Rede. Bereits in Offenbarung 6,10 rufen die Märtyrer nach dem 5. Siegel: *Wie lange zögerst du noch, Herr, du Heiliger und Wahrhaftiger, Gericht zu halten und unser Blut an den Bewohnern der Erde zu rächen? (6,10)*

Rachegefühle ertönen vom Himmel her über das Gericht an der Hure Babylon: *Zahlt ihr mit gleicher Münze heim, gebt ihr doppelt zurück, was sie getan hat! Mischt ihr den Becher, den sie gemischt hat, doppelt so stark! Im gleichen Maß, wie sie in Prunk und Luxus lebte, lasst sie Qual und Trauer erfahren! (18,6-7a).*

Die Rache Gottes für das Blut Seiner Knechte ist im Himmel ein Grund für den Lobpreis Gottes: *Seine Urteile sind wahr und gerecht. Er hat die große Hure gerichtet, die mit ihrer Unzucht die Erde verdorben hat. Er hat Rache genommen für das Blut seiner Knechte, das an ihren Händen klebte (19,2).*

Solches Reden von der Rache Gottes wirkt befremdend, wenn wir an das Wort Jesu denken: *Ich aber sage euch: Liebt eure Feinde und betet für die, die euch verfolgen (Mt 5,44)* und: *Vater, vergib ihnen, denn sie wissen nicht, was sie tun! (Lk 23,34).* Oder an Stephanus, der für seine Mörder betete: *Herr, rechne ihnen diese Sünde nicht an! (Apg 7,60).* Dazu einige Gedanken:

1. Der Schrei der Märtyrer nach Rache und nach Vergeltung ist der Ausdruck ihrer Not und Ungeduld. Möge doch das Gericht Gottes endlich kommen und damit das Ende ihrer brutalen Leiden. Das sind verständliche Wünsche, denn Leiden und solche Qualen durchzustehen ist sehr hart. Auch wir rufen in leidvollen, harten Situationen oft ungeduldig: „Herr, wie lange noch?"

2. Paulus schreibt: *Segnet eure Verfolger; segnet sie, verflucht sie nicht! ... Übt nicht selbst Vergeltung, Geliebte, sondern lasst Raum für das Zorngericht Gottes; denn es steht geschrieben: Mein ist die Vergeltung, ich werde vergelten, spricht der Herr (Röm 12,14.19).* Das zeigt: unsere Aufgabe ist für die Verfolger zu beten und die Rache, das Gericht voll und ganz Gott zu überlassen. Das Zweite betont auch die Offenbarung, das Erste nicht.

3. Die Offenbarung will die Gläubigen in der Verfolgung stärken. Darum werden hier einander schroff Verfolgte und Verfolger gegenübergestellt. Treue und Durchhalten und nicht das Gebet für die Verfolger, d.h. der richtige Umgang mit ihnen, steht im Blickpunkt der Offenbarung.

Die Offenbarung geht davon aus, dass die Verfolger verhärtet und ihr Schicksal unabwendbar ist. Für sie und ihr Schicksal gibt es kein Bedauern. Jesus hingegen weinte über Jerusalem, als Er ihre Zerstörung ankündigte (vgl. Lk 19,41-44). Da ist die Offenbarung ergänzungsbedürftig wie z.B. durch das Gebet des heiligen Fidelis von Sigmaringen (1578-1622): „Gütigster Jesus, bewahre mich davor, daß ich je einen Menschen, und mag er mich noch so hassen und verfolgen, verachte, geringschätze, ihn herabsetze oder mich von ihm abwende. Laß in mir niemals Haß oder auch nur eine bittere Empfindung gegen ihn aufkommen, und laßs nicht zu, daß ich an seiner Besserung verzweifle, solange er lebt." (Aus den Aufzeichnungen des hl. Fidelis)

4. Die Rache Gottes ist in der Offenbarung Ausdruck der göttlichen Gerechtigkeit. Wenn Menschen die Barmherzigkeit Gottes verweigern, werden sie die Folgen ihrer Taten bis zur Neige erleiden.
Mir hilft es, wenn ich zwischen den Mächten des Bösen und den Menschen, durch die diese wirken, unterscheide. Gott möchte alle Menschen und die ganze Schöpfung vom Bösen befreien. Dies kann Er nur dort, wo wir uns vom Bösen distanzieren und uns der Liebe Gottes öffnen. Denn Gott *will,*

dass alle Menschen gerettet werden und zur Erkenntnis der Wahrheit gelangen (1 Tim 2,4). Die Rede von der Rache Gottes will immer ein Ruf zur Umkehr und zur Stärkung der Treue sein.

Ins Leben gebracht – Umgang mit Rachegefühlen

Zahlt ihr mit gleicher Münze heim, gebt ihr doppelt zurück, was sie getan hat! (18,6a). Neige ich dazu etwas nachzutragen oder heimzuzahlen? Was empfinde ich dabei? Freude? Genugtuung? Geschieht ihr oder ihm recht? Denke ich da an bestimmte Personen, die mich verletzt, gedemütigt, … haben?
Wozu rät mir der heilige Fidelis?

V. Die grandiose Vollendung (21-22,5)

Nach 20 Kapiteln der Offenbarung mit teilweise schrecklichen und brutalen Bildern sind wir bildlich gesprochen am Ende des Tunnels angekommen. Der Weg durch den Tunnel war lang und düster. Im Tunnel war es dunkel, eng und feucht, dicke Luft, von allen Seiten eingeengt – auf einmal sieht man das Ende. Vor uns eröffnet sich eine herrliche Landschaft in strahlender Sonnenpracht. So sehen jetzt die bedrängten 7 Gemeinden, welch eine grandiose Herrlichkeit auf sie zukommt.

Der Blick auf die Vollendung

Auch wenn erst die beiden letzten Visionen der Vollendung gelten, ist dennoch der Blick auf die Vollendung das bestimmende Thema. Immer wieder wird der Blick darauf gerichtet:

1. Die sieben Siegersprüche der 7 Gemeinden versprechen dem, der durchhält und treu bleibt, Anteil an der Vollendung. Für jede Gemeinde ist es wesentlich in ihrem täglichen Mühen und in allen Nöten auf die Vollendung zu schauen. Die schwierige Gegenwart kann nur im Lichte Gottes darauf bestanden werden. Hier die sieben Siegersprüche:

Wer siegt, dem werde ich zu essen geben vom Baum des Lebens, der im Paradies Gottes steht (2,7).

Wer siegt, dem kann der zweite Tod nichts anhaben (2,11).

Wer siegt, dem werde ich von dem verborgenen Manna geben. Ich werde ihm einen weißen Stein geben und auf dem Stein steht ein neuer Name geschrieben, den nur der kennt, der ihn empfängt (2,17).

Wer siegt und bis zum Ende an den Werken festhält, die ich gebiete, dem werde ich Macht über die Völker geben. Er wird sie weiden mit eisernem Zepter und sie zerschlagen wie Tongeschirr; wie auch ich solche Macht von meinem Vater empfangen habe, und ich werde ihm den Morgenstern geben (2,26-28).

Wer siegt, wird ebenso mit weißen Gewändern bekleidet werden. Nie werde ich seinen Namen aus dem Buch des Lebens streichen, sondern ich werde seinen Namen bekennen vor meinem Vater und vor seinen Engeln (3,5).

Wer siegt, den werde ich zu einer Säule im Tempel meines Gottes machen und er wird nicht mehr hinausgehen. Und ich werde auf ihn den Namen meines Gottes schreiben und den Namen der Stadt meines Gottes, des neuen Jerusalem, das aus dem Himmel herabkommt von meinem Gott, und auch meinen neuen Namen (3,12).

Wer siegt, der darf mit mir auf meinem Thron sitzen, so wie auch ich gesiegt habe und mich mit meinem Vater auf seinen Thron gesetzt habe (3,21).

2. Die Schau der Katastrophen und der Gerichte Gottes wird immer wieder unterbrochen durch den Vorausblick auf die Vollendung. So wird zwischen

der Öffnung des sechsten und des siebten Siegels die unzählbare Schar der Vollendeten geschaut (7,9-17).

Auf das Blasen der siebten Posaune folgt das Lob Gottes, der Seine Herrschaft angetreten und Seine Knechte belohnt hat (11,15-19).

Nach dem Sturz Satans wird die Herrschaft Gottes und Seines Gesalbten und der Sieg der Getreuen gefeiert (12,10-12).

Vor dem Wirken der sieben Schalenengel fällt der Blick auf die Sieger über das Tier, welche das Lied des Mose singen (15,2-4).

Nach dem Sturz Babylons begrüssen die Knechte Gottes mit Jubel die Hochzeit des Lammes (19,5-8).

Das zeigt: Die Visionen von den Katastrophen, den Bedrängnissen und vom Gericht dürfen nie das Feld beherrschen, sondern der Blick auf den Sieg Gottes und auf die Vollendung. Die Bedrängnisse vergehen, die Vollendung bleibt. Der Blick darauf und der Glaube daran soll die Gegenwart bestimmen und jede Entscheidung prägen.

Alles wird neu (21,1-6)

Nun sind die Wehen der Geburtsschmerzen der neuen Welt vorbei. Die bisherige Erde ist vergangen, wie dies in einem Satz in Offb 20,11 beschrieben wird: *Dann sah ich einen großen weißen Thron und den, der auf ihm saß; vor seinem Anblick flohen Erde und Himmel und es gab keinen Platz mehr für sie.* Die erste Schöpfung ist vergangen, von der Gott sagte, *dass es gut war* (vgl. Gen 1,10.18.25).

Nun ist das Neue da. Die Vision der neuen Welt wird nicht bis ins Detail ausgemalt, sondern mit einigen kräftigen Bildern skizziert. Dabei greift Johannes auf Jesaja 65,16-25 zurück. Schauen wir einige Bilder an und nehmen wir sie in uns auf.

Gott tut Neues: *Dann sah ich einen neuen Himmel und eine neue Erde; denn der erste Himmel und die erste Erde sind vergangen, auch das Meer ist nicht mehr (21,1).* Er erschafft einen *neuen Himmel und eine neue Erde (21,1a).* Der erste Akt, der Beginn der Neuschöpfung war die Auferweckung Jesu Christi. Dieser Beginn wird den ganzen Kosmos durchdringen. Das Ganze ist ein Geschehen von Gott her. Es ist ganz und gar Sein Werk.[35]

---

[35] Im Blick auf den verklärten Leib Jesu, der schon zur neuen Schöpfung gehört, und im Blick auf Röm 8,18-24 und 1 Kor 15,35-58 können wir bei dieser Neuschöpfung an die Verwandlung der ersten Schöpfung denken. Wir dürfen annehmen, dass in dieser neuen Welt Gottes alle positiven Elemente der ersten Schöpfung enthalten sind.

... das Meer ist nicht mehr (21,1c) heisst nicht, dass Surfer, Segler und die Badenden in der neuen Welt dieses Vergnügen nicht mehr haben und das Faszinierende des Meeres nicht mehr zu erleben ist. Es geht wieder um ein Bild: *Meer* bedeutet Chaos, das Bedrohliche und Angstmachende. So ist aus dem Meer das erste Tier *(13,1)* herausgestiegen. Also: Es gibt nichts Chaotisches, Bedrohliches und Angstmachendes mehr.

Ich sah die heilige Stadt, das neue Jerusalem, von Gott her aus dem Himmel herabkommen; sie war bereit wie eine Braut, die sich für ihren Mann geschmückt hat (21,2). Ein Mensch in einer bäuerlichen Kultur würde das ideale Leben mit einem herrlichen Paradiesgarten beschreiben. Aber die Offenbarung ist im griechischen Raum geschrieben. Da war das Ideale, der Höhepunkt die vollkommene *Stadt,* das ideale Leben in Gemeinschaft. Folglich beschreibt Johannes in diesem Bild den tiefsten, schönsten, idealsten und glücklichsten Zustand des Lebens.[36]

Das neue Jerusalem, das von Gott her (21,2a) kommt, ist eine Wirklichkeit, die von Ewigkeit her schon in Gott da ist. Johannes sieht das himmlische Jerusalem, die schön geschmückte und durch Gott vollendete Gemeinschaft der Kirche, die sich *wie eine Braut für ihren Mann geschmückt hat (21,2b).*

Da hörte ich eine laute Stimme vom Thron herrufen: Seht, die Wohnung Gottes unter den Menschen! Er wird in ihrer Mitte wohnen und sie werden sein Volk sein; und er, Gott, wird bei ihnen sein (21,3). Bisher war Gott immer der Thronende, der vollkommene Ruhe und Majestät ausstrahlte. Alles ging von Ihm aus und war auf Ihn bezogen. Nun werden zwei Handlungen von Ihm berichtet: In Seiner göttlichen Herrlichkeit und in Seiner väterlichen Liebe wird Er Gott *in ihrer Mitte wohnen* und Seinem Volk – wie damals im Paradies – den Menschen unmittelbar Seine volle Gemeinschaft schenken.

Ergreifend, was Gott nun tut: *Er wird alle Tränen von ihren Augen abwischen: Der Tod wird nicht mehr sein, keine Trauer, keine Klage, keine Mühsal. Denn was früher war, ist vergangen (21,4).* Tränen gehören zum menschlichen Leben. Bevor ein Kind zum ersten Mal lächelt, hat es schon viele Male geweint. Zärtlich und liebevoll wird Gott *alle Tränen*, allen Schmerz, alles Leid aus den *Augen abwischen* und alle Wunden heilen. So wie eine Mutter ihrem Kind die Tränen aus dem Gesicht wischt und dann alles wieder gut ist, so wird Gott selber alles gut machen.

---

[36] Heute, wo die Stadt (zumindest manche Grossstädte) eine Anhäufung von Kriminalität, Lärm, verschmutzter Luft, ... sind, spricht dieses Bild nicht mehr so unmittelbar an. Das zeigt, dass wir die Bilder immer wieder neu in unsere Lebensrealität übersetzen. Dabei müssen wir darauf achten, dass sie ihre faszinierende Kraft nicht verlieren und uns jetzt motivieren können.

Die Ursachen der Tränen, Tod und Mühsal wird es nicht mehr geben. Niemand wird mehr sterben. Es wird nichts mehr geben, was uns traurig macht. Nichts, worüber wir uns beklagen können. Nichts wird mehr mühsam sein. Jetzt gibt es nur noch Seligkeit und Freude.

Nun hört Johannes das erste Mal die Stimme Gottes, der Seine neue Schöpfungstat bekannt macht: *Er, der auf dem Thron saß, sprach: Seht, ich mache alles neu. Und er sagte: Schreib es auf, denn diese Worte sind zuverlässig und wahr! Er sagte zu mir: Sie sind geschehen. Ich bin das Alpha und das Omega, der Anfang und das Ende (21,5-6a).*

Das ist das einzige Mal in der Offenbarung, wo Gott selbst den Befehl zum Schreiben gibt. Gott selbst will schriftlich bezeugen, dass die Vollendung beschlossene Sache ist. Ja noch mehr: Diese Worte sind so zuverlässig, dass sie bereits in Erfüllung gegangen sind! Die Vollendung ist bereits geschehen. Die Herrlichkeit am Ende des Tunnels ist Wirklichkeit.

Am Anfang der Schöpfung sprach Gott: *Es werde Licht ... (Gen 1,3).* Nun spricht Er wieder Sein machtvolles Schöpferwort: *Seht, ich mache alles neu (21,5a). Alles* meint wirklich alles!

Unser Herz wird neu, rein, durch und durch gut werden. Zugleich werden auch alle unsere Beziehungen geheilt sein. Alle Menschen, die einander verletzt haben und sich schwer miteinander taten, werden in inniger Liebe miteinander verbunden sein. Denn Er hat alle Wunden und belastenden Erinnerungen geheilt. Neid und Eifersucht gibt es nicht mehr. Jede Beschämung ist weg, alle Schuld getilgt. Alle Beziehungen sind durchstrahlt von Seiner Liebe. Wir werden niemandem mehr aus dem Weg gehen – im Gegenteil: Wir alle werden uns aneinander in alle Ewigkeit freuen. Wir werden uns voll Dankbarkeit über das freuen, was jeder von uns ganz persönlich ist, und uns zugleich aus ganzem Herzen über das strahlende Geheimnis jedes anderen freuen.

Der Auferstehungsleib

Neu wird auch unser Leib. Unser Körper wird verwesen. Er hatte eine Aufgabe für diese irdische Welt. Wir werden einen neuen Leib erhalten, wie Paulus schreibt: *Gesät wird ein irdischer Leib, auferweckt ein überirdischer Leib (1 Kor 15,44).* Ein Blick auf den Auferstandenen Jesus zeigt, wie wir uns den Auferstehungsleib vorstellen können. Bei den Begegnungen mit dem Auferstandenen sind Seine Wundmale zu sehen. Jesus ist mit allem, was Er mit Seinem Leib getan und an Seinem Leib erlitten hat ins neue, unzerstörbare und ewige Leben eingegangen.

Was für den Auferstehungsleib Jesu gilt, gilt in entsprechender Weise auch für uns: *Unsere Heimat ist im Himmel. Von dorther erwarten wir auch Jesus Christus, den Herrn, als Retter, der unseren armseligen Leib verwandeln wird in die Gestalt seines verherrlichten Leibes, in der Kraft, mit der er sich auch alles unterwerfen kann (Phil 3,20-21).* Unser Leib *wird in die Gestalt seines verherrlichten Leibes verwandelt.* So wird der Heilige Geist einen neuen, nicht mehr materiellen Leib erschaffen.

Unser Auferstehungsleib wird das Beste sein, was Gott schaffen wird. Wir werden hundertprozentig überglücklich über ihn sein. Denn er entspricht ganz unserem Wesen. Wir werden die Fähigkeit haben, Gottes Schönheit und Herrlichkeit zu sehen und widerzuspiegeln. Wir können aber auch gegenseitig in perfekter Weise miteinander kommunizieren. Der Auferstehungsleib wird der vollkommene Ausdruck unserer Seele sein. Wir werden als Bild Gottes für immer leuchten.
Alles wird durch Gott gut werden. Gott wird es tun! Diese Neuschöpfung ist in Gott bereits da. Denn bei Ihm, dem Ewigen, der den *Anfang und das Ende (21,6a)* umfasst, ist alles Gegenwart.

Ins Leben gebracht – Alles wird neu!

Was ist und war schmerzhaft für mich? Worunter habe ich gelitten? Was tut mir jetzt noch weh? *Er wird alle Tränen von ihren Augen abwischen* … Ich bin dem himmlischen Vater so viel wert, dass Er dies liebevoll und zärtlich auch bei mir tun wird. Welche Leiden, Schmerzen, Tränen, … wird Er heilen?

Seht, ich mache alles neu! Was wünschte ich, dass Er bei mir und meinen Beziehungen neu macht?
Ich kann mir dies aufschreiben und Ihm bereits jetzt dafür danken!

Kurze Texterklärung (21,6b-8)

Wer durstig ist, den werde ich unentgeltlich aus der Quelle trinken lassen, aus der das Wasser des Lebens strömt. Wer siegt, wird dies als Anteil erhalten: Ich werde sein Gott sein und er wird mein Sohn sein. Aber die Feiglinge und Treulosen, die Befleckten, die Mörder und Unzüchtigen, die Zauberer, Götzendiener und alle Lügner - ihr Los wird der See von brennendem Schwefel sein. Dies ist der zweite Tod (21,6b-8).
Wie das Wasser den Durst des Menschen stillt, so stillt Gott alle Bedürfnisse des Menschen nach Leben, Liebe, Freude, Glück, Frieden, … *Wer siegt*… so begannen die Siegesverheissungen an die 7 Gemeinden. Wer siegreich aus dem Kampf hervorgeht, wird hineingenommen in die Sohn- und Tochterbeziehung zu Gott. Dies gilt *aber* nicht für die, die im Kampf versagt haben. An erster Stelle werden *die Feiglinge und Treulosen* genannt, die aus Nachgiebigkeit Gott untreu wurden.[37] Damit sind wohl die Menschen gemeint, die in der Zeit der Verfolgung ihren Glauben verleugnet haben. Ihr Los ist der zweite Tod.

---

[37] Diese Warnung wird in Offb 21,27 und 22,15 nochmals wiederholt. Bei der dortigen Aufzählung ist immer auch die Lüge dabei.

Das neue Jerusalem (21,9-27)

Das neue Jerusalem ist das Bild für das vollkommene Leben in Gemeinschaft mit Gott und untereinander. Wenn Johannes im Folgenden von der Stadt spricht, findet er keine Worte mehr, um die Schönheit, Herrlichkeit und das Glück auch nur annähernd zu beschreiben.

Aussenansicht (21,9-21)

Und es kam einer von den sieben Engeln, welche die sieben Schalen voll mit den sieben letzten Plagen getragen hatten. Er sagte zu mir: Komm, ich will dir die Braut zeigen, die Frau des Lammes. Da entrückte er mich im Geist auf einen großen, hohen Berg und zeigte mir die heilige Stadt Jerusalem, wie sie von Gott her aus dem Himmel herabkam, erfüllt von der Herrlichkeit Gottes. Sie glänzte wie ein kostbarer Edelstein, wie ein kristallklarer Jaspis (21,9-11).

Wir werden mit allen Geschöpfen in Gott eine glückliche, vollkommene Gemeinschaft sein, *die heilige Stadt Jerusalem,* die himmlische Kirche. Sie kommt *von Gott her aus dem Himmel herab,* das heisst aus Gottes heilendem und erlösenden Wirken.
Die in den Dreck gezogene, verfolgte, gedemütigte, beschämende und sich selbst durch ihre Sünde beschmutzte Kirche wird rehabilitiert und vollkommen geheilt sein. *Erfüllt von der Herrlichkeit Gottes* wird sie leuchten und die ganze Fülle der Schönheit Gottes ausstrahlen. *Sie* glänzt *wie ein kostbarer Edelstein, wie ein kristallklarer Jaspis.*

Gottes Herrlichkeit leuchtet

Jerusalem als die "Heilige Stadt" erscheint hier als Gegenbild zur "grossen Hure". Während die Hure Babylon alles an sich reisst, sich damit schmückt und mit diesem Glanz andere blendet und verführt, wird hier alles erleuchtet und durchstrahlt vom Glanz Gottes und Seiner gewaltigen Liebe.

Wenn ich alles als Reichtum Gottes erkenne, kann ich alles loslassen, weil ich weiss: Ich verliere es nicht, im Gegenteil: Weil alles Gott gehört, gehört es allen. Deshalb freuen sich die Menschen an den Gaben, Reichtümern und Erfolgen aller anderen, und werden sich eine Ewigkeit lang an immer Neuem freuen können. Das Leben, die Gemeinschaft und die Freude aneinander sind unübertreffbar.

Die Stadt hat eine große und hohe Mauer mit zwölf Toren und zwölf Engeln darauf. Auf die Tore sind Namen geschrieben: Die Namen der zwölf Stämme der Söhne Israels. Im Osten hat die Stadt drei Tore und im Norden drei Tore und im Süden drei Tore und im Westen drei Tore. Die Mauer der Stadt hat zwölf Grundsteine; auf ihnen stehen die zwölf Namen der zwölf Apostel des Lammes (21,12-14).

Die Mauern der Stadt sind Zeichen der Geborgenheit und Sicherheit. Über den zwölf Toren sitzen zwölf Engel, welche die Stadt bewachen. Die Stadt hat offene Tore, die alle einladen, in die strahlende Herrlichkeit einzutreten.

Mit den *Namen der zwölf Stämme der Söhne Israels* auf den Toren der Stadt und den *Namen der zwölf Apostel des Lammes* auf den Grundsteinen wird die Einheit des neuen Jerusalem des alttestamentlichen und neutestamentlichen Gottesvolkes beschrieben. Die Namen der Apostel auf den zwölf Grundsteinen zeigen unmissverständlich: Die Kirche als das Volk Gottes hat mit den Aposteln ihr von Gott bestimmtes Ziel erreicht.

Und der Engel, der zu mir sprach, hatte einen goldenen Messstab, um die Stadt, ihre Tore und ihre Mauer zu messen. Die Stadt war viereckig angelegt und ebenso lang wie breit. Er maß die Stadt mit dem Messstab; ihre Länge, Breite und Höhe sind gleich: Zwölftausend Stadien. Und er maß ihre Mauer; sie ist hundertvierundvierzig Ellen hoch nach Menschenmaß, das der Engel benutzt hatte (21,15-17)

Die quadratische und kubische Form der Stadt ist ein Zeichen der Vollkommenheit. In der Antike galt der Würfel als die vollkommene Form. Die Kantenlänge dieses Würfels, die mit zwölftausend Stadien (mehr als zweitausend Kilometer) angegeben wird, lässt erstaunen. 12'000 Stadien ist ihre Länge, Breite und Höhe.

Auch wenn dies eine Symbolzahl ist (12 die Zahl des Gottesvolkes und 1000 Zahl der Fülle), so ist die Vorstellung dieser Stadt gewaltig. 12'000 Stadien also ein Kubus einer Länge, Breite und Höhe von je 2400 km. Was für eine imposante Vorstellung! Die Würfelform und die Grösse der Stadt symbolisieren die unübertreffbare Vollkommenheit des Lebens der Vollendeten. Darüber hinaus kann es nichts mehr geben.

Ihre Mauer ist aus Jaspis gebaut und die Stadt ist aus reinem Gold, wie aus reinem Glas. Die Grundsteine der Stadtmauer sind mit edlen Steinen aller Art geschmückt; der erste Grundstein ist ein Jaspis, der zweite ein Saphir, der dritte ein Chalzedon, der vierte ein Smaragd, der fünfte ein Sardonyx, der sechste ein Sardion, der siebte ein Chrysolith, der achte ein Beryll, der neunte ein Topas, der zehnte ein Chrysopras, der elfte ein Hyazinth, der zwölfte ein Amethyst. Die zwölf Tore sind zwölf Perlen; jedes der Tore besteht aus einer einzigen Perle. Die Straße der Stadt ist aus reinem Gold, wie aus klarem Glas (21,18-21).

So unvorstellbar wie die Ausmasse ist die Schönheit des neuen Jerusalem. Nur die schönsten und wertvollsten Werkstoffe der Erde können die Fülle der himmlischen Herrlichkeit ein wenig erahnen lassen. Jeder einzelne Grundstein ist ein grosser Edelstein und alle sind in ihrer Art verschieden. Die zwölf Edelsteine, die Johannes hier nennt, waren auch auf der vergoldeten Brusttasche des Hohenpriesters zu finden. Das völlig abgeschlossene Allerheiligste, das der Hohepriester nur einmal im Jahr betreten durfte, ist jetzt die ganze heilige Stadt. So ist jetzt das Allerheiligste,

das vorher nie ein Mensch ausser dem Hohepriester betreten durfte, jedem zugänglich!
In den antiken Städten waren die Tore mit Wachttürmen versehen und zählten zu den zentralen Orten der Verteidigungsanlagen. Hier bestehen sie aus herrlichen Perlen. *Die Strasse der Stadt ist aus reinem Gold, wie aus klarem Glas (21,21),* d.h. unendlich kostbar, leuchtend wie Gold und zugleich durchsichtig, durchstrahlend auf Gott hin.

Innenansicht (21,22-27)

Einen Tempel sah ich nicht in der Stadt. Denn der Herr, ihr Gott, der Herrscher über die ganze Schöpfung, ist ihr Tempel, er und das Lamm. Die Stadt braucht weder Sonne noch Mond, die ihr leuchten. Denn die Herrlichkeit Gottes erleuchtet sie und ihre Leuchte ist das Lamm (21,22-23).

Der wichtigste Bau im alten Jerusalem war der Tempel, der Jerusalem zur heiligen Stadt und Gott in ihr gegenwärtig machte. *Einen Tempel* gibt es nicht im neuen Jerusalem, was darauf hinweist, dass es nun zwischen Gott und den Menschen keine Vermittlung mehr braucht. Denn das *neue Jerusalem* ist insgesamt zum Tempel geworden. Gott und das Lamm sind in ihm gegenwärtig und erleuchten es durch Ihre *Herrlichkeit.*

Das Lamm als Leuchter hat ein so herrlich strahlendes Licht und einen so wunderbaren Glanz, dass es die ganze Schöpfung erleuchtet. So werden *Sonne und Mond* nicht mehr nötig sein. Jetzt ist die ganze Stadt zum Zelt Gottes unter den Menschen geworden (vgl. Offb 21,3). Wer ins neue Jerusalem eintritt, bleibt nicht mehr vor dem Allerheiligsten (des alten Tempels) und damit vor Gott stehen. Er ist von Gott umgeben und lebt in Ihm (vgl. Apg 17,28).

Kopernikus sagte: „Die Sonne dreht sich nicht um die Erde, sondern die Erde dreht sich um die Sonne." Jetzt aber gibt es keine Sonne mehr. Um was soll sich die Erde drehen? Gott ist ihre Mitte geworden und alles wird sich um Gott und um das Lamm drehen. Alle Menschen und die ganze Schöpfung werden sich darauf einstellen.

Die Völker werden in diesem Licht einhergehen und die Könige der Erde werden ihre Pracht in die Stadt bringen. Ihre Tore werden den ganzen Tag nicht geschlossen – Nacht wird es dort nicht mehr geben. Und man wird die Pracht und die Kostbarkeiten der Völker in die Stadt bringen. Aber nichts Unreines wird hineinkommen, keiner, der Gräuel verübt und lügt. Nur die im Lebensbuch des Lammes eingetragen sind, werden eingelassen. (21,24-27).

Angezogen von diesem Glanz werden die Völker *ihre Pracht in die Stadt bringen (vgl. Jes 60,3.11).*[38] Alle bringen mit, was Gott ihnen an Kostbarem gegeben hat. Wo früher manchmal Krieg geführt wurde um einander die materiellen Güter abzujagen, da wird es genau umgekehrt sein. Man wird sich gegenseitig beschenken. Alle sind froh mit ihren Gaben andere beschenken zu können. So wird alles, was auf dieser Erde echt, gut, schön ist, für immer im Himmel Gottes sein. Einfach wunderbar! Johannes will uns begeistern, dass wir uns für eine solche Ewigkeit frohen Herzens entscheiden.

Dieses Kommen der *Völker* zeigt, dass das neue Jerusalem nicht nur für Menschen aus dem Volk Israel bestimmt ist. Es umfasst die unzählbare Schar aus allen *Völkern und Sprachen* (5,9;7,9), die das Lamm freigekauft hat. Für alle gelten aber die beiden Massstäbe: Sie müssen rein und *im Lebensbuch des Lammes* eingetragen sein (vgl. Offb 20,13.15;21,8;22,15).

Das neue Paradies (22,1-5)

Nun wird der Blick auf den Strom des Lebens gerichtet, der das himmlische Jerusalem durchfliesst: *Und er zeigte mir einen Strom, das Wasser des Lebens, klar wie Kristall; er geht vom Thron Gottes und des Lammes aus. Zwischen der Straße der Stadt und dem Strom, hüben und drüben, steht ein Baum des Lebens. Zwölfmal trägt er Früchte, jeden Monat gibt er seine Frucht; und die Blätter des Baumes dienen zur Heilung der Völker (22,1-2).*

Das Leben der Vollendeten wurde bisher mit dem Sinnbild Stadt als höchste Form des gemeinschaftlichen Lebens beschrieben. Das neue Sinnbild des Paradiesgartens steht für das schöne erquickende Leben in der grünenden und blühenden Schöpfung Gottes. Durch die ganze Bibel sind, angefangen von der Paradiesgeschichte (vgl. Gen 2,8-17), Wasser und Baum Symbole des Lebens. In der Stadt fliesst ein *Strom* des Lebens. Dadurch gibt es keinen Durst, keinen Wassermangel mehr. Aller Durst, alle Sehnsucht wird durch das *Wasser des Lebens* gestillt.

Johannes sieht auf beiden Seiten des Stromes einen *Baum des Lebens.* Damit begann die Geschichte der Menschheit im Paradies (vgl. Gen 2,9). Gott wollte ewiges Leben schenken. Doch durch die Sünde der ersten Menschen (Adam und Eva) ging der Zugang zum *Baum des Lebens* verloren (vgl. Gen 3,22-23). Nun nach einem langen schmerzvollen Weg durch die Geschichte der Menschheit ist der Zugang zum *Baum des Lebens* wieder offen. *Zwölfmal* im Jahr, das heisst durchgehend und immer trägt der Baum Früchte. Die

[38] Die Frage, woher die Könige kommen können, da das Universum schon untergegangen ist, bewegt den Verfasser nicht. Ihm geht es allein darum, mit Hilfe traditioneller Bilder die Pracht und Herrlichkeit der Stadt zu unterstreichen.

Blätter des Baumes dienen zur *Heilung der Völker*, damit die Völker in ihre Bestimmung, Kraft und Herrlichkeit hineinkommen. Es gibt nur noch Segen.

Es wird nichts mehr geben, was der Fluch Gottes trifft. Der Thron Gottes und des Lammes wird in der Stadt stehen und seine Knechte werden ihm dienen. Sie werden sein Angesicht schauen und sein Name ist auf ihre Stirn geschrieben. Es wird keine Nacht mehr geben und sie brauchen weder das Licht einer Lampe noch das Licht der Sonne. Denn der Herr, ihr Gott, wird über ihnen leuchten und sie werden herrschen in alle Ewigkeit (22,3-5).

Nichts Verfluchtes ist mehr da. Nichts, was im Widerspruch zu Gott steht. Es besteht nur noch ungetrübte reine Harmonie mit Gott. So ist *der Thron Gottes und des Lammes* die Mitte dieser Gemeinschaft. Zum ersten Mal sieht Johannes Gott und das Lamm auf dem gleichen Thron, was die totale Einheit beider ausdrückt.

Nun wird die Beziehung der Vollendeten zu Gott beschrieben. Sie *dienen* Ihm als Seine Knechte (Knecht Gottes ist in der Offenbarung ein Ehrenname der Getreuen), sie schauen *Sein Angesicht*, tragen Seinen Namen auf ihrer *Stirn* und *herrschen.*

Die Erlösten schauen *Sein Angesicht.* Schauen und Angeschaut-werden ist uns Menschen wichtig. Wir schauen gern in ein Angesicht, das uns voller Liebe, Schönheit und Güte anschaut. Weil wir als Bild Gottes auf Gott hin geschaffen sind, besteht unsere tiefste Sehnsucht und unser grösstes Glück darin, Gottes Antlitz zu schauen. Denn Gott ist so schön, so herrlich voll Majestät und voll Licht, dass wir geblendet und umgeworfen von Seiner Macht augenblicklich tot umfallen würden, wenn Er sich uns jetzt so zeigen würde, wie Er wirklich ist. Darum begegnet Er uns jetzt verborgen in Zeichen. Durch die ganze Heilsgeschichte hindurch war es unmöglich Gott zu sehen und am Leben zu bleiben. So sprach der Herr zu Mose: *Du kannst mein Angesicht nicht schauen; denn kein Mensch kann mich schauen und am Leben bleiben (Ex 33,20).* Das aber wird dem Menschen jetzt ganz neu geschenkt.

Mit den neuen Sinnen des Auferstehungsleibes werden wir Ihn, alle Engel und die ganze unsichtbare Welt, sehen können. Wie die Engel, die jetzt schon allezeit Gottes Angesicht schauen, werden wir dann Gott in Seiner Herrlichkeit und Jesus Christus in Seiner göttlichen Gestalt sehen. Dann werden wir hingerissen, ergriffen, völlig fasziniert von der Schönheit Gottes sein! Mich bewegt es immer wieder, wenn ich als Priester im 3. Hochgebet beten darf: „Wir werden dich, unseren Gott, schauen, wie du bist, dir ähnlich sein auf ewig und dein Lob singen ohne Ende.“

Nun wird das *Angesicht* Gottes über uns leuchten. Wir müssen nicht mehr an Gott glauben, jetzt schauen wir Ihn von Angesicht zu Angesicht. Wir werden den *Namen* Gottes auf der *Stirn* tragen, ein Zeichen dafür, dass wir verwandelt sind in das Bild Jesu und dass die Herrlichkeit Gottes aus unserem Leben ausstrahlt. Voll Freude und Begeisterung werden wir diesem Gott dienen dürfen und mit Ihm *herrschen in alle Ewigkeit.*

Von Gott heisst es: *Er wird herrschen in alle Ewigkeit* (vgl. Offb 11,15c, 11,17;12,10;19,6). Das letzte Wort über die Vollendeten heisst: *...sie werden herrschen in alle Ewigkeit (22,5).* Ein Herrscher hat Reichtum und Macht, zu seiner Verfügung. Jesus, der Menschensohn und Herr Seiner Kirche verheisst denen, die durchhalten und Ihm treu bleiben, die volle Teilnahme an Seinem herrscherlichen Leben, das Er mit dem Vater teilt.

Dieses letzte Bild weist nochmals auf die bedrängten Christen hin. Sie, die jetzt vieles zu erdulden haben, die wirtschaftlich ausgegrenzt, angefeindet und von der Macht Roms beherrscht und unterdrückt werden, sie sollen wissen, dass dies nicht so bleibt, im Gegenteil: Sie werden bald *herrschen* und dies nicht nur für kurze Zeit, sondern *in alle Ewigkeit.*

Ins Leben gebracht – Vorstellungen der Vollendung

Mit dem Wort "Himmel" verbinden wir etwas überaus Schönes. Was uns in diesem Leben begeistert, fasziniert und beglückt, wovon wir träumen, das müsste es im Himmel geben; und zwar noch viel mehr, grösser, umfassender und herrlicher als auf der Erde.

Doch der Himmel übertrifft alle unsere Vorstellungen und Träume, er ist unendlich viel beglückender und schöner. Wir können uns eine solche Schönheit und Herrlichkeit nicht vorstellen. Denken wir an ein Kind im Mutterschoss: Was könnte dieses Kind, das eingeengt im Dunkel des Mutterschosses lebt, sich vorstellen, wenn ihm von den Farben eines herrlichen Sonnenunterganges, von den Blumen, Tieren, der Vielfalt der Schöpfung, von den riesigen Räumen des Universums, vom strahlenden Angesicht seiner Mutter, von Hüpfen und Springen, usw. erzählt würde? Nichts – weil ihm jegliche Erfahrung fehlt.

Wir werden hineingenommen in eine völlig unvorstellbare Dimension von Glück und Leben. Das, was uns an "Unbeschreibbarem", an Schönheit und Herrlichkeit erwartet, ist für uns Menschen hier auf Erden unfassbar. Dennoch versuchten Menschen zu allen Zeiten, sich diesem Geheimnis in Bildern zu nähern. So wollen auch die biblischen Bilder die Richtung des Glückes aufzeigen, das auf uns wartet.

Welche Bilder der Vollendung faszinieren mich? Was beglückt und fasziniert mich an ihnen? Was ist für mich das wunderbarste Bild von Vollendung?
Ich kann mir dies aufschreiben und mich darüber freuen! Denn die Realität wird umwerfend viel Herrlicher sein!

Das Ziel – die Hochzeit des Lammes (19,6-9)

Gott hat die Schöpfung auf Seinen Sohn Jesus Christus hin geschaffen. Er ist der absolute Mittelpunkt der ganzen Geschichte. Um Ihn geht es. Um Ihn dreht sich alles. Denn … *alles ist durch ihn und auf ihn hin erschaffen (Kol 1,16)*. „Christus ist der Mittelpunkt des Weltalls, um Christi willen wurde der Mensch, für den Menschen aber wurde die Erde mit all ihren Gütern geschaffen!" (Franz von Sales).

Gott hat bereits vor der Schöpfung den Plan gefasst, sich in Seinem Sohn mit dem Menschen wesensgleich zu vereinen. Deshalb hat Jesus von Maria die menschliche Natur erhalten. Wir Menschen erhalten in und durch Jesus Christus Anteil an Seiner göttlichen Natur (vgl. 2 Petr 1,4).

Im Plan Gottes geht es um liebende Vereinigung, um Vermählung, um Hochzeit. Das Ziel der ganzen Heilsgeschichte ist die Zusammenführung des Bräutigams mit der Braut. So beginnt die Bibel in Genesis mit der Ehe des ersten Mannes und der ersten Frau (vgl. Gen 2,24) und endet in der Offenbarung wieder mit der Ehe von Christus und Seiner Kirche, mit der Hochzeit des Lammes.

Jesus ist der Bräutigam, der die Kirche als Seine Braut liebt und sich mit ihr vermählen will. Jesus selbst hat sich auch als Bräutigam verstanden. Das zeigt sich in der Antwort, die Er den Pharisäern gab, als diese Ihm vorwarfen, dass Seine Jünger nicht fasten: *Könnt ihr denn die Hochzeitsgäste fasten lassen, solange der Bräutigam bei ihnen ist? (Lk 5,34)*. Jesus will uns als Seine Braut, überaus herrlich, wunderbar und schön machen für das grosse Fest. So hat sich Jesus, der Sohn Gottes, für Seine Braut am Kreuz hingegeben, um sie schön, rein, und heilig zu machen (vgl. Eph 5,25-27) und sie in strahlend reines Leinen zu kleiden.

Nun sieht Johannes wie dieses Ziel im Himmel mit einem gewaltigen Jubel begrüsst wird: *Wir wollen uns freuen und jubeln und ihm die Ehre erweisen. Denn gekommen ist die Hochzeit des Lammes und seine Frau hat sich bereit gemacht. Sie durfte sich kleiden in strahlend reines Leinen (19,7,8)*.

Sieger Köder hat dieses Bild gemalt: In der Mitte des Bildes sehen wir Jesus, der die Kirche, Seine Braut, liebevoll umarmt. Sie trägt das Brautkleid als Zeichen der Reinheit und Treue. Die sieben Rosen in ihrer Hand zeigen, dass ihre ganze Liebe Ihrem Bräutigam Jesus gehört.

Bräutigam und Braut sind umgeben von Toren und Mauern. Diese verweisen auf das alttestamentliche Gottesvolk der zwölf Stämme *der Söhne Israels (21,12b)* sowie auf das Fundament, der Kirche, die *zwölf* Apostel hin: *Die Mauer der Stadt hat zwölf Grundsteine; auf ihnen stehen die zwölf Namen der zwölf Apostel des Lammes (21,14)*. Die ganze Stadt wird durchstrahlt und erleuchtet von der *Herrlichkeit Gottes (21,23b)*.

Die Braut wird durch den Bräutigam – wie die rote Farbe zeigt – hineingenommen in die ewige Liebe des Dreifaltigen Gottes, in einen ewigen Liebesaustausch, in ein Fest der Liebe, des Glückes, der Freude ohne Ende.

Briefabschluss: Zeugnis und Mahnung (22,6-21)

Der Briefabschluss wiederholt weitgehend, was bereits gesagt worden ist. *Und der Engel sagte zu mir: Diese Worte sind zuverlässig und wahr. Gott, der Herr über den Geist der Propheten, hat seinen Engel gesandt, um seinen Knechten zu zeigen, was bald geschehen muss. Siehe, ich komme bald. Selig, wer an den prophetischen Worten dieses Buches festhält! Ich, Johannes, habe dies gehört und gesehen (22,6-8a).*

Dieses Buch enthält die Auditionen und Visionen, die Johannes erlebt hat (vgl. Offb 1,1). Es ist eine Art "Protokoll" der Offenbarungen, die er empfangen hat. *Selig, wer an den prophetischen Worten dieses Buches festhält!* Das gilt jetzt auch für uns. *Ich, Johannes, habe dies gehört und gesehen.* Johannes war den 7 Gemeinden bekannt. Sie wussten, dass man sich auf ihn verlassen kann, denn er diente den Gemeinden vor und nach seiner Verbannung.

Und als ich es hörte und sah, fiel ich dem Engel, der mir dies gezeigt hatte, zu Füßen, um ihn anzubeten. Da sagte er zu mir: Tu das nicht! Ich bin nur ein Mitknecht wie du und deine Brüder, die Propheten, und wie alle, die sich an die Worte dieses Buches halten. Gott bete an! Und er sagte zu mir: Versiegle dieses Buch mit seinen prophetischen Worten nicht! Denn die Zeit ist nahe (22,8b-10).

Der *Engel* fordert Johannes auf *dieses Buch* nicht zu versiegeln, weil die *Zeit nahe* ist. Darin unterscheidet sich die Offenbarung wesentlich von jüdischen Apokalypsen, die ausdrücklich zur Versiegelung des Buches auffordern. Er muss *dieses Buch mit seinen prophetischen Worten* sofort veröffentlichen, weil es für die Christen in ihrer gegenwärtigen Bedrängnis wichtig ist. Es zeigt die Hintergründe und das Ziel der Geschichte auf und stärkt dadurch die Gemeinden. So hilft diese prophetische Erkenntnis die Gegenwart richtig zu deuten, die darin besteht, sich jetzt für Jesus Christus zu entscheiden, um so das wunderbare ewige Endziel zu erreichen.

Wer Unrecht tut, tue weiter Unrecht, der Unreine bleibe unrein, der Gerechte handle weiter gerecht und der Heilige strebe weiter nach Heiligkeit. Siehe, ich komme bald und mit mir bringe ich den Lohn und ich werde jedem geben, was seinem Werk entspricht. Ich bin das Alpha und das Omega, der Erste und der Letzte, der Anfang und das Ende. Selig, die ihre Gewänder waschen: Sie haben Anteil am Baum des Lebens und sie werden durch die Tore in die Stadt eintreten können. Draußen bleiben die Hunde und die Zauberer, die Unzüchtigen und die Mörder, die Götzendiener und jeder, der die Lüge liebt und tut (22,11-15).

Wer Unrecht tut, tue weiter Unrecht bedeutet nicht, dass Gott dies so wünscht. Es bestätigt vielmehr die klare Scheidung und ist eine Warnung, dass es ein zu spät gibt.[39] Wer *draußen* ist, wird nun an einigen Beispielen genannt.

---

[39] Von diesem "zu spät" spricht Jesus auch im Gleichnis von den klugen und den törichten Jungfrauen (Mt 25,1-13): *Während sie noch unterwegs waren, um es zu kaufen, kam*

Vielleicht sind mit *Hunde* diejenigen gemeint, die den Glauben an Jesus angenommen, dann aber wieder aufgegeben haben (vgl. 2 Petr 2,21-22). Hund war in der Antike ein Schimpfwort und zählt nach rabbinischer Überlieferung zu den starrsinnigen Geschöpfen. Draussen bleiben auch die Menschen, welche die Lügen lieben und selbst lügen. Lüge meint in der Offenbarung auch die Grundhaltung, die sich gegen Gott und gegen das Lamm Christus stellt.

Ich, Jesus, habe meinen Engel gesandt als Zeugen für das, was die Gemeinden betrifft. Ich bin die Wurzel und der Stamm Davids, der strahlende Morgenstern. Der Geist und die Braut aber sagen: Komm! Wer hört, der rufe: Komm! Wer durstig ist, der komme! Wer will, empfange unentgeltlich das Wasser des Lebens! (22,16-17).

Ein wunderbares Bild: *Der Geist (*der Heilige Geist), *die Braut* (die Kirche) und wer immer die Botschaft dieses Buches *hört,* sie alle laden die bisher nicht glaubenden Menschen ein: „*Komm!* und lass dir *das Wasser des Lebens* schenken!"

Ich bezeuge jedem, der die prophetischen Worte dieses Buches hört: Wer etwas hinzufügt, dem wird Gott die Plagen zufügen, von denen in diesem Buch geschrieben steht. Und wer etwas wegnimmt von den prophetischen Worten dieses Buches, dem wird Gott seinen Anteil am Baum des Lebens und an der heiligen Stadt wegnehmen, von denen in diesem Buch geschrieben steht (22,18-19).

Mit Absicht setzt Johannes an den Schluss des Buches diese Mahnung: *Wer etwas hinzufügt* – womit weitere Offenbarungen gemeint sind – und wer *etwas wegnimmt* wird die Folgen dafür tragen müssen. Wir Menschen sind stets in Gefahr, uns am Ernst der Entscheidung vorbeimogeln zu wollen. Dies geschieht, wenn wir unangenehme Aussagen, die nicht mit unserer Glaubensüberzeugung übereinstimmen, weglassen oder wegdiskutieren. Oder wenn wir Aussagen, mit denen wir Probleme haben verschweigen. Das darf nicht geschehen. Es ist unsere Verantwortung *die prophetischen Worte dieses Buches* unverkürzt weiterzugeben. [40]

Er, der dies bezeugt, spricht: Ja, ich komme bald. – Amen. Komm, Herr Jesus! (22,20). Damit kommen wir zum Ende: Dreimal hörten wir in diesem Briefabschluss die Zusage Jesu: *Siehe, ich komme bald (22,7.12.20).* Sein Kommen steht ganz

der Bräutigam. Die Jungfrauen, die bereit waren, gingen mit ihm in den Hochzeitssaal und die Tür wurde zugeschlossen. Später kamen auch die anderen Jungfrauen und riefen: Herr, Herr, mach uns auf! Er aber antwortete ihnen und sprach: Amen, ich sage euch: Ich kenne euch nicht. Seid also wachsam! Denn ihr wisst weder den Tag noch die Stunde (Mt 15,10-13).

[40] Wer sich der Botschaft Jesu nicht öffnet, wird an Gott zerbrechen, wie es Simeon über dem Kind Jesus prophezeit hat: *Und Simeon segnete sie und sagte zu Maria, der Mutter Jesu: Siehe, dieser ist dazu bestimmt, dass in Israel viele zu Fall kommen und aufgerichtet werden, und er wird ein Zeichen sein, dem widersprochen wird (Lk 2,34).*

im Mittelpunkt. Auf Sein Kommen richtet sich unsere ganze Hoffnung. Denn ohne die Wiederkunft Christi bleibt die Erlösung unvollständig.

Das Kommen Jesu ist die einzige sichere Hoffnung für die Zukunft der Welt. So ruft die Kirche: *Amen. Komm, Herr Jesus! Amen* – Ja, so sei es! *Komm, Herr Jesus!* Gemeint ist ein doppeltes Kommen:

1. Die Gemeinden bitten und flehen: „Komm und stärke uns jetzt, denn nur in Deiner Kraft können wir diese Bedrängnis durchstehen. Komm, und stärke uns!"

2. Zugleich ist es die Bitte um Sein Kommen in Herrlichkeit. Denn für sie war klar: Das Schönste, was ihnen passieren könnte, ist, wenn die Vollendung jetzt kommt. Das gilt auch für uns. Darum lädt Jesus auch uns ein zu beten: *Dein Reich komme (Mt 6,10).*

Die Offenbarung begann mit: *Gnade sei mit euch und Friede von Ihm, der ist und der war und der kommt, und von den sieben Geistern vor seinem Thron und von Jesus Christus (1,4-5a).*

Die Offenbarung endet mit der Zusage der *Gnade* Jesu! *Die Gnade des Herrn Jesus sei mit allen! (22,21).* So ist alles von Seiner Gnade umgeben.

Literaturnachweis

Annen, Franz: „Die Johannesapokalypse: Wort Gottes in unserer Zeit". Schweizerische Kirchenzeitung 23-24 -2000, S. 375-382.

Baumert Norbert: „Ein Ruf zur Entscheidung". Seiten 197-210 in: Die Freude an Gott – unsere Kraft. Festschrift für Otto Bernhard Knoch zum 65. Geburtstag. Herausgeber: Johannes Joachim Degenhardt, Erzbischof von Paderborn. © 1991 Verlag Katholisches Bibelwerk GmbH, Stuttgart.

Benedikt XVI.: „Die Offenbarung des Johannes. (K)ein Buch mit sieben Siegeln". © St. Benno Verlag GmbH, Leipzig.

Buob Hans: „Die Geheime Offenbarung. Eine Auslegung der Geheimen Offenbarung des heiligen Johannes. Ihre Aktualität für uns und für unsere Zeit". © Unio Verlag, Hochaltingen, D-86742 Fremdingen.

Grundmüller Frank, übersetzt: aus dem Amerikanischen: „Die Offenbarung. Der Zukunft entgegensehen". Serendipity Bibel, 9. Auflage 2023. © 2017 Brunnen Verlag GmbH Giessen.

Grünzweig Fritz: „Offenbarung des Johannes." © 1996 und 2007 by Hänssler Verlag, D-71087 Holzgerlingen.

Kosch Daniel: (Hrsg.) „Offenbarung" – Ökumenischer Arbeitskreis für Bibelarbeit/ © 1996 by Friedrich Reinhardt Verlag, Basel / Benziger Verlag, Zürich und Düsseldorf.

Keller Geri: „Prophetische Botschaften aus der Offenbarung des Johannes". © 2003 Schleife Verlag, CH-Winterthur.

Vergens Armin, Pfarrer, Auslegung: Bilder der Angst – Visionen der Hoffnung. Aussichten und Einsichten aus dem Buch der Offenbarung des Johannes. Bibelwoche 1994/95. Herausgegeben durch den Arbeitskreis Missionarische Dienste in der Evangelisch-Lutherischen Kirche in Thüringen, Berlin. Gesamtherstellung: Mühlhäuser Druckhaus GmbH.

P. Klemens Stock SJ: „Das letzte Wort hat Gott. Apokalypse als Frohbotschaft". Tyrolia-Verlag, Innsbruck 1985.

Sendker, Karl.: Vorträge und Predigten

Teschner Klaus: „Siehe, ich mache alles neu! Auslegungen zur Offenbarung des Johannes". © 1994 Aussaat Verlag GmbH, 47506 Neukirchen-Vluyn.

Gezählt sind die Tage des Bösen. Visionen aus der Offenbarung an Johannes. Herausgeber: Die evangelischen Bibelgesellschaften und die katholischen Bibelwerke in Deutschland, Österreich und der Schweiz. © 1994 Deutsche Bibelgesellschaft, Stuttgart.

Bildernachweis

S. 9: Ivan Steiger: Ivan Steiger sieht die Bibel. Deutsche Bibelgesellschaft, Stuttgart und Katholisches Bibelwerk, S. 339.

S. 31: Karte Mittelländisches Meer: Adolf Pohl: Die Offenbarung des Johannes, © 1969/1971 SCM R. Brockhaus in der SCM Verlagsgruppe GmbH, D-71088 Holzgerlingen (www.scm-brockhaus.de).

S. 145: Sieger Köder, Ich sah das neue Jerusalem wie eine Braut, © Sieger Köder-Stiftung Kunst und Bibel, Ellwangen, www.verlagsgruppe-patmos.de/rights/abdrucke.

Veröffentlichungen des WeG Verlages

Glaubenskurse

Neu anfangen – Impulse für ein lebendiges Christsein
Komm und sieh – Den christlichen Glauben neu entdecken
Vater unser – Leben im Reich Gottes
Die Eucharistie verstehen und leben
Sakramente – Christus in Heiligen Zeichen begegnen
Zur Mitte finden – Spiritualität, die befreit. Gebet als Atem der Seele
Credo – Den Glauben kennen und bekennen
Dynamisch und kreativ – So wirkt der Heilige Geist heute
Zu diesen Glaubenskursen gibt es: Kursbuch, Teilnehmerheft, Referenten-DVD-ROM und z.T. eine Video-DVD, auch auf USB-Stick erhältlich. Das Kursbuch eignet sich auch für die persönliche Lektüre, unabhängig vom Kurs.

Bücher

Heilung der Lebensgeschichte – Gottes Wege sind gut!

Gottes Sicht vom Menschen und von möglichen Verletzungen in den acht Reifephasen des Lebens helfen, Gottes Heilswege zu gehen. Themen wie Sexueller Missbrauch, Heilung der Identität, Heilung von Abtreibungs-wunden, … ergänzen diese umfassende Schrift über innere Heilung. Mit vielen Erfahrungen, Heilungsgebeten und hilfreichen Tipps. Geeignet für alle, die Heilung für ihre Lebensgeschichte suchen oder anderen dazu verhelfen möchten. *248 Seiten*

Sinn und Heilung der Lebensphasen

Das Verständnis von Gottes Sicht vom Menschen und von möglichen Ursachen unserer Verletzungen in den acht Reifephasen des Lebens lassen Gottes Heilswege erkennen und verstehen. Die Heilungsgebete zu jeder Lebensphase helfen, diese auch zu gehen. Ein Wissen, das auch junge Eltern in der Erziehung ihrer Kinder unterstützt. *88 Seiten mit 21 Farbbildern.*

„Willst du gesund werden?" Gottes Wege zum Heil. Mit Unterscheidungshilfen zu alternativen Heilpraktiken

Gott will in vielfältiger Weise Heilung und Heil schenken – auch heute! In diesem Buch wird Gottes Sicht über Heilung dargelegt und ermutigt Gottes Wegen zum Heil zu vertrauen. *168 Seiten*

Stark im Geist

Als Christen glauben wir, dass Jesus Christus uns erlöst hat. Doch wie geschieht Erlösung? Schritt für Schritt zeigt uns dieses Buch auf, wie unser Geist – angefangen von der geistlichen Wiedergeburt – an Stärke zunimmt.
Mit vielen praktischen Übungen, Hilfen und lebensnahen Beispielen. Geeignet für alle, die im Geist stark werden wollen und besonders auch für alle, die Menschen seelsorgerlich begleiten. *208 Seiten*

Nachfolge – Gottes Reich wächst! Impulse zum Lukas-Evangelium und zur Apostelgeschichte
Sämtliche Texte werden in 208 Impulsen verständlich erklärt und geben inspirierende Impulse für die Nachfolge Jesu. Biblisches Wissen und geistliche Deutung ergänzen sich. Auch als Nachschlagewerk geeignet. *336 Seiten mit 18 Farbbildern*

Leiden – wozu? Biblische Impulse zur Leidbewältigung
Warum? Hinter dieser Frage steht oft die existenzielle Not: Wie kann dieses Leiden bewältigt werden? Das Buch zeigt, wie Jesus aus unvorstellbarem Leiden Segen wachsen lassen kann. *112 Seiten*

Ich fand IHN, den meine Seele liebt! (Hohelied 3,4) – Mit Hilfen für die persönliche Anbetung und für Gebetsinitiativen.
Diese Schrift gibt eine geistliche Einführung in die Eucharistische Anbetung, umrahmt mit vielen konkreten Hilfen, persönlichen Erfahrungen, Zeugnissen und Zitaten. Viele Gebete und Anregungen helfen eine Gebetszeit allein oder in einer Gruppe zu gestalten. *120 Seiten mit 22 Farbbildern*

Gottes Umarmung annehmen – Eine Besinnungshilfe zur Beichte
Menschen suchen Vergebung, Heilung und einen Neubeginn. Behutsam zeigt diese Schrift, wie wir Gottes Barmherzigkeit neu im Busssakrament erfahren und auf dem Heiligungsweg wachsen können. Dazu werden neben den Weisungen zum Leben (die Zehn Gebote) auch weitere Besinnungshilfen wie die Wurzelsünden betrachtet und oft gestellte Fragen beantwortet. Zwei Beichtflyer zur konkreten Beichtvorbereitung liegen bei. *88 Seiten*

Vom Diesseits zum Jenseits – Tod – und was dann?
In dieser Schrift werden – ausgehend von der Bibel – in einfacher und verständlicher Form folgende Themen erläutert: Das christliche Sterben, die Wiederkunft Jesu Christi, das Gericht, die Hölle, das Fegfeuer und der Himmel. Sehr hilfreich! *48 Seiten mit 5 Farbbildern*

Reinkarnation und Auferstehungsglaube
Sachlich und informativ wird hier aus christlicher Sicht aufgezeigt, worin sich Auferstehungsglauben und Reinkarnation unterscheiden. Die Schrift dient allen, die für sich selbst hierüber mehr Klarheit suchen oder andere klärend begleiten möchten. *68 Seiten mit 6 Farbbildern*

Dynamisch und kreativ – So wirkt der Heilige Geist heute
Pfingsten war geprägt vom Eingreifen Gottes, von feurigen Zungen, von Begeisterung, neuen Inspirationen, …
Persönliche Betrachtungen, vertiefende Texte und theologische Erklärungen zum Heiligen Geist, sowie persönliche Erfahrungen inspirieren und helfen uns zu einem dynamischen und kreativen Leben mit dem Heiligen Geist. *256 Seiten mit 23 Farbbildern*

Lebt als Kinder des Lichts! Eine geistliche Auslegung der Bergpredigt

Die Bergpredigt zeigt uns Gottes Lebensprogramm. Wo Menschen sich auf diese Botschaft einlassen, beginnen sie *als Kinder des Lichts! (Eph 5,8)* zu leben. Dazu hilft diese inspirierende, geistliche Auslegung der Bergpredigt mit 12 ausgearbeiteten Kleingruppentreffen. *144 Seiten*

Wozu lebe ich?

Meditativ und klar – versehen mit schönen Farbbildern – werden hier Antworten aufgezeigt, die helfen, das eigene Leben sinnvoller zu gestalten. Auch als Geschenk empfehlenswert. *48 Seiten mit 9 Farbbildern*

Wachsen in der Kraft des Heiligen Geistes

Der Heilige Geist will uns froh machen und Seine Kraft in unserem Leben offenbaren. Er wirkt in Tugenden, Gaben, Sakramenten, Früchten und Charismen. In dieser Schrift wird ins vielfältige Wirken des Heiligen Geistes eingeführt (auch in den geistlichen Kampf) und aufgezeigt, wie wir kraftvoll und mit Freude unsere Sendung leben können. *120 Seiten mit 10 Farbbildern*

Wie der Glaube Frucht bringt? Krisen und Etappen im geistlichen Leben

Die Beziehung zu Gott reift im geistlichen Leben in verschiedenen Phasen. Sie zu kennen ermöglicht uns, uns darin richtig zu verhalten und auch andere darin zu unterstützen, damit der Glaube reiche Frucht bringen kann. *56 Seiten 8 Farbbilder*

Gebote als Lebenshilfe – Die Zehn Gebote neu erklärt

Die Zehn Gebote sind die Grundlage der menschlichen Gesellschaft. Ausgehend von der biblischen Ursprungsbedeutung wird der heutige Sinn der Gebote dargelegt. Dabei wird offensichtlich, wie die Gebote uns helfen das Leben besser und froher zu gestalten. *112 Seiten*

Leo Tanner und Birgit & Corbin Gams: **Sexualität als Liebeskraft leben – Orientierung und Hilfen**

Dieses Buch zeigt Gottes Vision der Sexualität auf, informiert über Themen wie Missbrauch, Pornographie, Homosexualität und Abtreibung und weist heilende Wege in den vielfältigen Herausforderungen auf wie: Aufklärung heute, Pubertät, erste Beziehungen, christliche Ehe, Kindererziehung, Familienplanung, Umgang mit Kinderlosigkeit, Allein leben, Scheidung, bis zur Erfüllung aller Sehnsüchte. *232 Seiten*

Weitere Informationen über die Schriften von Leo Tanner im WeG Verlag sowie Video- und Audiovorträge, Predigten und vieles mehr finden Sie unter: www.weg-verlag.ch und www.leotanner.ch